中国汽车工程学会
汽车工程图书出版专家委员会 **推荐出版**

Formula E Racing Design For College Students

大学生电动方程式赛车设计

王建 林海英 ◎ 编著

北京理工大学出版社
BEIJING INSTITUTE OF TECHNOLOGY PRESS

版权专有　侵权必究

图书在版编目(CIP)数据

大学生电动方程式赛车设计 / 王建，林海英编著． -- 北京：北京理工大学出版社，2022.1（2024.3重印）
　ISBN 978-7-5763-0921-8

Ⅰ．①大… Ⅱ．①王… ②林… Ⅲ．①赛车 - 设计 Ⅳ．①U469.602

中国版本图书馆 CIP 数据核字（2022）第 023974 号

出版发行 /	北京理工大学出版社有限责任公司
社　　址 /	北京市海淀区中关村南大街 5 号
邮　　编 /	100081
电　　话 /	（010）68914775（总编室）
	（010）82562903（教材售后服务热线）
	（010）68944723（其他图书服务热线）
网　　址 /	http://www.bitpress.com.cn
经　　销 /	全国各地新华书店
印　　刷 /	廊坊市印艺阁数字科技有限公司
开　　本 /	710 毫米 × 1000 毫米　1/16
印　　张 /	21
字　　数 /	303 千字
版　　次 /	2022 年 1 月第 1 版　2024 年 3 月第 2 次印刷
定　　价 /	84.00 元

责任编辑 / 陈莉华
文案编辑 / 陈莉华
责任校对 / 周瑞红
责任印制 / 李志强

图书出现印装质量问题，请拨打售后服务热线，本社负责调换

编写组成员名单

统　筹　王　建　　林海英　　杨臻为　　刘明众

编　委　王　建　　林海英　　杨臻为　　刘明众

　　　　　刘明岩　　王　昊　　王佳鑫　　周新博

　　　　　丁怡伶　　张　驰　　冯光宇　　沈建平

　　　　　邓景怀　　关淇峰　　李　屺　　冯　潇

　　　　　武小洋　　谭　锋　　王冯意　　田博丞

前言 Preface

随着全球经济的发展，能源、气候以及环境问题日益突出，各个国家和地区纷纷将节能减排、碳中和提上日程。电动汽车作为一种环境友好的新能源汽车，近年来备受各国政府和资本市场的关注和喜爱，各大车企纷纷制定了燃油车禁售计划，电动化俨然成为未来汽车发展的重要形式。中国大学生方程式系列赛事（Formula Student China，FSC）作为一个以"全面提高中国汽车未来工程师的能力，为中国汽车行业输送优秀人才"为宗旨的公益性比赛，为了适应汽车行业电动化发展的趋势，培养更加适应行业需要的人才，在2015年首次举办了中国大学生电动方程式大赛（Formula Student Electric China，FSEC）。电动方程式大赛与方程式汽车大赛赛程相似，包含静态赛和动态赛共8个项目，分别为工程设计答辩、成本与制造评估、营销报告3项静态赛内容，和直线加速测试、8字绕环测试、高速避障测试、耐久测试、效率测试5项动态赛内容。比赛按照两项内容的总成绩评出冠亚季军。经过6年时间的长足发展，各大高校对电动方程式大赛的参赛热情越来越高。在2021赛季，电动方程式大赛（FSEC）的参赛队伍数量已超过方程式汽车大赛（FSCC）的参赛队伍数量，成了大学生方程式系列赛事中最不可或缺的部分。

近十年来，中国大学生方程式车队在各大高校遍地开花，发展得如火如荼。为了帮助刚刚入门的FSC车队新队员系统、高效地学习方程式赛车设计，帮助拥有参赛经历的FSC车队老队员总结经验，我们于2016年出版了《大学生方程式赛车设计》一书，填补了大学生方程式赛车设计中文教程的业界空白。该书在五年来受到了许多参赛车队的好评，同时也收获了不少对编写内容的友好建议。

随着中国大学生电动方程式大赛的发展，电动方程式赛车在动力形式、传动系统、电气架构等部分都与燃油方程式赛车有较大不同，上一版基于油车设计的《大学生方程式赛车设计》一书已不能指导参赛队员设计出当前主流的大学生方程式赛车设计方案。为了适应赛事的发展，帮助 FSEC 赛事的参赛队员高效、全面地掌握电动方程式赛车设计的必备知识，我们总结历届参赛经验与各大车队对编写内容的建议，重新编写了这本《大学生电动方程式赛车设计》。

本书立足于中国电动方程式大赛，基于《中国大学生方程式汽车大赛规则》(2021)，详细阐述了大学生电动方程式赛车的总体设计、单体壳设计、悬架设计、制动系统设计、传动系统设计、转向系统设计、人机交互系统设计、空气动力学分析、动力电池设计、电机系统设计、电子电路设计、电控系统设计以及赛车驾驶理论，是一本面向广大电动方程式赛车参赛队员和指导老师的基础教材。本书延续了上一版书的基础性、全面性、前沿性和实用性，既适合刚刚参加车队的新队员学习，也适合多次参赛的老队员研读，同时适合广大赛车爱好者了解、学习赛车知识。

全书由王建、林海英、杨臻为和刘明众统筹。除封面作者外，本书的第 1 章赛车总体设计由冯光宇编写，第 2 章单体壳由沈建平编写，第 3 章悬架由邓景怀、田博丞、冯光宇和谭锋编写，第 4 章转向系统由丁怡伶编写，第 5 章传动系统由王昊编写，第 6 章制动系统由王佳鑫编写，第 7 章人机系统由关淇峰和王冯意编写，第 8 章空气动力学由张驰编写，第 9 章动力电池由刘明岩编写，第 10 章电机系统由周新博编写，第 11 章电子电路由杨臻为和冯潇编写，第 12 章电控系统由刘明众和杨臻为编写，第 13 章赛车驾驶理论由李屹和武小洋编写。另外，还要感谢各大高校车队队员们、北京航空航天大学 AERO 方程式赛车的新老队员们对书稿提出的宝贵建议。

由于编者水平有限，书稿难免有疏漏和不足之处，欢迎广大读者批评指正！

作　者

2021 年 12 月于北京航空航天大学

目录 Contents

第1章 赛车总体设计

1.1 基准目标设定 / 002

  1.1.1 信息收集 / 002

  1.1.2 设定目标名次 / 003

1.2 整车形式 / 004

  1.2.1 赛车基本样式 / 004

  1.2.2 驱动形式选择 / 005

  1.2.3 重要部件选型 / 007

  1.2.4 基本参数选取 / 009

1.3 赛车总体布置 / 011

  1.3.1 部件空间安排 / 011

  1.3.2 制定分系统设计目标 / 012

第2章 单体壳

2.1 单体壳材料介绍 / 015

  2.1.1 "三明治"结构层合板 / 015

  2.1.2 碳纤维布 / 016

  2.1.3 夹芯材料 / 018

2.2 单体壳设计 / 019
　　2.2.1 单体壳几何设计 / 019
　　2.2.2 结构等同性表格与单体壳铺层 / 020
　　2.2.3 单体壳附件设计 / 021
　　2.2.4 预埋件设计 / 022
　　2.2.5 单体壳仿真校核 / 023
2.3 单体壳加工 / 024
　　2.3.1 成型工艺 / 024
　　2.3.2 模具介绍 / 025

第3章 悬架

3.1 悬架简介 / 028
3.2 悬架预设计 / 029
　　3.2.1 轮胎和轮辋的选择 / 029
　　3.2.2 轴距和轮距的确定 / 030
3.3 悬架几何设计 / 030
　　3.3.1 车轮定位参数 / 031
　　3.3.2 悬架等效臂 / 033
　　3.3.3 侧倾中心 / 035
　　3.3.4 纵倾中心 / 036
　　3.3.5 悬架杆系设计 / 037
3.4 悬架刚度阻尼匹配 / 038
　　3.4.1 质量分布 / 038
　　3.4.2 悬架弹性元件和阻尼元件的常见布置方式 / 039
　　3.4.3 线刚度计算 / 040
　　3.4.4 偏频计算 / 040
　　3.4.5 角刚度计算 / 041
　　3.4.6 阻尼比计算 / 041

3.5 设计过程中部分软件仿真过程介绍 / 042

    3.5.1 Optimum Kinematics 悬架运动学仿真 / 042

    3.5.2 Ansys Workbench 静力学仿真 / 047

第4章 转向系统

4.1 转向系统概述 / 054

    4.1.1 转向系统组成 / 054

    4.1.2 转向系统设计目标 / 055

    4.1.3 转向特性 / 055

    4.1.4 线性二自由度汽车模型 / 056

    4.1.5 稳态回转行驶 / 057

    4.1.6 前、后轮侧偏角绝对值之差 / 058

4.2 转向系统基本参数 / 058

    4.2.1 传动比 / 058

    4.2.2 最小转弯半径 / 059

4.3 阿克曼转向 / 060

4.4 转向器 / 063

    4.4.1 转向器选型 / 063

    4.4.2 齿轮齿条设计 / 065

    4.4.3 齿轮齿条校核 / 067

4.5 转向柱 / 067

    4.5.1 材料 / 068

    4.5.2 万向节 / 069

4.6 转向旷量 / 072

第5章 传动系统

5.1 传动系统布置形式 / 074

    5.1.1 电机中央驱动形式 / 074

5.1.2 轮边电机驱动形式 / 075
　　5.1.3 轮毂电机驱动形式 / 076
5.2 减速器 / 077
　　5.2.1 减速器传动比的确定 / 077
　　5.2.2 主减速器形式 / 080
　　5.2.3 轮边减速器形式 / 087
5.3 差速器 / 088
　　5.3.1 普通齿轮差速器 / 088
　　5.3.2 防滑差速器 / 089
5.4 半轴总成 / 092
　　5.4.1 半轴设计计算 / 093
　　5.4.2 万向节选型 / 093
5.5 车轮系统 / 094
　　5.5.1 立柱 / 095
　　5.5.2 轮毂 / 096
　　5.5.3 轮辋 / 097

第6章 制动系统

6.1 制动系统总体布置 / 102
　　6.1.1 制动系统规则梳理 / 103
　　6.1.2 制动管路布置形式的确定 / 103
　　6.1.3 制动器形式的确定 / 105
6.2 确定制动系统基本参数 / 106
　　6.2.1 制动系统相关基本参数及来源 / 106
　　6.2.2 制动系统基本工作原理 / 107
　　6.2.3 相关计算过程 / 108
6.3 制动卡钳的选择 / 112
　　6.3.1 制动卡钳类型的确定 / 112

6.3.2 制动卡钳相关基本参数的确定 / 113

6.4 制动盘的设计 / 115

6.4.1 制动盘基本介绍 / 115

6.4.2 制动盘的相关设计 / 116

6.5 制动主缸的选择 / 118

6.5.1 制动主缸类型的确定 / 118

6.5.2 制动主缸相关基本参数的确定 / 120

第7章 人机系统

7.1 驾驶坐姿 / 126

7.1.1 车手数据采集 / 126

7.1.2 舒适坐姿角度 / 127

7.1.3 方向盘与踏板定位 / 128

7.1.4 坐姿检查 / 129

7.1.5 人机台架 / 130

7.2 人机交互 / 130

7.2.1 座椅 / 130

7.2.2 踏板 / 132

7.2.3 仪表 / 134

7.2.4 方向盘 / 135

7.2.5 结语 / 136

7.3 车手安全装备 / 136

7.3.1 安全带 / 137

7.3.2 穿戴装备 / 138

7.3.3 头枕 / 138

7.3.4 驾驶舱 / 139

7.3.5 防火墙 / 139

第8章 空气动力学

8.1 空气动力学基本原理 / 143
8.1.1 下压力的产生 / 143
8.1.2 阻力的产生 / 145

8.2 空气动力学套件 / 146
8.2.1 总体要求 / 146
8.2.2 尾翼 / 147
8.2.3 前翼 / 150
8.2.4 扩散器 / 151

8.3 CFD仿真 / 152

8.4 复合材料加工工艺 / 154
8.4.1 准备工作 / 154
8.4.2 铺层工艺分类 / 155
8.4.3 翼片的加工 / 156

第9章 动力电池

9.1 总体参数确定 / 161
9.1.1 电池组电压确定 / 161
9.1.2 电池组能量确定 / 162
9.1.3 电池组其他参数确定 / 164

9.2 电芯选型 / 165

9.3 模组设计 / 168
9.3.1 汇流排种类 / 169
9.3.2 汇流排连接形式 / 170
9.3.3 电池信息采集 / 171
9.3.4 模组机械结构 / 172
9.3.5 模组散热 / 173

9.4 高压元器件选型 / 174
    9.4.1 高压插头 / 174
    9.4.2 绝缘继电器 / 174
    9.4.3 预充继电器 / 175
    9.4.4 预充电电阻 / 176
    9.4.5 熔断器 / 176
    9.4.6 电压表/高压指示灯 / 177
    9.4.7 绝缘检测装置 / 178
    9.4.8 维护插头 / 178
    9.4.9 高压线缆 / 179

9.5 机械设计结构 / 179
    9.5.1 模组结构 / 179
    9.5.2 电池箱体 / 181

9.6 热管理设计与仿真 / 183
    9.6.1 电池热力学分析 / 185
    9.6.2 电池热力学建模 / 186
    9.6.3 电池热仿真 / 188

9.7 电池管理系统 / 189
    9.7.1 大学生方程式赛事现状 / 189
    9.7.2 电池管理系统架构 / 190
    9.7.3 电池管理系统功能 / 192
    9.7.4 自制电池管理系统 / 196

9.8 电池充放电试验 / 197
    9.8.1 试验仪器介绍 / 198
    9.8.2 充放电测试试验流程 / 199

9.9 动力电池项目管理 / 200

第10章 电机系统

10.1 电机简介 / 205
    10.1.1 电机的分类 / 205
    10.1.2 直流电机 / 206
    10.1.3 异步电机 / 207
    10.1.4 同步电机 / 208
    10.1.5 开关磁阻电机 / 209
    10.1.6 步进电机 / 209

10.2 电机参数 / 210
    10.2.1 电机典型参数 / 210
    10.2.2 电机特性曲线 / 211
    10.2.3 电机参数选择 / 212

10.3 赛车驱动形式 / 215

10.4 电气连接 / 216
    10.4.1 线缆 / 216
    10.4.2 电气连接器 / 218
    10.4.3 电磁屏蔽 / 219

10.5 冷却系统 / 220
    10.5.1 冷却方式 / 221
    10.5.2 赛车常见冷却部件 / 223

10.6 电机台架试验 / 224
    10.6.1 台架组成部分 / 224
    10.6.2 试验内容 / 226

10.7 制动能量回收 / 226

第11章 电子电路

11.1 配电系统设计 / 230

11.1.1 低压电池参数设计 / 230

11.1.2 低压电源设计 / 231

11.2 安全系统设计 / 234

11.2.1 安全回路总体设计 / 234

11.2.2 主开关（GLVMS、TSMS）/ 235

11.2.3 急停开关 / 236

11.2.4 惯性开关 / 236

11.2.5 互锁 / 237

11.2.6 自锁 / 238

11.2.7 制动系统可行度检测装置（BSPD）/ 238

11.2.8 驱动系统激活指示灯（TSAL）/ 242

11.3 线束设计 / 245

11.3.1 线束整体设计 / 245

11.3.2 线束设计方法 / 246

11.3.3 线束缠绕方法 / 246

第12章 电控系统

12.1 赛车的电控系统 / 250

12.1.1 赛车常用传感器 / 251

12.1.2 赛车的数据采集 / 253

12.2 常见的赛车控制方法 / 253

12.3 整车动力学模型 / 255

12.3.1 7自由度车辆动力学模型 / 255

12.3.2 轮胎模型 / 257

12.3.3 Carsim车辆模型搭建 / 262

12.3.4 7自由度车辆模型仿真验证 / 263

12.4 四轮独立电驱动赛车状态参数估计 / 267

12.4.1 卡尔曼滤波理论 / 268

12.4.2 自适应卡尔曼滤波车速估计 / 269

12.5 四轮独立电驱动赛车稳定性控制系统设计 / 275

 12.5.1 稳定性控制系统控制变量选取 / 275

 12.5.2 稳定性控制系统框架设计 / 276

 12.5.3 直接横摆力矩控制方法 / 277

 12.5.4 驱动力分配 / 277

 12.5.5 驱动防滑控制 / 283

 12.5.6 稳定性控制算法仿真验证 / 284

12.6 试验验证 / 287

 12.6.1 车速估计试验验证 / 287

 12.6.2 直接横摆力矩控制试验验证 / 290

第13章 赛车驾驶理论

13.1 车手训练 / 296

 13.1.1 身体素质训练 / 296

 13.1.2 驾驶能力训练 / 299

13.2 正式比赛 / 300

 13.2.1 直线加速 / 300

 13.2.2 八字绕桩 / 301

 13.2.3 高速避障 / 303

 13.2.4 耐久测试 / 305

13.3 车手心理 / 307

13.4 进阶驾驶技巧 / 308

 13.4.1 线路选择 / 308

 13.4.2 车身控制 / 309

 13.4.3 在极限上驾驶 / 311

13.5 底盘调校 / 312

参考文献 / 315

第 1 章
Chapter 1　赛车总体设计

大学生方程式赛车的总体设计关系到整个赛季车队的工作和最终的比赛结果，赛车性能上限的高低取决于总体设计好坏，优秀的总体设计可以提高赛车性能的上限，令赛车各系统能够最佳配合，从而发挥最大的潜力。同时良好的总体设计能够提高车队的设计效率，减少分系统设计时因与其他系统间的干涉而造成的反复修改所浪费的时间。

1.1 基准目标设定

在开始设计工作前需要先明确设计目标，而决定目标设定的有效性取决于前期基础信息的收集工作。这部分工作需要全体队员共同完成，足够的有效信息能够帮助车队减少不必要的浪费，提高有限资源的利用效率。在收集到足够的信息后据此设定车队的目标和赛车的性能指标。

1.1.1 信息收集

（1）当年的最新版规则。大学生方程式赛车的一切设计都必须在规则设定的范围内，不符合规则的设计将不能获得动态项目甚至全部项目的比赛资格，因此谙熟当年的规则是不可或缺的。

（2）收集往年赛事的成绩和各车队设计特点的信息。从赛事官网下载查看往年赛事各项目及总成绩的比赛名次和分数，同时在每年的参赛手册上可以收集到各个车队的基本参数，如车重、轴距、轮距、动力系统形式（单电机、双电机、四电机）、车架形式（碳纤维单体壳或钢管桁架结构等）、电池容量、质量分布等信息，对比比赛名次和参数并进行分析，可以帮助缩小规则内最优解的范围。

(3) 赛事单项的分数与排名走向。在获取往年赛事各项目和总成绩的情况下，需要分析出单个项目的分数趋势和排名变化，如高速避障项目的单圈成绩、相同或相近的圈速在每年的排名和所获分数的变化，以此来判断该项目整体水平的趋势，从而调整赛车的设计目标。

(4) 收集赛事各个赞助商的信息以及各部件采购供应商的信息，提早进行部件参数选型的准备工作。同时，加强与其他学校的交流，了解其赞助商提供的各项资源（有偿/无偿、是否提供技术指导、提供资金等）。

1.1.2 设定目标名次

根据车队往年的成绩以及本赛季车队的实际情况，加上前期收集的信息（1.1.1 小节中所述）制定本赛季最终的目标。需要制定的是目标总排名和总分，并据此制定各项目的目标分数和排名。第一次参赛的车队不建议将目标制定得过高，应制定合适的目标。例如，以通过车检并完成全部比赛为基础目标，摸清比赛的全部流程和熟悉先前在信息收集时未能考虑在内的情况，为下一年参赛打下基础，这样的目标具有更高的可行性。

制定目标的几个基础步骤如下。

(1) 设定参赛最终排名为某个比赛名次。

(2) 根据 1.1.1 小节的（1）和（2）中的比赛结果，将本车队和其他车队的成绩进行比较，找到自己车队的定位。

(3) 分析上赛季预期目标与最终成绩之间的差异，找出其中的原因，是因为零件可靠性不足，还是因为冷却系统散热功率不够，抑或是因为无线电沟通不畅导致车手不能有效执行预定策略等。

(4) 参照往年的成绩，对本赛季的总分和各比赛项目所需要的得分有个预期，并分析规则的变化对比赛项目成绩的影响。

(5) 通过上述步骤，得出合理的最终目标。

1.2 整车形式

1.2.1 赛车基本样式

大学生方程式汽车大赛规则中规定了基本的赛车样式：4个车轮外露，并且不能在一条直线上，座舱敞开。

车轮外露指的是：

（1）从垂直车轮上方看，前、后车轮上半部分（上半180°）不允许被遮挡；

（2）从侧面看，前后车轮不允许被遮挡；

（3）在转向轮指向正前方时，赛车的任何部分都不能进入排除区。从赛车侧面看，排除区长边界由车轮前、后各75 mm的竖直延伸的两条线组成，宽边界为从轮胎外侧平面到轮胎内侧平面。排除区如图1-1所示。

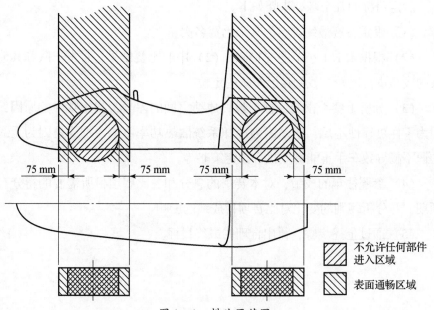

图1-1　排除区范围

(4) 必须同时符合规则对空气动力学装置的尺寸和要求。

座舱敞开指的是座舱没有车门、车窗遮盖，并且在只允许拆除方向盘、转向柱、座椅和全部包裹物的情况下，能够将图 1-2 所示的检测板以水平姿态放入驾驶舱内。具体要求详见参赛当年规则。

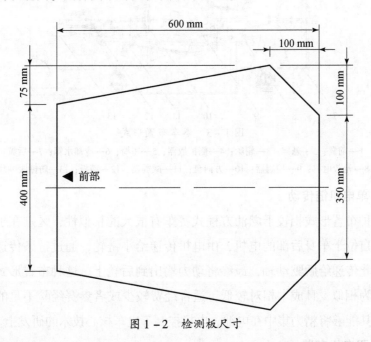

图 1-2 检测板尺寸

一辆设计良好的电动方程式赛车主要包括车架（或碳纤维单体壳）、电池、电机、减速器、传动轴、逆变器、控制器、冷却水箱、悬架、车轮、座椅、踏板、方向盘、安全带、防滚架等零部件，常规赛车的布置形式如图 1-3 所示。

1.2.2 驱动形式选择

在大学生方程式赛车中，比较主流的布置形式有中置后驱和中置四驱，电车也基本如此，所不同的是电车中质量最大的零部件之一，即电池，其布置位置成了控制赛车质量分布的主要角色，承担"发动机"角色的电机反而在布置的描述中不占主导地位，电池的主要布置位置基本都位于车手座椅之后，在后轴之前或者穿过后轴。电机的形式并不单一，参赛车队在电机数量的选择上也出现了3种比较主流的形式。下面主要介绍电机的布置形式。

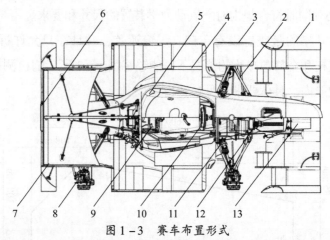

图1-3 赛车布置形式

1—前翼；2—悬架；3—轮胎；4—侧扩散器；5—座椅；6—冷却水箱；7—后翼；
8—轮毂电机；9—控制器；10—方向盘；11—减震器；12—踏板；13—防撞缓冲块

1. 单电机链传动

这种布置形式相较于燃油方程式赛车有很大的相似性，区别在于动力的输入来自位于车身后部的电机，由电机传递给小链轮，通过链条传递给大链轮，由此传递给后驱动轴，最终将动力输出到后轮上。这种布置形式因其与油车更为相似，且成本相对较低，适合经费较少或者参赛经验不足的车队选择，使其能够将精力集中在电池、电机控制等电车核心技术的研发上。

2. 双电机布置

因为电机的体积小，选择了双电机共同安装在后轴上的布置，左、右两个后轮不需要机械形式的差速器，可以通过电控系统进行差速控制，同时可以配合车身状态实时分配两个车轮的动力，达到一定程度上辅助赛车进行转向的效果。

3. 四电机布置

轮毂电机或轮边电机的出现，令赛车实现四驱有了更好的选择。四电机布置的主要特点是4个体积小、功率大的电机直接布置在4个车轮内部或者在车轮与车身之间，省去了传动轴和主减速器。每个车轮的动力都有一个电机单独提供，可以很大程度上通过控制帮助赛车适应各种工况下的动力需求，最大限度地利用每个轮胎的抓地力，帮助赛车转向。但又因为电机与车轮之间仍需要大减速比的减速器，并且需要为电机提供冷却功能，导致了轮边系统的复杂度大增，提高了对车轮内部空间的利用要求，且造成了簧下质量的增加，一定程度影响了赛车的灵活性。

1.2.3 重要部件选型

大学生电动方程式赛车需要采购的部件主要包括电机及电机控制器、电池电芯、电池管理系统、轮胎、轮辋、整车控制器、减震器、制动分泵、制动主缸、安全带、缓冲块等，但也有实力强劲的车队会自制以上部分零部件，或者很大程度地改造了采购的零部件。本节在讨论零部件的选型时主要讨论电机的选型和轮辋、轮胎选型。

作为赛车动力的来源和赛车动力最终的输出者，电机和轮胎的选择很大程度上决定了赛车的最终性能。同时，电机和轮胎的选型关系到赛车车身空间的安排、轮内空间的大小和悬架几何设计的自由程度，因此将这两个列为最重要的选型部件。

使用一款产品的决定因素不仅仅在于其性能，同时还需要考虑其价格、可维护性、数据支持程度、购买途径和使用的难易程度等因素，需结合车队自身的情况进行综合考虑。

1. 电机选型

电机的选型主要由驱动形式和技术难易程度决定，总体原则是根据车队自身的发展情况和驱动形式对资源与知识的需求进行匹配，在资源条件允许的情况下选择最优的方案。在3种驱动形式中，总的趋势应是电机数量越多，越有优势，但是因为电子差速的和扭矩分配的效果参差不齐，双电机和单电机的最终成绩并没有拉开差距，而近些年趋于成熟的四电机方案因其能够充分利用4个车轮的摩擦力，使得其在直线加速和"8"字绕环上相较于后轮驱动的形式有了质的飞跃，在相对竞赛水平更高的德国赛中也同样是四电机布置的天下。

电机型号的选择并不像油车发动机那样广泛，在没有自研能力的情况下，双电机车队普遍采用 ERMAX 电机，四电机车队普遍采用 AMK 的轮边电机，因此对驱动形式的选择基本上就已经决定了电机的型号。

2. 轮胎选型

在比赛规则中，能够接触地面的唯一部件就是轮胎，车手的每一个动作和每一种影响赛车的力量都通过轮胎传递，赛车的几乎每个系统都围绕着轮胎的性能展开，因此轮胎的重要性不言而喻。

在 FSAE 的比赛中，最主流的轮胎品牌是 Hoosier 和马牌轮胎 Continental（于 2021 年退出对 FSAE 的产品支持），其他还有米其林轮胎、佳通轮胎、固特异轮胎等品牌。轮胎主要为全热熔胎，其质量轻、配方软，温度升高后胎面易熔化，在干地条件下能够牢牢地抓住地面，产生十分可观的抓地力。

（1）首先要进行轮胎的外径选择。FSAE 赛事主流的轮胎外径有两种，即 10 英寸[①]与 13 英寸。10 英寸轮胎尺寸很小，使整个行驶系统和悬架系统的尺寸都很小，能够节约一定的重量。直观上来说，要跑过同样的距离，小尺寸轮胎需要转动更多的圈数，磨损也更大，但是对于仅有 22 km 的耐久赛长度来说，稍大的磨损并不是主要影响因素，反而因其升温快的特点能够令赛车在不能使用暖胎设备和短暂的 5 min 动态准备时间的条件下能够在比赛时更快地达到工作温度，同时小尺寸的轮胎产生的轮胎乱流更小，降低了对空气动力学套件性能的负面影响。10 英寸轮胎的主要挑战是：在更小的轮辋内布置立柱、刹车盘和卡钳等零部件，车轮转向或跳动过程中更容易发生运动干涉等，特别是对于四电机布置来说，因为增加了减速器、电机、冷却水套等部件，使得轮辋内空间更加狭窄，对于悬架转向几何的设计提出了更高的要求。因此，建议经验较少的车队可以从 13 英寸轮胎开始设计，等技术成熟后再向 10 英寸轮胎发展。德国赛中也有使用 8 英寸轮胎的车队，但其轮胎为车队和赞助商联合开发，并不是市场中公开售卖的产品，因此 8 英寸轮胎不过多介绍。

13 英寸轮胎的主要优势在于其内部空间更大，便于布置轮系零部件。在相同宽度下，13 英寸轮胎的接地面积更大，可以有更大的极限抓地力。缺点是转动惯量更大，同时在车身前进方向的投影面积更大，对于空气动力学的消极影响也更大。

两种尺寸轮胎的重量优势需要综合轮辋和内部零件考虑，不可单一考虑轮胎自身的重量就作决定。

（2）其次需要考虑轮胎的配方，较软的配方能够更快地达到工作温度和

---

① 1 英寸 = 2.54 厘米。

提供更高的抓地力，但容易产生过热的问题。

（3）最后需要考虑的因素是轮胎的宽窄。在确定了品牌、轮胎直径和配方后，需要具体选择轮胎和轮辋的型号。原则上希望轮胎与轮辋质量更轻、胎面更宽、胎壁更薄，但需要为适配因素作出妥协。更宽的胎面直接提高了轮胎的抓地极限，因此宽胎是主流强队的选择。另外，较宽的轮胎也会带来重量以及转向力增加的问题，还需要综合考虑。

在大学生方程式赛车设计中，掌握自己所用轮胎的数据是十分必要的，不了解轮胎的特性，所有设计如同空中楼台，对于赛车的测试数据也无从分析。轮胎数据获取一般有两种途径：一种来自轮胎赞助商的提供，对于获得轮胎供应商赞助的车队，赞助公司通常会提供所赞助的轮胎数据，因此积极争取轮胎赞助商的帮助对于赛车的研发大有裨益；另一种来自"民间"组织TTC众筹发起的轮胎测试活动，每隔几年其会对市场上主流的几款轮胎进行测试，得到轮胎的测试数据，每支参与的车队缴纳一定的会费即可成为终生会员，之后可以免费获取所有该组织的轮胎测试数据。因此，如果没有轮胎赞助商的帮助但有一定的经济基础，那么加入该组织将对赛车研发和车队后续发展有很大帮助。

3. 车架形式

如今大学生电动方程式赛车车架形式主要分为钢管桁架结构和碳纤维单体壳两种形式，钢管桁架结构的主要特点在于成本低廉，但因为需要焊接，其尺寸精度难以保证，因此对硬点吊耳的焊接等工作提出了更高的要求，常规钢管桁架的质量一般在37 kg左右。而碳纤维单体壳因其质量轻、刚度高以及对空气动力学友好等特点，成为众多车队的优先选择。且因其制造工艺不同于钢管桁架结构，硬点的定位也较钢管桁架结构更容易做到精准，成熟的碳纤维单体壳质量一般在30 kg以内，极致的碳纤维单体壳设计质量能够做到18 kg以内，相较于钢管桁架形式的车架有十分可观的质量优势。

1.2.4 基本参数选取

1. 轴距

规则中规定赛车的轴距不可小于1 525 mm。轴距指在车轮指向正前方时同侧车轮的接地面中心点之间的距离。轴距越长，高速稳定性越好，同等条件下前后载荷转移量越小，抓地力损失越小，空气动力学套件设计空间越大，但轴距越长，最小转弯半径越大，赛车的机动性会越差。与此相反，轴距越短意味着赛车越敏捷，在 FSAE 的比赛中，基本为场地绕桩赛道，赛道中的高、低速弯较多，直线短，对赛车的敏捷程度要求高，即使有着加速制动时载荷转移量大的缺点，但敏捷程度是更能影响赛车在场地绕桩赛道中的表现的因素，因此赛车的轴距越接近 1 525 mm 越好，但要注意加工和定位误差的存在，需要留有余量，以防不能通过车检。主流的轴距选择一般在 1 530 ~ 1 600 mm。

2. 轮距

规则对轮距的规定是赛车较小的轮距（前轮或后轮）不得小于较大轮距的 75%。轮距指同一轴线上赛车左、右两个车轮在车辆支撑平面上留下轨迹的中心线之间的距离。通常轮距越小，车体的宽度就越小，绕桩更加轻松，车辆转角越小，空气动力学套件工作条件越好；更宽的轮距能够使转弯时车轮的载荷转移越小，总体的抓地力损失越小。一般来说，轴距和轮距的比例为 5 : 4 左右，同时大量车队采用了后轮距小于前轮距的设计，其优势在于转向更加稳定，同时在绕桩过程中，前轮过桩，后轮一般不会扫到桩桶。主流上轮距一般在 1 230 mm 左右，前轮距比后轮距大不超过 50 mm。

3. 整备重量

整备重量指赛车按照参赛要求的技术条件装备完整、加满各种油和水，在没有驾驶员情况下的重量。对于往届车队而言，各零部件的重量估算应以上一年的赛车作为参考。因此，记录赛车的各种数据十分重要。赛车工程师会为了减轻赛车上的每一克重量而努力，但轻量化需要量力而行，过于激进的减重只会牺牲赛车的可靠性，甚至可能导致比赛功亏一篑。

4. 整车重心高度和载荷分配

重心高度和载荷分配是按满载情况下车身在纵向平面内的质心位置所确定的。因为规则规定了赛车要能够在 60° 的斜台上不倾翻，所以从正视图来看，赛车的重心与车轮接地点的连线与地面的夹角不能大于 30°，如图 1 - 4 所示。

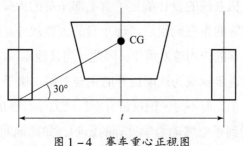

图1-4 赛车重心正视图

重心高度一般在 300 mm 左右,重心高度越低,赛车动态性能越好,重心高度有两种测试方法,在赛季前可使用三维建模软件确定所有部件的重量及位置,可计算出赛车的重心位置,在实车落地后可通过平面测重法与斜面测重法找出赛车的实际位置。

重量分配上,越能接近 50∶50 的轴荷比越好,因此整车零部件的布置需要根据重量分配来确定。比如:电机控制器与电池的布置,如果都集中布置在赛车后部势必会造成后轴的重量分配多于前轮,因此有的车队选择把电机控制器放在车身前部的车手双腿下方,以获得更接近 50∶50 的轴荷比。

同时,赛车的重量越集中,转动惯量越小,在弯道中就越敏捷。

5. 车体宽度

前部车体的宽度涉及人机部分的规则,如空气阻力;后部车体的宽度涉及电池箱的设计。车身的宽度越窄,悬架的长度越长,车身侧倾对车轮定位参数的影响就越小,同时可以缩小单体壳表面积,从而减轻重量,对于特定布置的空气动力学套件来说也大有裨益,因此车身越窄越有利于获得良好的性能。

1.3 赛车总体布置

1.3.1 部件空间安排

基于以上介绍,对赛车部件的总体布置原则已经基本上明确了,通过人机方面的规则和人机系统的设计确定了前半部车身的大概尺寸，通过后部对电池箱、电机空间等的布置确定后半部车身的大概尺寸。随着各种布置方案的成熟，空气动力学的作用越发重要，因此，当其他系统的性能趋于稳定时，空气动力学套件的进步就成为性能提升的主要来源。由于"要设计一辆从空气动力学出发的赛车，而不是一辆仅带有空气动力学套件的赛车"，所以，总布置很大程度上受到了空气动力学设计的影响，如离地间隙、车身宽度、车身后半部的空间布置都很大程度上需要考虑对空气动力学性能的影响。

1.3.2 制定分系统设计目标

根据总体目标，结合圈速仿真结果设定分系统具体性能参数指标，如各系统重量、空气动力学套件下压力、侧倾敏感度、偏航敏感度、悬架侧倾和纵倾增益目标、加速性能目标、制动性能目标、转向横摆角速度增益或侧向加速度值目标。

总布置的有效性需要通过赛季后期的测试数据与赛季前期的仿真数据作比较来进行验证。

思考题

1. 车队的年度目标设定需要做哪些准备工作？设定目标后该如何落实？
2. 赛车的总体设计与性能指标需要基于哪些信息确定？
3. 赛车总体设计对于整个赛季的意义是什么？
4. 赛车的设计理念与主要参数的选取需要基于什么原则？
5. 如何进行赛车各个系统的整体安排？如何确定各个系统布置的优先级？
6. 轮距、轴距和重心高度的选取对赛车布置和整体性能有怎样的影响？
7. 电动方程式赛车的三种驱动形式各有什么特点？

第 2 章
Chapter 2　单体壳

单体壳（Monocoque）是车架（Frame）的一种形式。车架是赛车的"骨架"，提供驾驶空间、连接其他部件、承受赛车载荷。《中国大学生方程式汽车大赛规则（2021）》（以下简称《规则2021》）对车架的描述为："被设计用来支撑所有赛车的功能系统的结构总成，该部件可以是单个焊接结构，也可以是复杂的焊接结构，或是复合材料与焊接结构的组合"。钢管桁架结构车架在《大学生方程式赛车设计》一书中已有详细介绍，故本章只介绍单体壳。

单体壳是一种承载式车身（图2-1），通常使用三明治夹层结构的碳纤维复合材料制成，包括树脂基碳纤维增强复合材料（Carbon Fiber Reinforced Plastic，CFRP）表层和低密度夹芯材料（Core Material），单体壳相较于传统钢管桁架结构车架有更高的比刚度和比强度、更好的抗冲击性能，因此可以在大幅减重的同时达到更高的刚度和更好的安全性。截至2020赛季，中国赛中已经有不少车队使用了单体壳，随着各个学校支持力度的逐渐增大，势必将有越来越多的车队使用单体壳。

图2-1　碳纤维复合材料单体壳

2.1 单体壳材料介绍

由于国内车队通常不具备自主制造单体壳的条件，所以单体壳一般是通过加工厂代工生产的。单体壳制造过程所涉及的材料或工具主要有模具、碳纤维、树脂、固化剂、夹芯材料、密封胶、真空袋、脱模剂、脱模布、透气毡、真空泵等，其中碳纤维和夹芯材料是单体壳整体强度和刚度的最主要影响因素，树脂和固化剂对强度和刚度影响相对较小，模具会影响单体壳的表面光洁度。碳纤维和夹芯材料的选择由车队决定，其他材料可以根据加工厂的实际情况选用。

2.1.1 "三明治"结构层合板

"三明治"结构层合板是碳纤维复合材料的一种结构形式（图2-2），由上下表层的碳纤维增强树脂基复合材料和中间低密度的夹芯材料构成。

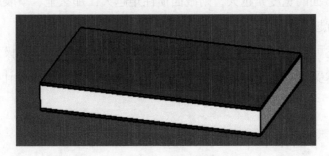

图2-2 "三明治"结构层合板示意图

使用这种"三明治"结构的原因大致如下。

（1）板材在受到垂直于表面的法向载荷时（图2-3），以材料力学中的中性面为界，一侧受压，另一侧受拉，距离中性面越远受到的拉压力越大。

（2）"三明治"结构中表层和夹芯层的应力是由材料应变和材料弹性模量决定的，应力在表层和夹芯层的分界面处不连续且变化巨大（图2-4），这使得碳纤维表层承受了大部分的载荷，而低密度夹芯层承受的载荷很小。

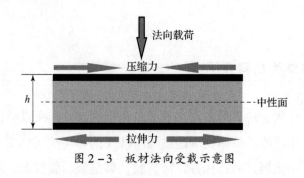

图2-3 板材法向受载示意图

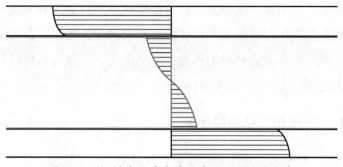

图2-4 板材受面外载荷时截面上的应力分布

(3) 截面的宽度 h 越大，则截面惯性矩越大，那么上、下表层的压应力和拉应力就越小。

由上述可知，中间的低密度夹芯可以以少量增重为代价，极大地增加了层合板能承受的载荷。因此，"三明治"夹芯结构成为单体壳设计中不可替代的选择。

2.1.2 碳纤维布

赛车队制造单体壳都是通过铺层实现的，所使用的碳纤维也都是碳布形式。碳布可以根据以下几个方面进行分类。

1. 编织方式

碳纤维布根据是否编织可以分为单向布和编织布。单向布中所有碳纤维都是沿着同一个方向铺设的，单向布沿碳纤维方向的性能极强，垂直于碳纤维方向的性能很弱，通常用于受载方向单一的情况。编织布是由两个互相垂直方向的碳纤维束编织而成的，根据编织的方式可以分为平纹、斜纹、缎纹等（图2-5）。平纹布的经线和纬线交织点最多，因此最稳定，但弯折性却不如斜纹布和缎纹布，又因为斜纹布比缎纹布更常见，所以单体壳常用斜纹编织布。

平纹　　　　　　　斜纹　　　　　　　缎纹

图2-5　3种不同编织方式的碳纤维布

2. 是否预浸树脂

根据是否预先浸入树脂，碳纤维布可以分为预浸料和非预浸料。使用预浸料铺层不需要额外的树脂以及用于注入树脂的设备等，称为干式成型法。使用非预浸料铺层称为湿式成型法，需要通过用手工刷涂树脂或者真空导流的方式让碳纤维布之间浸满树脂。干式成型法简单方便，但是预浸料通常需要在0 ℃及以下温度存储、在100 ℃及以上温度固化，并且同样性能等级的预浸料价格远高于非预浸料。制作单体壳使用预浸料或者非预浸料都是可以的，主要根据条件进行选择。

3. K 数

碳纤维编织布是由两个垂直方向的碳纤维束编织而成的，K数表示每一根碳纤维束里面含有的碳纤维丝的数量，$3K$表示一根碳纤维束里面含有3 000根碳纤维丝。常见的K数有$3K$、$6K$、$12K$等，K数越大，碳纤维布的网格就越大、单层碳纤维布就越厚、弯折性能也越差。同等强度级别的碳纤维K数越小往往就越贵，制作单体壳通常使用$3K$碳纤维布，当然其他碳纤维布也是可以使用的。

4. 性能等级分类

日本东丽公司的碳纤维有主打高强度的 T 系列，根据拉伸强度大小可分为T300级、T700级、T800级等，其数字越大表示拉伸强度越高，典型高强度碳纤维性能数据如表2-1所示。而主打高模量的碳纤维按照模量大小分为

M30、M40、M50 等，典型高模量碳纤维性能数据如表 2-2 所示。进口的东丽 T700 3K 非预浸料碳纤维布现在的税前价格大约是 150 元/m²，T800 12K 非预浸碳纤维布现在的税前价格大约是 420 元/m²，综合性能和价格考虑，T700 碳纤维布是比较合适的。

表 2-1　典型高强度碳纤维性能数据表

碳纤维强度等级	拉伸强度/MPa	拉伸模量/GPa
T300	3 530	230
T700	4 900	230
T800	5 490	294

表 2-2　典型高模量碳纤维性能数据表

碳纤维模量等级	拉伸模量/GPa
M30	294
M40	377
M50	475

2.1.3　夹芯材料

夹芯材料通常为密度较低的铝蜂窝、芳纶蜂窝、PMI 泡沫、PVC 泡沫等。铝蜂窝通常由 3003 或 5052 铝合金制成，其他参数有蜂窝边长、铝箔厚度、蜂窝厚度；PMI 泡沫是非金属泡沫中性能最好的，但价格也最贵，其性能和密度有关。铝蜂窝价格相对较低（20 mm 厚的铝蜂窝价格通常在 200 元/m² 以内）、性能明显强于非金属泡沫，几乎是制作单体壳最好的选择，但铝蜂窝和碳纤维布之间的黏结面积远小于非金属泡沫，故需要在铝蜂窝和碳纤维布之间额外添加一层胶膜，以防止脱胶。

实际选用哪种芯材可以根据三点弯曲试验结果和试验件重量来决定，以求得较好的减重效果。

2.2 单体壳设计

单体壳的初始设计是非常重要的,包括几何设计和铺层确定。单体壳的设计通常是多方面协调的结果,要考虑结构力学性能、气动性能、加工难度以及和其他部件之间的安装关系等。

2.2.1 单体壳几何设计

根据《规则2021》的要求,单体壳的相关结构包括前隔板、前隔板支撑、侧边防撞结构、前环斜撑、主环斜撑支撑,如图2-6所示,其中需要注意的是,前隔板支撑和侧边防撞结构包含了对应位置的底板和竖直板,而主环斜撑支撑包含了对应位置的顶板和竖直板。这些结构和钢管车架的对应结构有相同的功能,只是材料由钢管变成了层合板。

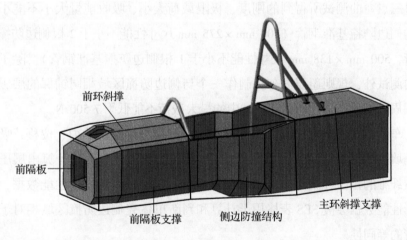

图2-6 单体壳结构示意图

单体壳通常使用阴模制造(单体壳外表面和模具贴合),这使得单体壳外表面有足够高的几何精度,所以进行单体壳几何设计时通常以悬架硬点为首要考虑因素,在外表面给悬架留出安装位置,同时以空套、前环、主环等部件的安装便利性为辅助考虑因素。

单体壳几何设计中最简单的结构力学就是尽量让单体壳形成封闭的壳体，避免出现容易产生应力集中的尖角。

单体壳的几何外形主要有平面和曲面两种。如图 2-6 所示，这个模型中单体壳的所有面都是平面，平面和平面之间可以通过圆角过渡，平面外形方便制造时的夹芯铺层，但也会对气动产生不利影响；曲面外形则正好相反。

2.2.2 结构等同性表格与单体壳铺层

为了保证单体壳强度能满足基准要求，《规则 2021》以结构等同性表格（SES 表格）的形式对单体壳的所有结构都做出了相应的铺层限制。

1. 层压板测试

《规则 2021》第 2 章的 3.32 条目要求车队制作一个测试样件（尺寸为 500 mm×275 mm 或 500 mm×138 mm），该样件需要具有与单体壳侧边防撞区域相同的设计、压层材料和制造方法。车队需要在该样件上做三点弯曲测试，通过三点弯曲测试所得到的刚度、极限载荷大小、吸收能量大小不能小于对应的侧边防撞基准钢管（500 mm×275 mm 尺寸性能不小于 2 根侧边防撞基准钢管，500 mm×138 mm 尺寸性能不小于 1 根侧边防撞基准钢管）。除了三点弯曲测试外，规则还要求车队制作一个与侧边防撞区域相同铺层的层压板进行圆周剪切测试，圆周剪切测试中的最大载荷不能低于 7 500 N。

车队需要将上述三点弯曲测试数据和圆周剪切测试的力、位移、吸能等数据填进 SES 表格对应的页面，SES 表格将会根据这些数据计算出层压板表层碳纤维的拉压（抗压）强度、弹性模量、剪切强度等力学性能数据，这些力学性能数据会被 SES 表格用于计算和判断单体壳侧边防撞区域相对于基准钢管的等同性。

根据《规则 2021》第 2 章 3.32.3 条目，如果单体壳的某些基本结构使用了除夹层厚度外完全相同的铺层方式，则这些基本结构可以使用同一份三点弯曲测试数据导出的力学性能数据，否则就需要分别制作和基本结构相同铺层的层压板进行三点弯曲测试。另外，根据《规则 2021》第 2 章 3.32.5 条目，车队需要对车上每一个基本结构的铺层制作典型层压板，并进行圆周剪切测试。

2. 主体结构铺层确定

通常碳纤维复合材料设计应当从仿真开始，但复合材料的仿真较为复杂，同时又因为《规则2021》要求单体壳铺层满足准各向同性："每个蒙皮在 +45°/-45°或0°/90°方向上相等分布的情况下，偏离方向层数不超过2层"，所以铺层方式可以直接设计为：编织布0°（或90°）和+45°（或-45°）依次交替铺层。

SES表格要求车队将所有基本结构的铺层方案填入对应页面的表格中，在已经填入层压板测试数据的情况下，SES表格会根据自带的公式计算基本结构的铺层是否符合要求，可以据此选择质量最小的铺层方案，这样得到的铺层方案的整体强度一定能满足正常驾驶状态的要求。

2.2.3 单体壳附件设计

单体壳附件主要包括前鼻、缓冲组件、前环、主环、主环斜撑、举升点。

前鼻的主要功能是提供利于气动的外形及防水。需注意，前鼻的最前端圆角半径要大于38 mm，其圆心角要大于45°。

缓冲组件包括缓冲结构和防侵平板。缓冲结构可以使用标准缓冲结构（泡沫和碳纤维两种），也可以使用其他自选材料，如铝蜂窝，使用自选材料则需要通过试验获取其缓冲性能数据，详细要求可参见《规则2021》第2章3.23条目。单体壳的防侵平板外轮廓需要和前隔板外轮廓完全重合，单体壳防侵平板可以使用4 mm厚铝合金板、1.5 mm厚钢板或者复合材料，使用前两者是比较合适和方便的。

前环可以使用钢管、铝合金管或钛合金管，前环直径和壁厚需要填入SES表格以说明其满足规则。若使用钢管，则前环可以通过焊接吊耳然后连接到单体壳，SES中的吊耳参考形状和连接方式如图2-7所示。若使用铝合金管或者钛合金管，则可以通过预埋的方式层压至单体壳铺层中，并需要通过试验证明层压的方式与机械连接等效：将整个层压段等分成4个部分，每部分在各个方向上都能承受30 kN载荷。

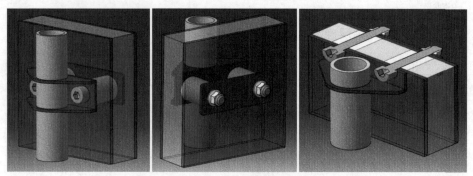

图2-7 前环、主环和单体壳的连接

主环和主环斜撑只能使用钢管，主环通过每侧3个支架机械连接至单体壳。主环斜撑可以通过《规则2021》第2章3.41.5条目中介绍的连接方式连接至单体壳，如图2-8所示，这种方式使用1个在管件中心线上的8.8级M10螺栓进行固定。

根据《规则2021》，举升点可以使用钢管或铝管制作。若使用钢管，如图2-9所示，可以通过焊接和螺栓连接的方式连接至单体壳尾部。由于7075 T6高强度铝合金管的焊接性能不佳，而焊接性能较好的铝合金管屈服强度又比较低，所以若使用铝管制作举升点，则需要做出更多的考虑。

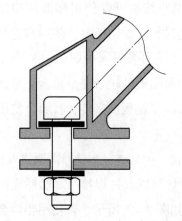

图2-8 主环斜撑和单体壳的连接

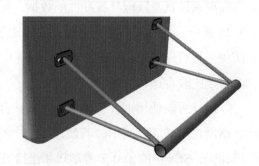

图2-9 钢管举升点

2.2.4 预埋件设计

由于夹芯材料的垂直铺层平面的剪切强度和压缩强度都远不及碳纤维本

身,所以若不采取任何处理措施,层合板在单侧受到面外载荷时,容易产生单侧碳纤维面外剪切破坏,也就是产生压溃。对此,通常采用安装预埋件的方式(图 2-10),将硬质材料预埋至铺层内,替代相应位置的低密度夹芯,通过预埋件传力,让两侧碳纤维共同承受剪切力。

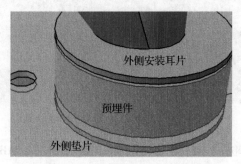

图 2-10　预埋件安装示意图

预埋件的材料通常是铝合金,根据实际受力情况也可以选用其他材料。可以通过仿真对预埋件进行减重设计。同济大学对预埋件的拓扑优化减重做了研究和说明,可以参考相关论文[1]。

2.2.5　单体壳仿真校核

完成单体壳几何设计、铺层设计和预埋件设计之后,可以对单体壳进行整体仿真校核,包括静止弯曲工况、加速工况、制动工况、转向工况等,以便于对单体壳的性能有整体的把握。

图 2-11 是对某一单体壳进行转向工况线性静力学校核的结果(使用 HyperMesh 中的 HyperLaminate 模块,整车使用 2D 网格,用刚性单元 Rigids 代替悬架杆件,无预埋件区域使用相应的层压板属性,预埋件区域使用预埋件属性,底盘和电气的主要部件以集中质量的形式添加并连接至单体壳,以碳纤维层压板单向拉伸、单向压缩、面内剪切试验的线性段最大应力作为碳纤维的强度值,使用 Tsai-Wu 准则计算失效指数),通过结果可以看出失效指数最大为 0.41(小于 1 表示未失效),且最大失效指数出现在悬架连接处。由于 2D 网格和 Tsai-Wu 准则无法考虑面外载荷导致的失效,所以需要在设计预埋件的同时校核这些连接处层压板的剪切强度。

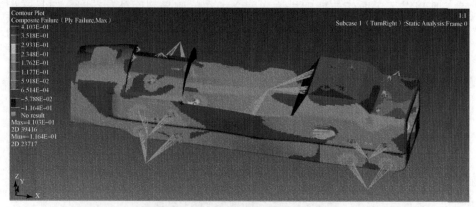

图 2-11 单体壳转向工况整体校核

单体壳的整体仿真校核还可以使用 ABAQUS 软件，ABAQUS 可以通过 3D 网格来表示复合材料，可以得到更准确的结果，但是计算量会更大。

和钢管车架类似，对单体壳前后悬位置施加扭转载荷（通常约束前悬位置，在后悬位置施加力偶矩），并结合扭转刚度的计算公式可以求得单体壳的扭转刚度。扭转刚度计算式为

$$K = \frac{FL}{\arctan\left(\dfrac{2\Delta x}{L}\right)} \qquad (2-1)$$

式中，F 为力偶的平行力；Δx 为 F 作用方向上的位移；L 为力偶臂长度。

2.3 单体壳加工

2.3.1 成型工艺

一般的碳纤维产品的成型工艺主要分为普通真空工艺和热压罐工艺。

普通真空工艺按照浸入树脂方式的不同又可以分为手刷树脂、真空导流、预浸料成型 3 种方法，前两种方法使用的碳纤维布都是非预浸料。

其中手刷树脂方法主要需要的材料有模具、脱模剂、非预浸料碳纤维布、树脂、固化剂、脱模布、透气毡、真空袋、真空密封胶、真空管、真空泵，

其制作过程是：在模具上涂脱模剂→一边铺碳纤维布一边在碳纤维布上刷树脂和固化剂的混合物→铺脱模布→用真空袋密封并抽真空压紧→根据树脂的固化条件决定是否需要放入烤箱中加热固化。

真空导流方法额外需要的材料有注胶座、导流管、螺旋管、导流网等，相比于手刷树脂方法，其浸入树脂的方法是通过抽真空产生的压差力将树脂从外部压入铺好的碳纤维布中，如图 2 - 12 所示。

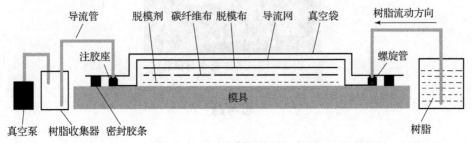

图 2 - 12　真空导流方法示意图

预浸料成型方法省去了浸入树脂的操作，铺层完成、抽真空后放入烤箱加热固化即可。

手刷树脂方法的操作简单，但容易出现树脂不足、树脂过量、树脂不均匀等问题，适合小型产品制作。真空导流方法需要更多的材料和前期准备，并且树脂是从外部浸入碳纤维布的，适合于中型薄壁产品制作。受烤箱尺寸限制，预浸料成型方法通常适用于中小型产品。

热压罐工艺使用预浸料碳纤维布，铺层完成后即可放入热压罐中进行抽真空加热加压固化，由于热压罐中的高压使得产品的孔隙率远低于普通真空工艺，故而强度更高，适合于制造大型产品。

2.3.2　模具介绍

制作单体壳常用的模具有高密度木制模具、环氧树脂模具、玻璃钢模具，木制模具（图 2 - 13）价格相对较低，但通常无法承受热压罐的高压，只能用于普通真空工艺。环氧树脂模具和玻璃钢模具虽然价格更贵，但能承受高压，通常用于热压罐工艺。

图 2-13 单体壳木制模具

思考题

1. 为什么单体壳要使用"三明治"夹芯结构？
2. 铝蜂窝在平面内的两个正交方向上的力学性能相同吗？
3. 碳纤维复合材料在受到面外载荷时，除了需要校核面外剪切强度，还需要校核面内强度吗？
4. 复合材料的失效准则有哪些？分别适用于哪些情况？
5. 进行碳纤维复合材料力学仿真时，碳纤维层与层之间的粘接、碳纤维层和夹芯层之间的粘接应该如何模拟？

第 3 章
Chapter 3　悬　架

赛车和地面产生力作用的部件就是轮胎，悬架就是让轮胎在需要时提供与地面最大的作用力的部件。悬架系统包含导向机构、弹性元件和阻尼元件，是在赛车设计过程中需考虑的关键部件，对赛车的运动特性有较大的影响。

3.1 悬架简介

悬架可以分为两大类，即非独立悬架与独立悬架。非独立悬架如图3-1（a）所示，它的两侧车轮通过一根轴相连，当一侧车轮因路面不平发生跳动时，就会引起另一侧车轮发生摆动。独立悬架如图3-1（b）所示，它的两侧车轮通过各自的导向机构分别与车架相连，因为两侧车轮可以单独跳动，互不影响，大大提高了车辆的平顺性，而且降低了簧下质量。所以，FSAE车队基本上都选择独立悬架的布置形式。

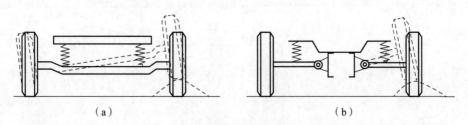

图3-1 非独立悬架与独立悬架
(a) 非独立悬架；(b) 独立悬架

独立悬架的具体结构也有很多，典型的包括横臂式、纵臂式、烛式、麦弗逊式等。

由于大学生方程式赛车规则限制，考虑到赛车的各种需求，FSAE赛车通常采用不等长双横臂悬架结构。双横臂悬架结构主要由上、下两根横向控制臂构成，从上往下看，横向控制臂呈 V 形，有时为了增加强度，在中间加一根杆，设计成 A 形，故将该结构称为 A 臂（A-arm）。这类横向控制臂通过两个节点与车架连接，与车架的相对运动为沿着两个节点连线的旋转运动。在安装了上下 A 臂后，车轮的自由度有两个，一个是沿着上下 A 臂外节点连线的旋转运动，另一个是由上下 A 臂与车架旋转运动形成的上下跳动。第一个自由度会通过一根转向拉杆（第五杆）约束，第二个自由度则通过各类机构传递至弹性元件、阻尼元件。

典型的 FSAE 赛车横臂构造形式如图 3-2 所示。

图 3-2　典型 FSAE 赛车横臂构造形式

通过改变上下 A 臂的 6 个节点，可以改变轮胎上下跳动时的运动特性，从而改变车辆运动时车轮与地面接触的效果，表现出车辆的良好运动特性。

3.2　悬架预设计

3.2.1　轮胎和轮辋的选择

通常赛车设计的最开始步骤就是选择轮胎和轮辋。大学生方程式赛车使用的轮胎和轮辋较小，市场上可以选择的品牌和尺寸不多。更小的轮胎和轮辋通常意味着更小的转动惯量和更小的空气阻力，但是会导致轮内空间过于拥挤，零件的受力状态较差，导致零件重量增加、悬架硬点选取受到影响等问题。

大学生方程式赛车常用的轮辋尺寸为 8 英寸、10 英寸、13 英寸，高性能轮胎的供货商包括 Hoosier、Continental 以及国产的路航轮胎等。也有车队在权衡成本之后选择使用其他品牌的轮胎。

在确定轮胎和轮辋之后，需要获得轮胎的相关数据，并进行处理，得到轮胎参数，为后续悬架、转向系统的分析计算做好准备。常用的轮胎数据处理软件包括付费的 OptimumTire 等。

3.2.2　轴距和轮距的确定

轴距和轮距的确定相对更加依靠经验。轴距是指在车轮指向正前方时前后车轴轴线在地面上的投影之间的距离；轮距是指同轴车轮中线之间的距离。

大赛对轴距有限制，必须大于 1 525 mm，在此基础上，绝大部分车队的轴距选择在 1 530~1 600 mm 范围，留足加工余量，以保证满足赛事要求。更小的轴距能使赛车更加紧凑，相对地减小车架（单体壳）的尺寸，从而达到一定的轻量化目的。但是小轴距在加速、制动工况下的质量转移现象会更大。

大赛对轮距的限制则相对较小，仅限制较小的轮距不得小于较大轮距的 75%。增大轮距可以减小在弯道中的载荷转移，提高赛车在弯道中的极限速度。但是大学生方程式赛车大赛中有大量绕桩的工况，轮距过大会导致赛车在绕桩时不够灵活，反而降低了弯道的行驶速度。轮距过小则会使赛车容易发生侧翻，无法满足规则中的侧倾台试验要求。依据经验，前、后轮距的取值往往在 1 180~1 300 mm 范围。

3.3　悬架几何设计

在前面曾介绍过悬架的基本类型，此处主要介绍不等长双横臂悬架的设计过程。硬点（Hard Point）是指悬架设计中的关键节点，其影响了整个悬架的运动，在设计和制造过程中需要有较高的精度。

3.3.1 车轮定位参数

车轮定位参数包括车轮外倾角、主销后倾角、主销内倾角与车轮前束角，同时主销延长线与地面的交点和轮胎接地面的中心距离定义了拖距和磨胎半径。这些参数决定了悬架控制臂外点的位置和车轮的初始位置，改变悬架系统的运动特性，从而对赛车的操纵稳定性产生很大影响。

通过这些参数可以确定赛车硬点，理清其中的关系有助于加速悬架硬点的选取设计，加速悬架的设计过程。

车轮外倾角（Camber）是车轮中心平面与垂直线在车辆横向平面内的夹角，如图3-3所示，α角为车轮外倾角，此车轮外倾角为正。外倾角的存在是为了弥补重型汽车满载时车桥变形引起的车轮内倾，同时还可以让车轮与拱形路面配合。但是，赛车和现代高速汽车的车轮外倾角全部为负值，主要是为了弥补高速过弯时离心力引起的车轮外倾。静态车轮外倾角的取值通常为 $-3°\sim 0°$，FSAE赛车一般采取垫片的形式调整车轮外倾角，从而在不同的工况下获得最佳的车轮外倾角。在直线加速赛中，可以减小驱动轮的内倾角，增加轮胎的纵向抓地力。

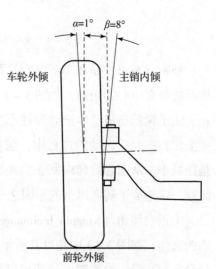

图3-3 车轮外倾角和主销内倾角（正视图）

主销后倾角（Castor）是主销与竖直线在车辆纵向平面内的夹角，如图3-4所示，γ角为主销后倾角，此主销后倾角为正。在不等长双横臂中，没有实体的主销，通常将上下横臂外节点的连线称为虚拟主销。主销后倾角可以产生回正力矩，过小的主销后倾角会使车辆的直线行驶不稳定，过大则会导致转向所需的力过大，在赛车上一般取值为 $0°\sim 4°$。主销后倾角的存在会使赛车转向时的外侧车轮得到更多的负外倾，这一特性会弥补转向时的离心力引起的车轮外倾。

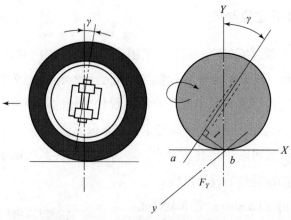

图 3-4 主销后倾角和拖距（侧视图）

拖距（Trail）是在车辆纵向平面内的主销延长线与地面的交点到轮胎与地面接触面中心的距离，如图 3-4 所示，a、b 之间的距离即拖距，此拖距为正。由于轮胎在滚动中产生弹性形变的阻尼特性，其与地面的接触面也会发生变化，在向前运动的过程中，通常该接触面的几何中心会前移，导致车轮拖距减小，从而导致转向回正力矩减小。这也是车辆在静止状态下转向力会比在一定速度下转向时大的原因之一。

主销内倾角（Kingpin Inclination，KPI）是主销与竖直线在汽车横向平面内的夹角，如图 3-3 中角度 β 所示，此主销内倾角为正。由于车轮绕主销旋转会抬起车身，故主销内倾角可以利用赛车自身的重力产生回正力矩，若主销内倾角取值过大，同样会引起转向变沉，一般取值在 3°~7° 内。主销内倾角会使赛车在转向时两侧车轮均产生正的车轮外倾角。就转向时对车轮外倾角的影响而言，一般会选择小一些的主销内倾角、大一些的主销后倾角。

磨胎半径（Scrub Radius）是在车辆横向平面内的主销延长线与地面的交点到轮胎与地面接触面中心的距离，也称为主销偏置距，如图 3-5 中长度 c 所示，此磨胎半径为正。磨胎半径可以看成表征主销内倾角回正效应的一个参数，过大会使转向过于沉重，一般取 10~30 mm。磨胎半径越大，轮胎与地面接触产生的牵引力或制动力产生的绕主销旋转的转矩会越大，理想情况是左右轮的转矩会相互抵消，但当左右牵引力或制动力不等或制造工艺误差造成左右轮外形参数不严格相等时，会产生一个总的转向力矩，直接反馈到方向盘上，导致左右转向时的回正力矩不同。

束角（Toe）是车轮平面与车身前进方向之间的夹角，如图3-6中ψ角所示，此前束角为正。赛车的前束角通常为负值，呈外"八"字形。首先，因为车轮内倾时滚动类似滚锥，有向内滚的趋势，增加负前束可以减小轮胎的滑动；再者，增加负前束可增加入弯的灵敏性。车辆进行阿克曼转向（即纯滚动转向）时，外侧车轮转角小于内侧车轮转角。前轮呈外"八"字形时，方向盘小角度转动可以自然形成阿克曼转向，减小轮胎滑动导致轮胎提供的侧向力降低和磨损增加。与前轮相反，赛车后轮通常呈内"八"字形，以弥补转向不足的特性。车轮前束角过大会导致直线行驶不稳定，其取值的绝对值通常在0°~0.5°。

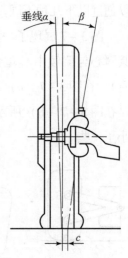

图3-5 主销内倾角和磨胎半径（正视图）

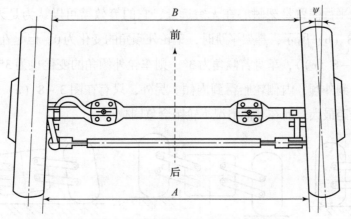

图3-6 车轮前束角（俯视图）

3.3.2 悬架等效臂

在横向平面内双横臂悬架可以看作一个四连杆机构，两臂交点为瞬心（Instant Center，IC），从瞬心向车轮作垂线所成线段为等效臂。等效臂的意义是可以将车轮某一瞬时相对车架的运动看作车轮固连等效臂围绕瞬心的运动。瞬心的位置、等效臂的长短会随车轮跳动而变化。横向平面内的等效臂长度越长，在悬架平跳工况下车轮外倾角的变化越小。有了等效臂的概念，就可以通过以下几种不同类型的悬架来初步研究悬架几何结构。

图3-7展现了一种极端的悬架，它的等效臂很短，只有半个轮距，而且其瞬心与侧倾中心重合，并在悬架平跳或侧倾时都不改变位置（相对于车身）。在图3-7（c）所示侧倾工况下，车轮外倾角与轮距的变化都为0°。但是在图3-7（b）所示悬架平跳工况下，其车轮外倾角变化很大，轮距也变小了一些。

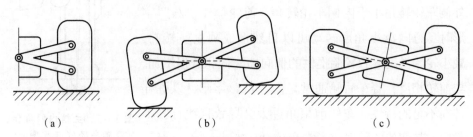

图3-7 侧倾中心不变的悬架

等长平行横臂悬架瞬心在无穷远处，它的等效臂可以认为是无穷长的，如图3-8（b）所示，悬架平跳时，车轮外倾角的变化为0。但是在侧倾工况下（图3-8（c）），车身若倾角为3°，则车轮外倾角的变化也为3°，而且外侧轮胎得到外倾，内侧轮胎得到内倾。另外，只有在图3-8（a）所示的情况下其轮距最大，而在其他情况下轮距会急剧减小。

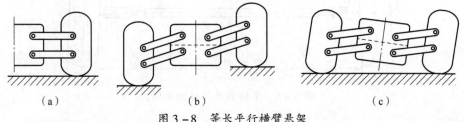

图3-8 等长平行横臂悬架

若横臂基本形式不变时，以等长平行横臂为例，横臂长度越长，悬架动态性能越优。在悬架平跳工况下，长横臂的悬架轮距变化明显比短横臂的悬架小。长短横臂的关系如图3-9所示。

目前流行的双横臂布置形式是图3-10所示的不等长双横臂形式。通过等长平行横臂悬架与侧倾中心不变的悬架的比较可以发现，车轮外倾角等参数若在平跳工况下变化很小,则通常会在侧倾工况下变化很大。也就是说,加速制动与高速过弯工况只能保证其一,不能两者兼得。不等长双横臂悬架就是两者的折中,其上臂较短且下垂,就是为了减小悬架平跳时轮距的变化,并且让车轮上跳时得到一些负外倾。

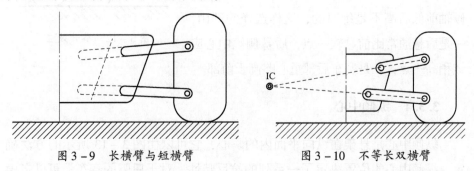

图3-9　长横臂与短横臂　　　　图3-10　不等长双横臂

3.3.3　侧倾中心

横臂基本形式不变时,以等长平行横臂为例,横臂长度越长,悬架动态性能越优。在悬架平跳工况下,长横臂的悬架轮距变化明显比短横臂的悬架小。

对于左、右对称的悬架,侧倾中心(Roll Center,RC)可按四连杆机构原理参照图3-11所示的方法确定。

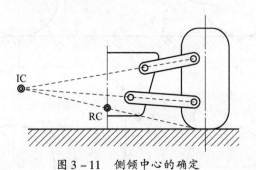

图3-11　侧倾中心的确定

赛车高速过弯时,离心力作用在重心上使车身侧倾,侧倾力矩的力臂是侧倾中心与重心的距离,所以侧倾中心越低,侧倾力矩越大。另外,侧倾中心越高,举升效应越大。举升效应(Jacking Effect)是指,悬架瞬心高于地面,转向时外侧轮胎所受的侧向力会使车轮围绕瞬心旋转,"举起"了车身,其轮距变化大,且会导致轮胎磨损加剧。该力矩的力臂是瞬心高度,瞬心越高,则侧倾中心越高，举升效应越大，如图3-12所示。

侧倾中心通常选在地面与重心高度之间，接近地面，前悬比后悬略低。另外，在各种悬架运动中应尽可能保持侧倾中心位置不变。侧倾轴前低后高不是绝对的，这样选择的理由，一是后悬通常比前悬软一点，后悬侧倾中心应该稍高一点；二是赛车后部重心略高于前部。

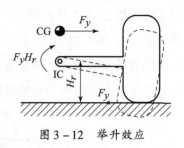

图3-12 举升效应

3.3.4 纵倾中心

纵倾中心是悬架在纵向平面内的瞬心，它可以由图3-13所示的方法确定。纵倾中心的位置决定了一系列的抗反特性。对于后驱的赛车，可以考虑的抗反特性有3个，即制动时前悬的抗前俯特性（Anti-dive）、加速时后悬的抗后仰特性（Anti-squat）、制动时后悬的抗抬头特性（Anti-lift）。只有前驱或四驱的车才能考虑加速时前悬的抗抬头特性。

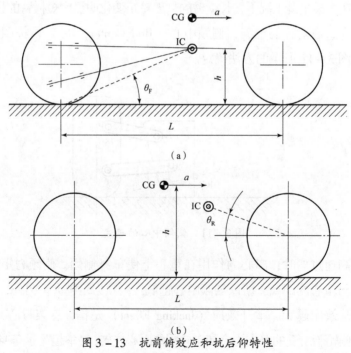

(b)

图3-13 抗前俯效应和抗后仰特性

(a) 抗前俯效应；(b) 抗后仰特性

抗前俯率由式（3-1）确定，取值为 0 时表示完全没有抗前俯特性，取值为 100% 时表示制动时完全没有点头现象。

$$\eta_d = \frac{\beta L}{h}\tan\theta_F \times 100\% \qquad (3-1)$$

式中，β 为前制动分配比；L 为轴距；h 为重心高度；θ_F 已在图 3-13（a）中标出。

抗后仰率由式（3-2）确定，只有后悬架在纵向平面内的瞬心高于轮心时才具有抗后仰特性。

$$\eta_s = \frac{L}{h}\tan\theta_R \times 100\% \qquad (3-2)$$

式中，θ_R 已在图 3-13（b）中标出。需要注意的是，本小节的计算公式适用于制动卡钳安装在轮毂的情况。

抗前俯率取多大与赛车具体的点头量有关。值得注意的是，不少 FSAE 赛车并没有考虑悬架的抗反特性，其原因是：赛车的悬架刚度普遍较硬；采用抗反特性的悬架会增加车架焊接定位的难度；采用抗反特性的悬架在车轮上跳时主销后倾角变化较大；采用抗反特性的悬架在承受轮荷转移时悬架杆件受力更恶劣。基于此，抗反率通常为 0 或取较小值，一般为 10%~30%。

3.3.5 悬架杆系设计

在实际设计悬架杆系时，需要考虑车架位置和轮辋内侧空间两个问题。

对于钢管车架，由于控制臂内点吊耳需要精确定位，因此需要提高车架的定位精度，对车架的制造工艺有更高的要求。同时考虑到车架自身需要达到的更加轻质高强的管系排布设计，往往需要和悬架参数进行妥协。

对于碳纤维单体壳车身，限制相对较小。需要考虑舱内空间，在留足加工余量后仍需要满足规则的最小前舱空间要求，以及车身后部动力系统部件的安装位置。同时需要考虑一定的空气动力学特性，确定控制臂内点在车身上的位置。

对于轮辋侧，从横向截面看，控制臂外点过于靠近轮辋外侧，会要求 A 臂张角减小以避免和轮辋产生干涉，而使受力状态更加恶劣，过于远离轮辋外侧则会使磨胎半径过大;控制臂外点过于靠近轮辋中心,会增加控制臂的受力,且在轮边电机的布置形式下容易与电机产生干涉,过于远离轮辋中心则在运动中易与轮辋产生干涉。从纵向截面看,控制臂外点过于靠前容易导致拖距过大,过于靠后则会导致在转向时更加容易与轮辋发生干涉,且在加速行驶时产生负拖距,使转向特性发生完全相反的变化,容易失控。

由于赛车的转向半径较小,需要车轮转角较大,内侧轮往往需要达到35°以上的转角,外侧轮需要达到27°以上的转角。对于四轮轮边电机的布置形式,轮辋内侧的部件更多,建议选择更大的轮辋以避免干涉。

在设计的过程中,需要及时检查在各个转向角、轮胎外倾角、上下跳行程调整情况下控制臂与轮辋、电机等部件的干涉情况。需要注意的是,在轮胎做动平衡时,会在轮辋边上贴配重,需要留足空间。长期停放也容易使轮辋产生形变,易导致出现干涉的情况,危害行车安全。

可以使用Catia软件建立点线模型,从正视图和侧视图确定可能发生干涉部件的包络面,完成初步设计。再建立包络模型,进行空间运动,配合Optimum Kinematics软件计算出运动后的硬点参数,计算此时的模型间隙,确定干涉情况,再有针对性地进行优化修正。

3.4 悬架刚度阻尼匹配

悬架的刚度、阻尼是整车运动特性的重要参数,通常使用弹簧、扭簧等弹性元件提供可调的刚度,使用避震器提供可调的阻尼。

3.4.1 质量分布

对于悬架系统,车辆的质量分布情况有较大的影响。一方面,车辆质心位置会影响4个车轮上承载的质量,导致车轮的抓地力特性不同;另一方面,簧上质量和簧下质量的分布会影响悬架系统的响应特性,如图3-14所示。

簧上质量（Sprung Mass）是指由悬架系统中的弹性元件所支撑的质量，一般包括车架、车手、动力系统等赛车大部分的质量。簧下质量（Un-sprung Mass）是指由未被弹性元件所支撑的质量，如轮胎、轮辋等的质量。判断簧下质量可以通过固定车架，让车轮相对车架上跳运动，在上跳过程中，同步运动的是簧下质量，而类似控制臂、避震器/弹簧、传动轴等一半固定一半

图 3-14　簧上质量与簧下质量

运动的部件则属于"混合"质量，通常将这类质量一半计入簧下质量、另一半计入簧上质量进行计算。

通常希望簧下质量越小越好，这是因为簧下质量越小，在路面不平整产生振动时，通过弹簧传递到簧上质量的影响就越小，从而使车身运行更加稳定。同时，簧下质量的惯性也会变小，对路面的响应更加灵敏，操纵稳定性更好。对于车轮、轮辋而言，转动惯量越小，对加速、制动的响应也会更好，故通常有减小 0.5 kg 簧下质量的效果和减小 5 kg 簧上质量的效果一样的说法。也许这个说法有些夸张，但是在保证系统可靠性的前提下，减少簧下质量的效果要优于减少同样的簧上质量。在簧下质量中，减小旋转部件的质量（转动惯量）效果优于减小非旋转部件的质量。

3.4.2　悬架弹性元件和阻尼元件的常见布置方式

通常主弹簧安装在避震器的减震筒上，与避震器同步运动。避震器的布置形式有三大类：一类是一根避震器通过推杆连接一侧车轮，又称为"推杆式"；另一类是一根避震器通过拉杆连接一侧车轮，又称为"拉杆式"；最后一类是一根避震器控制车辆俯仰，另一根控制车辆滚转，又称为"解耦式"。推杆式避震器的应用最广泛，避震器位于车身上半部分，容易拆卸、调校；拉杆式避震器位于车身下部，可以降低车身重心，有利于上半部分的空气动力学设计；解耦式避震器是比较新的布置形式，对零件刚度和加工精度有很高的要求，调校方向比较明确。此处主要介绍推杆式避震器，它有 3 种布置方式：避震器直接连接车轮和车身，称为"直连式"；两侧避震器横向相对，称为"对置式"；避震器沿着车身纵向布置，称为"纵置式"。后两种需要通

过摇块改变避震器的运动方向。直连式结构简单，质量最轻，但是避震器的调整范围较小，没有摇块改变传动比；对置式通常需要较宽的安装平面，对纵向空间的要求小，避震器的散热效果好，对车身的空气流动有较大影响；纵置式需要较长的纵向空间，对横向空间的要求较小，避震器更加贴近车身，对车身的空气流动影响相对较小。

3.4.3 线刚度计算

关于刚度有几个易混淆的概念，分别是轮胎刚度（Tyre Rate）K_T、悬架线刚度（Suspension Rate）K_W 与适乘刚度（Ride Rate）K_R。轮胎刚度指的是以单个轮胎为研究对象，垂直载荷力与轮胎垂直形变位移的比值。悬架线刚度定义为悬架受到的垂直外力与车轮中心相对于车身位移的比值。适乘刚度定义为悬架受到的垂直外力与轮胎接地面相对于车身位移的比值。悬架线刚度与适乘刚度的不同在于前者测量车轮中心的位移，后者测量轮胎接地面的位移。这3种刚度的关系是轮胎刚度与悬架线刚度串联得到适乘刚度，换算关系为

$$K_R = \frac{K_W K_T}{K_W + K_T} \quad (3-3)$$

悬架线刚度 K_W 与弹簧刚度 K_S 的换算关系由运动比决定。运动比（Motion Ratio，MR）定义为车轮相对于车身做一微小垂直运动的过程中车轮中心位移与弹簧长度变化量的比值，具体公式为

$$MR = \frac{S_W}{S_S} \quad (3-4)$$

$$K_W = \frac{K_S}{MR^2} \quad (3-5)$$

式中：S_W、S_S 分别为车轮位移与弹簧位移。

FSAE 赛车大多采用摇块杠杆结构来设计运动比，运动比可以随车轮运动而变化。一般在悬架受压缩时增加悬架线刚度，令悬架线刚度呈非线性状态。

3.4.4 偏频计算

赛车偏频指的是赛车前、后部分车身的固有频率，可由式（3-6）计

算，即

$$f_{1,2} = \frac{1}{2\pi}\sqrt{\frac{K_{1,2}}{m_{1,2}}} \tag{3-6}$$

式中：f_1、f_2 为前、后偏频；K_1、K_2 为前、后悬架线刚度；m_1、m_2 为前、后悬架的簧上质量。偏频越高，悬架越硬。悬架偏频较低时，轮胎可以获得更好的抓地力，但响应速度变慢。偏频较高时，底盘离地间隙设计值可以减小。FSAE 赛车的偏频经验值为 2.5~4.0 Hz，气动下压力大的赛车可适当高些。

乘用车通常后偏频高于前偏频。当前轮压过一个凸起后，经过一个时间差后后轮才会压过该凸起，若前偏频等于后偏频，则前、后车身的振荡始终存在一个相位差，所造成的车身纵向角速度会给乘员带来不适；若后偏频大于前偏频，则后车身的相位会逐渐"赶上"前偏频，从而减小车身纵向角速度。

但是赛车一般前偏频高于后偏频。前偏频高，可以建立起更快的入弯响应；减小车头离地间隙有利于空气动力学套件发挥稳定作用；前悬侧倾刚度大些可增加转向的不足。后偏频低些，对于后驱赛车来说可以在出弯时得到更大的牵引力。

3.4.5 角刚度计算

悬架角刚度是指在车身单位侧倾转角下，悬架系统提供给车身总的弹性恢复力矩，常用单位为 N·m/(°)。若已知悬架线刚度为 K_W，轮距为 B，则在小侧倾角度下，悬架角刚度 K_ϕ 可按式 (3-7) 计算，即

$$K_\phi = \frac{1}{4}K_W^2 B^2 \tag{3-7}$$

表征悬架角刚度的还有一个常用参数，即侧倾梯度（Roll Gradient），它表示的是赛车在 $1g$ 侧向加速度时车身的侧倾转角，常用单位为 (°)/g。FSAE 赛车侧倾梯度为 0.5~1.5 (°)/g。通常按式 (3-7) 计算所得的角刚度并不能达到要求，所以要在前、后悬加装防倾杆。

3.4.6 阻尼比计算

一个没有任何阻尼的弹簧系统在受到扰动后会按自身固有频率一直无衰

减地振动下去，显然，任何一个悬架都需要阻尼衰减振动。避震器是提供阻尼力的元件，如果压缩或回弹行程都能产生阻尼力，则该避震器为双向作用式。阻尼力的大小与避震器压缩或回弹速度成正比，由此定义阻尼系数 C 为阻力 F 与振动速度 v 之间的比值，即

$$C = \frac{F}{v} \qquad (3-8)$$

对一个无阻尼阶跃响应系统慢慢加入阻尼，响应曲线振动幅度会越来越小，原本超调的响应也会变成无超调。存在一个阻尼系数，使系统无超调且以最快速度恢复稳定，这个阻尼系数就是临界阻尼系数。临界阻尼系数是系统固有的，可按式（3-9）计算，即

$$C_{cr} = 2\sqrt{K_W m_s} \qquad (3-9)$$

式中，K_W 为悬架线刚度；m_s 为簧上质量。

实际工程中，通常将阻尼系数与临界阻尼系数的比值称为阻尼比（Damping Ratio）ζ，即

$$\zeta = \frac{C}{C_{cr}} \qquad (3-10)$$

乘用车为了防止较大的冲击传到车身，阻尼比一般比较低，为 $0.2 \sim 0.4$。阻尼比为 1 时，响应无超调且比较快地恢复稳定；阻尼比为 0.7 时，虽然略有超调，但系统可更快地恢复稳定（给予 5% 左右的误差）。如果追求系统最短的恢复时间，阻尼比应选为 $0.7 \sim 0.8$。为了使赛车的阻尼比在 $0.4 \sim 0.8$ 内可调，应该根据赛车质量与悬架线刚度计算出所需要的阻尼力来选择避震器。

3.5 设计过程中部分软件仿真过程介绍

3.5.1 Optimum Kinematics 悬架运动学仿真

OptimumG 系列的软件功能强大，可以针对赛车设计进行专业的仿真和优化，Optimum Kinematics 是该系列中的一款悬架仿真软件，相比于大多数车队

第3章 悬 架

采用的 ADAMS 悬架仿真，Optimum Kinematics 不需要进行运动副、通信器材等设置，内部包含多种悬架布置形式的模板、悬架和轮胎的各项参数等，具有更友好的人机交互界面和更便捷的操作。

Optimum Kinematics 还包含一个力仿真模块，通过添加车辆过弯或加速/制动工况下的轮荷，结合车辆的侧倾或俯仰运动，能够快速解算出悬架在相应工况下各个点位的受力，对于悬架零件设计有很大的帮助。

下面详细介绍 Optimum Kinematics 的悬架仿真流程。

1. 建立悬架模型

在建立整车模型前，需要建好前、后悬的模型，首先要进行悬架布置形式的选择。在 Optimum Kinematics 中，可供选择的悬架布置形式很多，包括常见的双横臂、麦弗逊、多连杆等，同时需要确定推杆、避震器、防倾杆、第三弹簧的布置，前悬还需要确定转向的方式。

在图3-15中，采用了双横臂、齿轮齿条式转向、推杆摇块、T形防倾杆和第三弹簧的前悬布置形式。

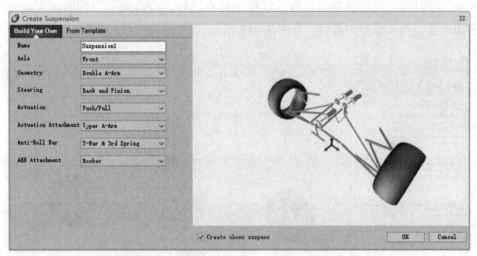

图3-15 Optimum Kinematics 悬架选择界面

确定好悬架布置形式后，需要在各个子系统中输入硬点坐标、转向传动比、轮胎数据、避震器弹簧刚度等，即可完成悬架模型的建立，如图3-16所示。

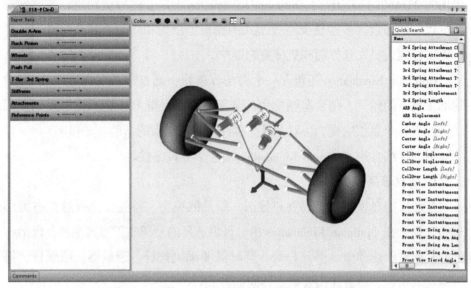

图 3-16　Optimum Kinematics 悬架参数设置界面

2. 建立整车模型

建好前、后悬模型后，输入轴距、重心坐标、前后驱动力和制动力之比即可完成整车模型的搭建，如图 3-17 所示。

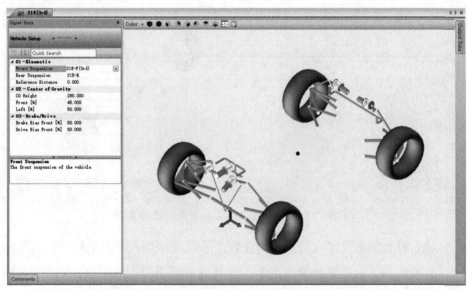

图 3-17　Optimum Kinematics 整车参数设置界面

3. 建立车辆运动工况

Optimum Kinematics 中有 heave、roll、pitch、steering 等 4 种车辆运动方式可供选择。以转向工况为例,赛车高速过弯时包括侧倾和轮胎偏转两种运动,将车轮转角和由侧向加速度、悬架线刚度计算得到的侧倾角度输入后,转向工况即设置完成,如图 3-18 所示。

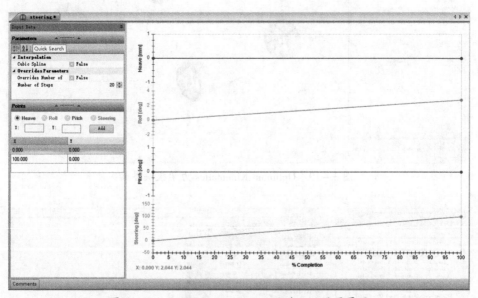

图 3-18 Optimum Kinematics 运动工况设置界面

4. 添加轮荷

建立车辆运动工况后,已经可以仿真得到悬架的几何参数变化,采用 Optimum Kinematics 的力仿真模块,可以进一步添加轮荷,得到各个工况下悬架各点位的受力。以转向工况为例,在不考虑轮胎的 F_x、M_x、M_z 的情况下,由重心位置和侧向加速度计算得到四轮垂向力 F_z 和侧向力 F_y 并输入即可,如图 3-19 所示。

5. 仿真得出最终数据

完成上述设置后,选择所需车辆和工况,即可开始仿真。仿真完成后能得到硬点坐标、悬架几何参数、点位受力等数据,在左侧的数据栏中进行勾选可以以统计表或统计图的方式查看相应参数随仿真步数的变化,同时 Optimum Kinematics 也支持将仿真数据导出为 Excel 格式,如图 3-20 所示。

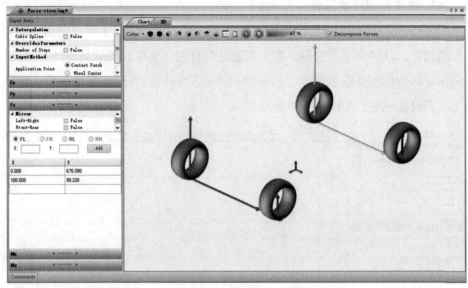

图 3-19 Optimum Kinematics 力学模块界面

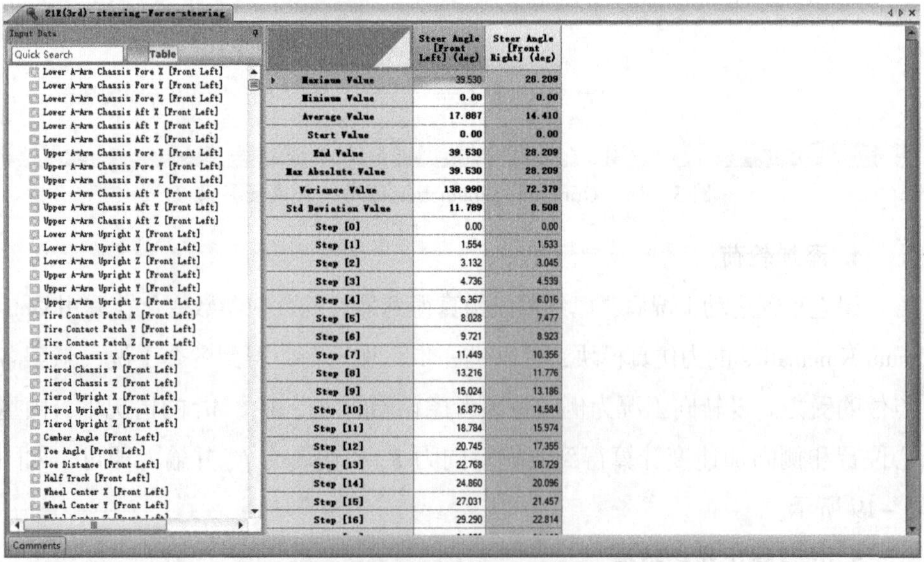

图 3-20 Optimum Kinematics 结果数据界面

6. 数据可视化和动画演示

在界面左下方的报告中，可以添加统计图或动画，统计图支持将多个参数放在一张图中显示，方便对比；动画功能可以直观显示车辆在相应工况下的运动情况。图 3-21 所示为转向工况下的车辆运动。

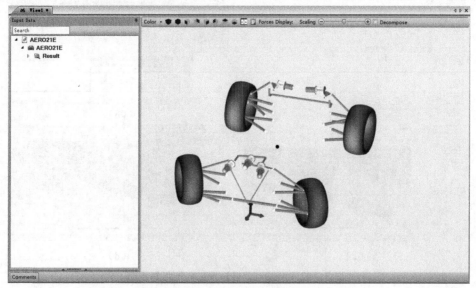

图 3-21　Optimum Kinematics 动画界面

3.5.2　Ansys Workbench 静力学仿真

Ansys 软件是美国 ANSYS 公司推出的有限元模拟仿真软件,具有强大的计算功能,可以对复杂机械系统的结构静力学、结构动力学、刚体动力学、流体动力学、结构热、电磁场以及耦合场等进行分析模拟。其中的 Workbench 软件是优化了人机交流界面,集成部分仿真功能,避免命令行操作,简化操作过程的一款软件。

此处主要介绍在悬架设计过程中常用的零件静力学仿真分析。演示使用的 Ansys Workbench 软件为 Workbench 16.0。

1. Workbench 界面介绍

Workbench 共有 4 个界面,如图 3-22 所示。用户主界面可以打开多个模型仿真的主页,并且能管理对应的几何模型、材料选择以及仿真分析。

2. 材料选择

从材料库中找到所需铝材料及其他需要的材料,通过单击选择添加,如图 3-23 所示。

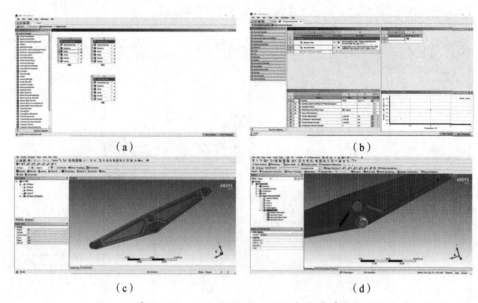

图 3-22 Ansys Workbench 4 个主要界面

(a) 用户主界面；(b) 材料库界面；(c) DM 界面；(d) 分析界面

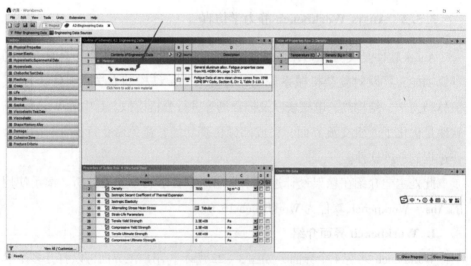

图 3-23 Ansys Workbench 添加材料

3. 导入模型并添加接触

导入几何模型时，螺栓、螺母、垫片等默认材料为钢，不用更改，需要把摇臂的材料改为铝，从上一步添加的材料里面选择，如图 3-24 所示。

第3章 悬 架

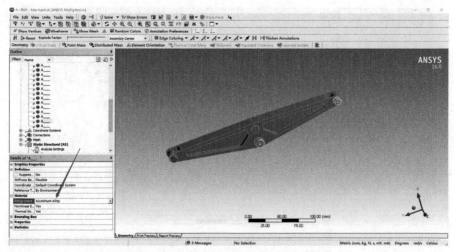

图 3-24 Ansys Workbench 导入模型

该摇臂可活动转轴处通常添加 Frictionless 接触，即在图 3-25 所示的圆孔内表面与圆柱零件外边面将默认的 Boned 改为 Frictionless。

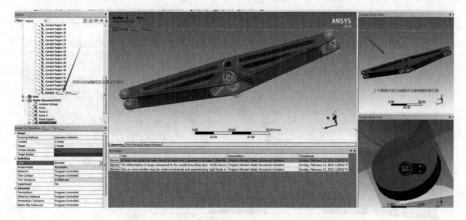

图 3-25 Ansys Workbench 更改接触模式

4. 进行网格划分及其细化

通过 Mesh 进行网格划分，可以根据具体的模型设置对应的网格精度，应注意不同的精度，即有限元网格的数量决定了后续计算分析的时间长短。由于后面要进行网格细化，这里网格精度取 5 mm，如图 3-26 所示。

根据可能出现的应力集中位置或之前仿真的结果，使用 Refinement 命令或者用局部尺寸控制方法作进一步的局部仿真细化。

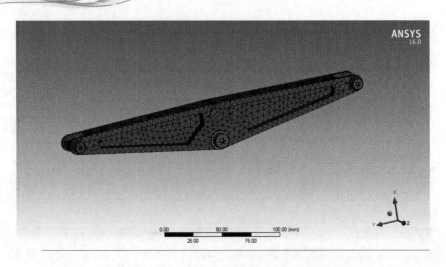

图3-26 Ansys Workbench 网格划分

（1）使用 Refinement 命令。进行网格划分时直接通过 Mesh – Control 添加 Refinement 网格细化命令，然后选择需要局部进行网格细化的边或面，在图3-27 所示的 Refinement 中设置网格细化等级，然后进行网格划分即可。

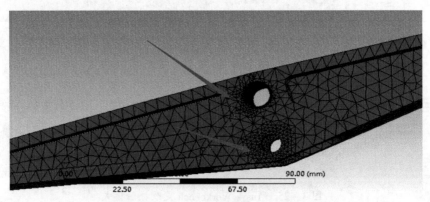

图3-27 Ansys Workbench 网格细化

（2）局部尺寸控制方法。进行网格划分时可通过菜单 Mesh – Control 添加 Sizing 命令来进行局部网格尺寸的控制（图3-28）。在 Sizing 的设置中选择要进行局部网格细化的边或面，在 Element Size 中设置局部网格的尺寸即可。如果希望控制局部网格细化范围，可以使用控制球进行局部网格尺寸影响范围的控制。在 Sizing 选项的 Type 中选择 Sphere of Influence，在 Sphere Center 中指定控制球的球心（以坐标系形式），然后在 Element Size 中输入局部的网格尺寸。

第3章 悬 架

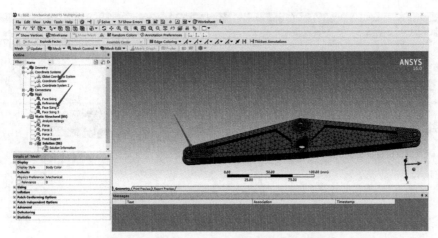

图3-28 Ansys Workbench 局部尺寸控制法

5. 加载力和约束

将硬点受力仿真得到的数据输入到对应点位上,需要注意力的加载面选择杆端轴承的球面。根据该零件工作时的运动情况添加约束,常用的为固定面约束,即 Fixed support,约束圆孔时通常还用 Cylindrical Support,如图3-29 所示。

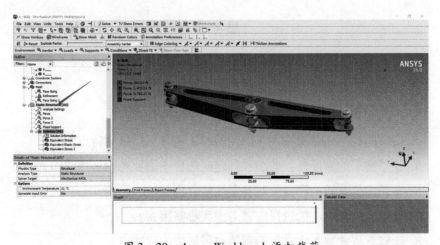

图3-29 Ansys Workbench 添加载荷

6. 得到结果

最后进行计算就能得到仿真结果。按图3-30 所示插入应力和应变,再通过软件运算得到最终结果。

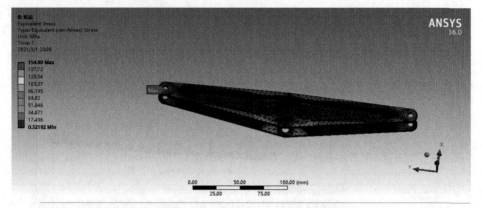

图 3 – 30　Ansys Workbench 得到仿真结果

7. 根据仿真结果修改模型

从图 3 – 30 所示的仿真结果可以看出，摇臂中间部分的应力较小，可以进行减重处理。将应力较小的部位挖空，进行局部尺寸调整，使摇臂两侧点位与中部的连接结构截面为 T 形，具有较好的刚度和稳定性。将修改后的模型再次进行仿真，逐步迭代，直至模型的最大应力达到设计要求（铝合金的最大应力通常为 170 MPa），最终得到最优解。

思考题

1. 赛车上为什么设置悬架？悬架的组成和功能分别是什么？
2. 方程式赛车常用的悬架类型有哪些？有什么特点？
3. 方程式赛车的悬架应该保证赛车的哪些性能？
4. 赛车的轮胎与普通乘用车的轮胎相比有什么突出的特点？
5. 除了赛车的性能外，轮距和轴距的选择还需要考虑到哪些因素？
6. 车轮定位参数有哪些？对赛车性能分别有什么影响？
7. 侧倾、纵倾中心的选择应该考虑到哪些因素？
8. 比较方程式赛车中常见避震器布置形式的优缺点。
9. 赛车偏频与普通乘用车的偏频相同吗？偏频的选择需要考虑到哪些因素？
10. 线刚度和角刚度分别影响赛车的哪些性能？

第 4 章
Chapter 4　转向系统

用来改变或恢复汽车行驶方向的系统总称为转向系统（Steering）。转向系统设计是赛车设计中一个重要组成部分，车手对赛车的操纵大部分通过转向系统完成，该系统的性能直接影响到赛车性能的表现。转向机构是否设计得轻便可靠，对赛车的成绩有很大影响。

参考2021年《中国大学生方程式汽车大赛规则》，转向系统相关的规则在第2章第6节"转向"中做出了详细规定。其中：

规则6.5.1 方向盘必须与前轮机械连接。前轮禁止使用线控转向及电控转向。

规则限定方向盘必须与前轮机构连接，且未禁止助力转向。但因为FSAE赛车车重较小，考虑到转向系统布置空间有限，且有严格的成本限制，以及轻量化的赛车设计目标，将赛车转向器范围限定为机械式转向器。而齿轮齿条转向器结构简单，容易加工，质量轻，成本低，而且体积小，不占用太多驾驶舱空间。故在各参数设计合理的前提下，无助力的纯机械式齿轮齿条转向机完全可以简单可靠地完成转向任务。

4.1 转向系统概述

4.1.1 转向系统组成

赛车转向系统一般由方向盘、快拆、转向柱、万向节、转向器、转向拉杆、梯形臂等部分组成。其中，方向盘用于输入转向角度；快拆用于快速分离方向盘与转向柱；转向柱、万向节共同将方向盘输入角度传递到转向器；转向器通过内部传动副机构将旋转运动转化为转向拉杆的直线运动；转向拉

第 4 章 转向系统

杆与梯形臂作用于转向节,实现车轮转向。

对常用的齿轮齿条转向器而言,转向轴底端的齿轮与齿条啮合,齿轮转动带动齿条左、右滑移。齿条两端各有一段转向横拉杆,拉动与车轮固连的转向节臂(通常为立柱的一部分),从而使车轮转向,如图 4-1 所示。

图 4-1 齿轮齿条转向器系统组成

4.1.2 转向系统设计目标

根据汽车设计和大赛组委会规则,赛车转向系统设计需满足以下要求。

(1) 汽车转向时,4 个车轮应绕同一个转向中心旋转,轮胎不能有滑动。

(2) 转向轮作用有回正力矩,能自动回正。

(3) 转向杆系布置合理,悬架导向装置运动时对杆系干涉最小。

(4) 转向灵敏、轻便,最小转弯半径小,过弯性能好。

(5) 路感反馈合理,通过不平路面或碰到障碍物时反冲力小,方向盘不打手。

(6) 方向盘转到任意角度,其最高点都不得超过赛车前环最高点。

(7) 方向盘与前轮必须保证机械连接,不得使用线控转向或者电控转向。

(8) 转向系统必须安装能限制转向连杆机构反转的限位块。

(9) 转向系统在方向盘测量的自由行程必须小于 7°。

(10) 考虑转向系统的动态性能,减少跳动转向、侧倾转向等。

(11) 在各部件强度均满足强度要求的前提下,尽量做到轻量化设计。

4.1.3 转向特性

赛车的转向特性决定着赛车的操纵稳定性,而且在比赛的过程中,由于轮荷转移、悬架跳动、质心变化等因素，赛车的转向特性在不停地变化。了解和掌握决定赛车转向特性的因素，对于赛车设计有着重要的意义。同时，在后期的赛车试车调校过程中，工程师需要频繁地与车手进行沟通，并结合赛车测试的数据，以获得准确的转向特性信息，指导工程师去根据车手的驾驶需求调整赛车的转向特性，提高赛车的操纵性能。转向特性调校已成为提升赛车竞争力的关键。

4.1.4　线性二自由度汽车模型

为了便于研究，对四轮车辆作以下的简化。

对汽车曲线运动进行初步分析时，把汽车看作平行于路面的平面运动。忽略转向系统的影响，直接以前轮转角 δ 作为输入；忽略悬架的作用，即汽车没有垂直运动，沿 z 轴的位移为零，绕 y 轴的俯仰角、绕 x 轴的侧倾角均为零。另外，假设汽车前进速度不变，即沿 x 轴的汽车（绝对）速度 u 不变。因此，汽车只有沿 y 轴的侧向运动与绕 z 轴的横摆运动这两个自由度。

由此，实际车辆可以简化成一个两轮摩托车模型，如图 4-2 所示。它是一个由前、后两个有侧向弹性的轮胎支撑于地面、具有侧向以及横摆运动的二自由度汽车模型。

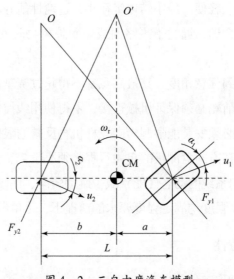

图 4-2　二自由度汽车模型

车辆转向过程中,在侧向力 F_{y1} 与 F_{y2} 的作用下,轮胎产生侧偏,α_1、α_2 分别为前、后轮侧偏角;回转中心从 O 移动到了 O';a、b 分别为质心到前、后轴的距离;ω_r 为质心处的横摆角速度。

4.1.5 稳态回转行驶

固定方向盘不动,即前轮转角一定时,若令车速极低、侧向加速度接近于零,轮胎侧偏角可忽略不计,此时车辆可以沿圆形轨道稳定行驶,转向半径为 R_0。增加车辆的速度,转向半径变为 R。R 与 R_0 满足下面的关系,即

$$\frac{R}{R_0} = 1 + Ku^2 \tag{4-1}$$

式中,$K = \frac{m}{L^2}\left(\frac{a}{k_2} - \frac{b}{k_1}\right)$,其中 k_1、k_2 分别为前、后轴侧偏刚度。K 称为稳定性因数,其单位为 s^2/m^2,是表征汽车稳态响应的一个重要参数。根据 K 的数值,汽车的稳态响应分为 3 类,即中间转向(Natural Neutral Steer)、不足转向(Under-steer)和过度转向(Oversteer)。它们在稳态回转行驶试验中会有明显不同的表现,加速时其行驶轨迹如图 4-3 所示。

1. 中间转向

当 $K=0$ 时,$R/R_0=1$。试验现象:无论车速如何变化,转向半径始终保持不变。此种状态称为中间转向。中间转向是一种理想状态,在现实中比较难以实现。

2. 不足转向

当 $K>0$ 时,$R/R_0>1$,且该比值会随着车速 u 的增加而增加。此种特性称

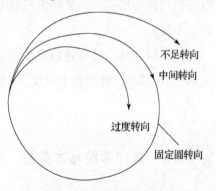

图 4-3 稳态回转行驶中的 3 种转向特性

为不足转向。这意味着,不足转向的车辆在稳态回转行驶中,一旦加速,转向半径会变大,车辆仿佛沿切线方向冲出去。

3. 过度转向

当 $K<0$ 时,$R/R_0<1$,此种特性称为过度转向。过度转向的车辆在稳态

回转行驶中，一旦加速，转向半径会变小，车辆向弯心驶去。车速为 u 时，R 趋于 0，称为临界车速。此时车辆横摆角速度很大，几乎原地打转，失去控制。

4.1.6 前、后轮侧偏角绝对值之差

稳定性因数 K 还可以利用前、后轮侧偏角绝对值之差（$\alpha_1 - \alpha_2$）来表示，即

$$K = \frac{m}{a_y L}(\alpha_1 - \alpha_2) \tag{4-2}$$

式中，a_y 为侧向加速度。显然，当 $\alpha_1 > \alpha_2$ 时，为不足转向；$\alpha_1 = \alpha_2$ 时，为中间转向；$\alpha_1 < \alpha_2$ 时，为过度转向。从这个公式可以看出，转向特性是完全可以由前、后轮侧偏角来定义的。这也说明车辆之所以有不同的转向特性，其实本质上是由于轮胎的侧偏特性引起的。

在思考影响转向特性的因素时，若能从前、后轮偏角的角度去考虑，往往比较简单、直接。例如，前悬加装防倾杆，会导致侧倾刚度增加，在侧倾时左右轮荷转移增大，平均侧偏刚度降低。最终导致前侧偏角 α_1 变大，转向趋于不足。

赛车制动时，轮荷转移导致前轮轮荷增大，侧偏刚度增加。最终导致前侧偏角 α_1 减小，转向趋于过度。

4.2 转向系统基本参数

4.2.1 传动比

由轮胎接地面中心作用在两个转向轮上的合力 $2F_w$ 与作用在方向盘上的受力 F_h 之比，称为转向系力传动比 i_p。力传动比越大，转向越轻便。

$$i_p = \frac{2F_w}{F_h} \tag{4-3}$$

方向盘角速度 ω_w 与同侧车轮偏转角速度 ω_k 之比，称为转向系角传动比 $i_{\omega 0}$。角传动比越小，转向越灵敏。

$$i_{\omega 0} = \frac{\omega_w}{\omega_k} \quad (4-4)$$

转向系统的力传动比与角传动比有以下关系，即

$$i_p = \frac{i_{\omega 0} D_{sw}}{2a} \quad (4-5)$$

式中，D_{sw} 为方向盘直径；a 为轮胎半径。

从式（4-5）中可以看到，i_p 与 $i_{\omega 0}$ 成正比例关系，这意味着转向轻便会使转向不灵敏，而转向灵敏又会使转向沉重。FSAE 赛车方向盘单向最大转角通常小于 180°，转向应十分灵敏，但有可能偏沉。所以，应谨慎设计车轮定位参数，这会在一定程度上缓解"轻"与"灵"的矛盾。

4.2.2 最小转弯半径

当方向盘转到极限位置时，由转向中心到前外转向轮接地面中心的距离称为最小转弯半径，如图 4-4 所示。

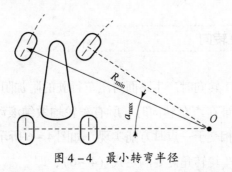

图 4-4 最小转弯半径

最小转弯半径在规则中无任何规定。为满足赛车快速过弯的性能要求，一定要仔细研究赛道图，找出最小半径弯道，了解摆桩距离，图 4-5 所示为一种高速避障测试项目赛道。需要根据赛道实际情况并考虑到可能的转向不足现象，选择合适的转弯半径，通常 FSAE 赛车的最小转弯半径为 3～3.5 m。

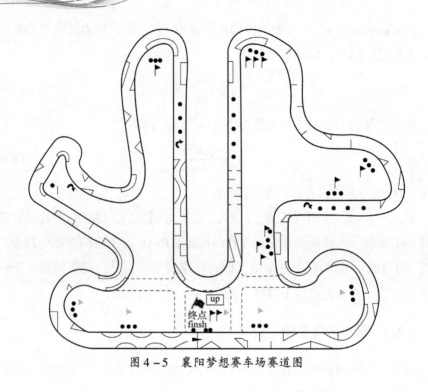

图 4-5　襄阳梦想赛车场赛道图

4.3　阿克曼转向

为了避免在汽车转向时产生路面对汽车行驶的附加阻力和轮胎过快磨损，要求转向系统能保证在汽车转向时，所有车轮均做纯滚动。显然，这只有在所有车轮的轴线都相交于一点时方能实现，如图 4-6 所示。此交点 O 称为转向中心，前轴内外车轮转角需要满足式（4-6），即

$$\cot\alpha = \cot\beta - \frac{B}{L} \qquad (4-6)$$

1818 年，英国人鲁道夫·阿克曼为一种转向梯形申请了专利。转向梯形由前轴、转向节臂与转向横拉杆组成，被称为阿克曼梯形。这种结构可以使外侧车轮转角小于内侧车轮转角，当时广泛应用在马车上。由于横拉杆是一根长杆，且这种梯形属于整体式转向梯形，故一侧车轮的跳动会直接影响另一侧，如图 4-7 所示。

第4章 转向系统

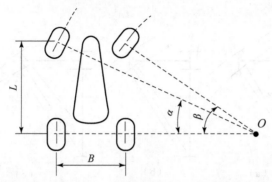

图4-6 双轴汽车转向时理想的两侧转向轮偏转角的关系

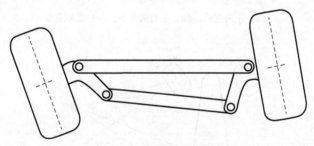

图4-7 整体式转向梯形

随着独立悬架的发展,整根的前轴没有了,转向横拉杆也被断成左、右两根,这就是断开式转向梯形,FSAE赛车基本均采用这种梯形,如图4-8所示。

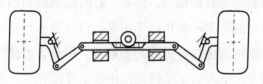

图4-8 断开式转向梯形

如今的阿克曼转向几何有3种,即正阿克曼、平行阿克曼与反阿克曼,如图4-9所示。正阿克曼指的是外侧车轮转角小于内侧;平行阿克曼指的是外侧车轮转角等于内侧;反阿克曼指的是外侧车轮转角大于内侧。

赛车过弯时侧向力很大,轮胎侧偏现象很明显,这导致阿克曼梯形在赛车上发生了变化。在图4-10中,不考虑轮胎侧偏时,转向瞬心为I;如果考虑轮胎侧偏,后轮会因为轮胎侧偏角的存在而使转向瞬心I提前到X位置。

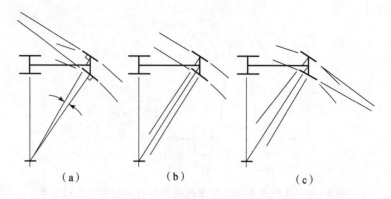

图 4-9 阿克曼转向几何类型
(a) 正阿克曼；(b) 平行阿克曼；(c) 反阿克曼

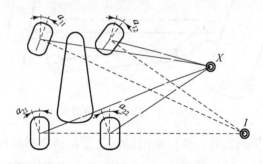

图 4-10 考虑轮胎侧偏的阿克曼转向

这时，若前轮侧偏角与后轮相当，且左、右两轮侧偏角相等，那么为了使四轮做纯滚动，两个前轮实际转角趋于相等，也就是平行阿克曼。由于转弯时的轮荷转移，外侧轮胎往往有更大的侧偏角，那么为了使四轮做纯滚动，外侧车轮转角反倒要大于内侧车轮转角，也就是反阿克曼。部分现代赛车为了弥补转弯时的侧偏角，采用了平行阿克曼甚至反阿克曼转向。

为了表示转向系统的阿克曼程度，定义了阿克曼率（Ackermann Percentage），即

$$阿克曼率 = \frac{转向轮实际转角差}{转向轮理论转角差} \times 100\% \qquad (4-7)$$

阿克曼率为正即正阿克曼，为零即平行阿克曼，为负则为负阿克曼。FSAE 赛车阿克曼率取值为 0~70%。确定赛车阿克曼率的两种路线：一种是

理论派，即基于轮胎数据，以转弯时最大的侧向力为设计目标，综合考虑轮荷转移、侧偏角、车轮外倾角等迭代求解出阿克曼率；另一种是实战派，即认为理论不能完全模拟现实各种因素的影响，如轮胎温度。实战派推崇设计出阿克曼率可变的转向梯形，在实车调试时直接比较。通常这是由转向横拉杆外点设计为可调实现的。

4.4 转向器

4.4.1 转向器选型

考虑到转向系统布置空间有限，且有严格的成本限制，以及轻量化的赛车设计目标，赛车转向器范围限定为机械式转向器。根据转向器采用的传动副的区别，常见机械式转向器类型有以下几种。

1. 齿轮齿条式转向器

齿轮齿条式转向器的传动副为齿轮齿条，其中，齿轮多与转向柱做成一体，齿条多与转向横拉杆直接连接，连接点即为断开点位置，如图4-11所示。

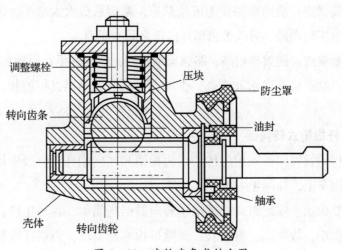

图4-11 齿轮齿条式转向器

其主要优点：结构简单，体积小，易于设计制作；传动效率较高；容易实现调隙，当齿轮齿条或者齿条与壳体之间产生间隙时，可以通过安装在齿条背部的挤压力可调的弹簧来消除间隙；转向角度大；制造成本低。

其主要缺点：传动副采用齿轮齿条，逆效率非常高，路感反馈强烈；转向力矩大，驾驶员操纵费力，对方向盘的反冲容易造成驾驶员精神紧张、过度疲劳。

2. 循环球式转向器

循环球式转向器如图4-12所示，一般应用于商用车，有两种结构形式，分别为循环球齿条齿扇式和循环球-曲柄销式。

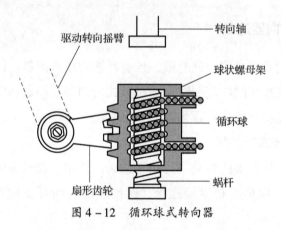

图4-12　循环球式转向器

其主要优点：滑动摩擦变为滚动摩擦，摩擦系数大大减小，传动效率比较高；容易实现调隙，可改善齿扇与齿条之间的间隙。

其主要缺点：逆效率较高，路感反馈强烈，容易打手；原理和结构复杂，制造困难；制造精度要求非常高，否则容易造成转向器过度磨损，缩短使用寿命。

3. 蜗杆指销式转向器

蜗杆指销式转向器采用的传动副为指销和转向蜗杆，一般应用于载重量较大的商用车上，如图4-13所示。

其主要优点：固定销式蜗杆指销转向器结构简单，容易生产；选择销式转向器磨损小，效率高，寿命长；调隙机构容易实现，当蜗杆以及指销之间的工作平面受到磨损后容易调节。

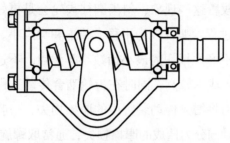

图4-13 蜗杆指销式转向器

其主要缺点：固定销式蜗杆指销转向器由于指销固定，工作部位保持不变，所以磨损较快，寿命短，效率低；结构复杂，质量和尺寸较大；安装、制造精度要求较高，蜗杆螺纹槽的形状和尺寸精度较难实现，调隙机构受到限制。

基于各种类型转向器的特点，以及在FSAE赛车上应用的转向器需满足的各项要求，大部分车队通常会选择齿轮齿条式转向器。

4.4.2 齿轮齿条设计

齿轮齿条式转向器需设计的内容包括轴承选型、润滑方式以及齿轮、齿条和齿轮轴的参数。

齿轮齿条传动的传动比只与齿轮分度圆直径有关。齿轮分度圆直径不宜过小；否则需要驾驶员提供较大的转矩。若齿轮分度圆直径过大，还会导致齿轮齿条转向器体积增大、质量增加，不利于转向器壳体的设计及转向系统轻量化的要求，通常选择齿轮分度圆直径为20~38 mm。齿轮的模数不能太小，通常取2~3 mm；否则会使齿条齿廓在啮合时啮合点离齿顶太近，齿根的弯曲应力增大，易产生崩齿。此外，齿轮的变位系数不宜过大；否则会造成齿条齿顶平面与小齿轮齿根圆柱面的间隙过小，对润滑不利，而且容易造成转向器卡死的现象。为了避免小齿轮出现根切现象，齿轮齿数应大于17，但由于齿轮分度圆直径小，齿数过多会出现加工困难、齿轮啮合传动时重合度低等问题，因此通常选择齿轮齿数为8~19齿。

本小节的计算针对的是直齿齿轮传动。在直齿齿轮传动过程中，轮齿的啮合实际上是间歇的，这会导致齿轮传动过程中出现瞬间冲击、瞬时传动比变化等现象。为了改善这一现象，斜齿圆柱齿轮会是更好的选择。斜齿之间是一种逐渐啮合的过程，啮合较为平稳，冲击和噪声小。此外，斜齿轮传动还具有重合度大、不产生根切的最小齿数小等优点。不过，斜齿圆柱齿轮的加工工艺复杂，加工成本较高，同时在齿轮啮合传动过程中对齿轮作用有轴向分力，该轴向分力将增大传动装置中的摩擦损失，一般通过减小斜齿轮螺旋角的方法来降低轴向分力造成的摩擦损失，通常取螺旋角为8°~15°。转向器齿轮齿条几何参数见表4-1。

表4-1 转向器齿轮齿条几何参数

名称	参数	公式
齿数	Z	
模数	M	
压力角	α	
螺旋角	β	
齿宽	D	
变位系数	X	
分度圆半径	R	$R = Mz/(2\cos\beta)$
齿顶圆半径	R_k	$R_k = R + M + XM$
齿根圆半径	R_f	$R_f = R - 1.25M$
基圆半径	R_b	$R_b = R\cos\alpha$
齿顶高系数	H_a	
齿顶高	H_k	$H_k = MH_a$
顶隙系数	C	
齿根高	H_f	$H_f = M(H_a + C)$
齿全高	H	$H = H_k + H_f$

由于齿轮的基圆直径数值较小，若齿轮与轴之间采用键连接，则必将使轴和齿轮的强度大大降低。因此，设计为用齿轮轴连接齿轮与轴，中间一般选择深沟球轴承和润滑脂人工定期润滑，如图4-14所示。

齿轮轴最小轴径为

$$d \geqslant \sqrt[3]{\frac{5T_1}{\tau_T}} \qquad (4-8)$$

式中，T_1 为输入扭矩；τ_T 为许用切应力。

4.4.3 齿轮齿条校核

对于选定的参数值，需要进行强度校核以保证可靠性。

1. 齿轮接触疲劳强度

$$\sigma_H = Z_E Z_H Z_\beta \sqrt{\frac{2KT}{bd^2}\frac{\mu \pm 1}{\mu}} \leqslant [\sigma_H] \qquad (4-9)$$

$$T = M_h = F_h D_{sw} \qquad (4-10)$$

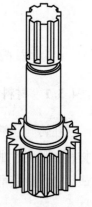

图 4-14 齿轮轴

式中，Z_E 为弹性系数；Z_H 为区域系数；Z_β 为螺旋角系数；μ 为大齿轮齿数与小齿轮齿数之比；K 与齿轮设计参数有关，需查询机械设计手册进行估算；F_h 为方向盘手力；D_{sw} 为转向盘半径；b 为齿宽；T 为齿轮传递的转矩；d 为标准分度圆直径；M_h 为方向盘力矩。

2. 齿轮齿根弯曲疲劳强度

$$\sigma_F = \frac{2KTY_{Fa}Y_{Sa}Y_\beta}{bdm\varepsilon_\alpha} \leqslant [\sigma_F] \qquad (4-11)$$

式中，Y_{Fa} 为齿形系数；Y_{Sa} 为校正系数；Y_β 为螺旋角影响系数；ε_α 为端面重合度；m 为模数。

通过以上强度校核，保证齿轮参数设计满足接触疲劳强度和弯曲疲劳强度的要求，并且可以进一步对齿条进行受力分析，核实齿条的抗拉强度和弯曲强度。

4.5 转向柱

转向柱是转向系统连接方向盘和转向器的元件。通过转向柱，驾驶员把扭矩传递给转向器，带动转向器实现转向。转向柱方案设计主要取决于方向盘与转向机的相对位置以及万向节的最大夹角。

按最大转矩设计转向柱直径（圆柱截面），有

$$d \geqslant 9.3 \times \sqrt[4]{\frac{T}{\varphi}} \times \frac{1}{\sqrt[4]{1-\alpha^4}} \qquad (4-12)$$

式中，α 为圆柱截面内外径比值。

4.5.1 材料

现在转向柱常用的材料主要是钢材和碳纤维材料。近年来，为了充分发挥材料在强度、刚度及减重方面的优势，从而在满足零部件性能的前提下，以最小的代价获得最大的轻量化效果，越来越多的车队选择使用碳材料做转向柱。

同时为了确保转向柱的性能能够保证正常工作，需要针对使用的转向柱尺寸，分析其受力情况，设计试验或仿真，进行强度校核。由于转向柱主要受力为扭转，故需要重点校核其抗扭性能是否满足要求。

1. 试验设计

按照设计的转向柱尺寸制作管件，根据实车装配情况，将管件与两端接头进行装配。通过受力分析，得到转向柱在实车运动过程中所承载的最大扭矩及其受力点，并制订试验方案。目的是要得到管件正、反向扭转到最大扭矩前扭矩随扭角变化的曲线图以及管件能承受的最大扭矩。

2. 试验结果案例

在本案例中使用碳纤维材料做转向柱，设定当赛车运动时最大扭矩在 15 N·m 左右，为保证极端情况也能正常工作，采用 20 N·m 左右为试验的终止扭矩，得到扭转试验结果如图 4-15 所示，破坏试验结果如图 4-16 所示。

根据试验可知，扭转最大扭矩为 23.50 N·m，最大扭角约为 9.52°，由于仪器间隙，产生一段平线，最小扭矩为 1.86 N·m，最小扭角约为 7.32°。所以，反向扭转刚度为 9.84 N·m/(°)。在扭矩达到 84 N·m 时，开始听到碳丝断裂的声音，碳管开始被破坏，在扭矩达到 129.942 N·m 时，完全破坏。可知，实车上完全可以用碳管作为转向柱材料。

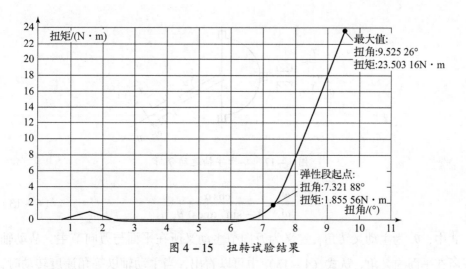

图 4-15 扭转试验结果

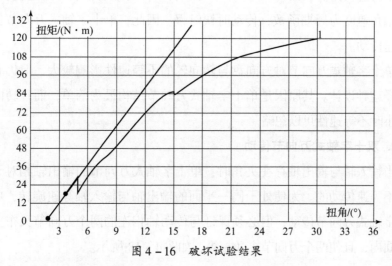

图 4-16 破坏试验结果

4.5.2 万向节

普通的十字轴式万向节,主要由主动叉、从动叉、十字轴、滚针轴承及其轴向定位元件和橡胶密封件等组成。这里比较 3 种万向传动的运动方案,即单十字轴式万向节、双十字轴式万向节和双联式万向节。

1. 单十字轴式万向节传动

单十字轴运动分析见图 4-17,当十字轴万向节的主、从动轴之间的夹角为 α 时,主、从动轴的角速度 ω_1、ω_2 之间存在以下关系,即

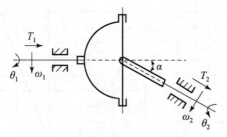

图 4-17 单十字轴运动分析

$$\frac{\omega_1}{\omega_2} = \frac{\cos\alpha}{1-\sin^2\alpha\cos^2\theta_1} \tag{4-13}$$

式中，θ_1 为主动叉转角，定义为万向节主动叉所在平面与万向节主、从动轴所在平面的夹角。从式（4-13）中可以看出，当主动轴以等角速度转动时，从动轴角速度为周期函数，传动时快时慢。因此，单十字轴式万向节传动为不等速传动。

单十字轴式万向节对方向盘与转向轮的不等速性影响较大，但仍有些车队选择这种设计。其原因是单十字轴式万向节结构最为简单，而且转向角度比较小时不等速性可以忽略。

2. 双十字轴式万向节传动

当输入轴与输出轴存在夹角时，单十字轴式万向节的输出轴相对于输入轴是不等速传动的。为使处于同一平面的输出轴与输入轴等速旋转，可采用双十字轴式万向节传动，但必须保证与传动轴相连的两个万向节叉布置在同一平面内，且使两个万向节夹角相等，如图 4-18 所示。

图 4-18 双十字轴式万向节

在双十字轴式万向节传动中，直接与输入轴和输出轴相连的万向节叉所受的附加弯矩分别由相应轴的支承反力平衡。当输入轴与输出轴的轴线平行时（图 4-19（a）），直接连接传动轴的两个万向节叉所受的附加弯矩彼此平衡，传动轴发生图 4-19（c）中虚线所示的弹性弯曲，从而引起传动轴的弯曲振动。当输入轴与输出轴的轴线相交时（图4-19（b）），传动轴两端的万向节叉上所受的附加弯矩方向相同，不能彼此平衡，传动轴发生图4-19（d）中虚线所示的弹性弯曲，因此对两端的十字轴产生大小相等、方向相反的径向力。此径向力作用在滚针轴承底部，并在输入轴与输出轴的支承上引起反力。在传动轴上的弹性弯曲会增加转向系统的自由行程，合理布置转向柱能够有效减小转向柱的弹性弯曲程度。

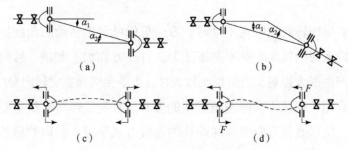

图4-19 附加弯矩对传动轴的作用

3. 双联式万向节传动

双联式万向节可看作中间传动轴长度缩减至最小的双十字轴式万向节系统，如图4-20所示。双联式万向节的优点是允许两轴间的夹角较大（一般可达到50°）；缺点是外形尺寸大，结构较复杂，传递转矩有限。

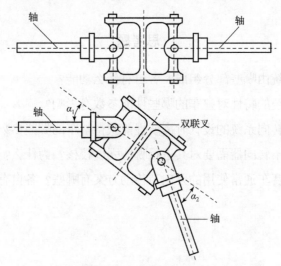

图4-20 双联式万向节

双联式万向节与双十字轴式万向节相比，少了中间传动轴，但其他的传动轴长度增加，因此在转向运动过程中，转向柱产生的挠度更大，应当在转向柱上加装固定结构以使转向平稳，从而提高转向系统可靠性。

4.6 转向旷量

转向旷量即转向轮固定不动时，方向盘仍可自由转动的角度。大赛规则规定，转向系统的转向旷量不得超过7°，并在方向盘上测量。转向旷量会对正常转向产生很大影响，当旷量比较大时，车手会明显感觉转向滞后。

下面介绍一些减小转向系统旷量的方式。首先，转向旷量主要是由万向节产生的，所以改善万向节与转向柱的连接方式是减小转向旷量的关键。螺栓连接在长期使用后会产生形变，导致空程产生，采用花键连接会明显减小万向节与转向柱之间转动的自由行程，同时要用锁紧螺钉将花键与万向节锁紧。但花键用久了也会产生间隙，所以建议赛前更换新花键。其次，若转向机的齿轮齿条啮合间隙过大，在产生噪声的同时也会影响传动精度；而啮合间隙过小，则会使啮合过紧，转向力增大。保证合理的啮合间隙也是减小自由行程的方法。

思考题

1. 转向系统由哪些部分组成？各自有什么功能？
2. 转向系统的特性对整车的哪些性能参数有影响？
3. 在进行转向系统的设计时需要提前获得整车的哪些参数？
4. 齿轮齿条转向器需要对其进行哪些强度校核？为什么？
5. 方程式赛车通常使用的万向节传动方案有哪些？各自有什么优缺点？

第 5 章
Chapter 5　传动系统

传动系统是指将电机输出的动力传递给驱动车轮的装置。FSEC（中国大学生电动方程式赛车）传动系统结构紧凑，主要任务是与电机配合工作，确保在各种行驶工况下都能提供正常行驶所需的扭矩和转速，保证赛车的动力性能。根据电机不同的布置形式，FSEC 传动系统也对应不同的布置形式，本章将介绍 3 种主要的 FSEC 传动形式，并重点讲解减速器、差速器、半轴和车轮系统等主要结构。

5.1 传动系统布置形式

因为电机具有峰值转速高、转速变化范围广、在大范围转速变化中具有恒定功率的特性，所以对于电车来说，从静止到极速的过程中，只需要简单提高电机的转速即可，无须改变传动比，也就无须离合器和变速器。而对于电机各种布置形式，减速器、差速器和半轴在有些形式下也不是必需的。电机的布置形式在第 10 章中会有详细介绍，本章不再赘述。下面分别介绍对应的传动形式和相应结构。

5.1.1 电机中央驱动形式

这是一种传统的布置形式。在纯电动汽车上的体现是直接将燃油车的发动机替换为电动机，其他系统不改变。对于 FSEC 赛车来说，由于车身结构和轻量化要求，传动系统多采用中置后驱式，省去了长长的传动轴，两根半轴连接驱动车轮，利用电机的特性，采用固定比减速器减速增矩，如图 5-1 所示。由于没有离合器和变速器，因此在一定程度上可以减少机械传动装置的体积和重量。目前 FSEC 大部分车队都采用这种传动形式。

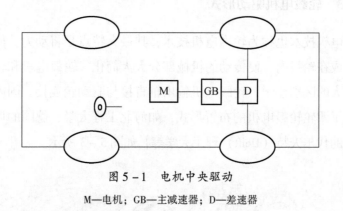

图 5-1　电机中央驱动

M—电机；GB—主减速器；D—差速器

5.1.2　轮边电机驱动形式

在轮边电机驱动形式下，每个驱动轮都由一台独立的电机进行控制，采用电子差速方式，取消了机械差速器，如图 5-2 所示。这种布置方式使赛车能适应更复杂的路况，但对电控技术有较高要求。电机与驱动轮之间设置了减速机构，使赛车减速增矩，以保证在加速时能获得足够大的转矩。通过减速机构和半轴将电机输出轴与车轮驱动轴连接，电机轴承不直接承受车轮对路面的载荷作用，改善了轴承的工作状况。该驱动方式大多采用固定速比的行星齿轮减速装置，使系统具有较大的转速调节范围和输出转矩，也可采用传统二级减速器，拥有更高的速比、更大的扭矩和更快的速度提升。

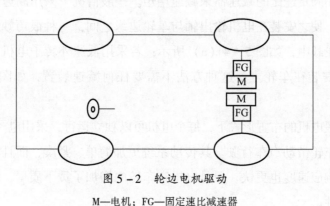

图 5-2　轮边电机驱动

M—电机；FG—固定速比减速器

5.1.3 轮毂电机驱动形式

轮毂电机技术也称为轮内电机技术，其最大特点是将动力、传动和制动装置都集成在轮毂内，使传动的机械部分大大简化。轮毂电机和轮边电机布置形式最大的区别在于，轮毂电机输出轴直接与驱动轮连接。国内外很多强队都采用了四轮轮毂电机的布置形式，如河北工程大学、德国的斯图加特大学和荷兰的代尔夫特（Delft）理工大学等，如图 5-3 所示。

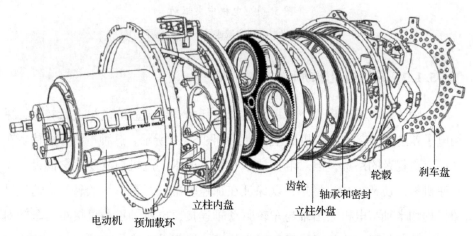

图 5-3 Delft 理工大学轮毂电机

该布置形式又可以分为两种情况。若采用高速内转子电机，电机与车轮之间应使用固定速比的减速器来减速增矩。一般情况下采用高速比的行星齿轮减速器，使之安装在电机输出轴与车轮边缘之间，一种很巧妙的方法是将其集成在轮毂中，如图 5-4（a）所示；若采用低速外转子电机，则外转子可以直接安装在车轮上，这种方法不需要任何减速装置，如图 5-4（b）所示。

在轮毂电机的布置形式下，每个电机可以独立运行，采用电子差速方式，直接驱动车轮带动汽车行驶。其传动系统更加简单、紧凑，而且效率可进一步提高，响应速度也更快。但是电机在车轮内增加了簧下质量，降低了整车的可操控性。

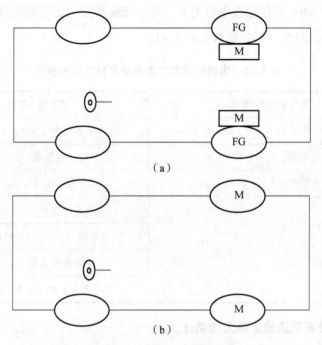

图 5-4 轮毂电机布置形式
(a) 高速内转子轮毂电机；(b) 低速外转子轮毂电机

5.2 减速器

减速器是赛车传动系统中减小转速、增大扭矩的部件。FSEC 电机有多种不同的布置形式，相应地，其减速器布置形式也就不同。本章中，主减速器指电机中央驱动形式下的减速器，轮边减速器指轮边电机和轮毂电机所搭载的减速器。

5.2.1 减速器传动比的确定

减速器传动比的选择直接影响赛车的动力性能。在进行赛车传动比的设计时，需要平衡赛车加速能力和最高车速间的关系，需要参考各系统总成的技术参数，并根据这些来考量赛车的动力性及经济性，确定最佳传动比。

下面以 AMK 四轮轮边电机为例，介绍减速器传动比的确定过程。电机的主要技术参数及整车相关参数见表 5-1。

表 5-1 电机的主要技术参数及整车相关参数

电机主要技术参数	整车相关参数
额定功率：$P_e = 12.3$ kW, 12 000 r/min	设计车重（含车手）：$m = 300$ kg
额定扭矩：$T_e = 9.8$ N·m	车轮滚阻系数：$f = 0.019$
最大扭矩：$T_{max} = 21$ N·m	空气阻力系数：$C_d = 0.6$
	最大迎风面积：$A = 1.35$ m²
	车轮滚动半径：$r = 315.6$ mm
	路面附着系数：$\varphi = 1.2$
	传动效率：$\eta_T = 0.8$（估计值）

1. 从最高车速确定最大传动比

赛车的设计最高速度 u_{max} 由电机额定功率和整车参数决定，有

$$P_e \geq \frac{u_{max}}{\eta_T}\left(\frac{mgf}{3\ 600} + \frac{C_d A}{76\ 140}u_{max}^2\right) \quad (5-1)$$

式中，η_T 为机械传动效率；f 为滚动阻力系数；C_d 为空气阻力系数；A 为迎风面积。

根据式（5-1）参考以往参赛经验，可以确定 u_{max} 取 120 km/h 能够满足比赛及电机要求。传动比进而由下式确定，即

$$u_0 \leq u_{max} = \frac{0.377 \cdot n_{max} \cdot r \cdot 10^{-3}}{i_{max}} \quad (5-2)$$

式中，n_{max} 为电机最大转速；r 为车轮滚动半径；i_{max} 为最大传动比。

根据式（5-2）可得，$i_{max} \leq 11.9$，趋势是越小越好。

2. 从加速性能确定最小传动比

FSEC 比赛中设有直线加速项目，赛车的加速性能极为重要。由赛车的加速性能确定赛车的最小传动比，首先要确定赛车行驶所受阻力情况。在假设路面平坦的情况下，忽略加速阻力后考虑滚动阻力和空气阻力，得到

$$F = mgf + \frac{C_d A u^2}{21.15} \quad (5-3)$$

根据式（5-3）和牛顿定理，可以近似得到赛车的加速度公式为

$$\frac{T_{max} \cdot i_{min}}{r} - F \geq ma \quad (5-4)$$

式（5-3）中 u 取直线加速结束时的速度，根据以往比赛经验，百公里加速时间4s，即可满足比赛要求。由式（5-4）解得 $i_{min} \geq 9.9$，趋势是越大越好。由于路面条件理想化且忽略了加速阻力，在传动比校核时往往选择比其大很多的传动比。

3. 从路面附着条件确定最大传动比

在赛车加速和爬坡过程中，传动系统传动比应满足驱动轮和路面之间的附着条件。现对驱动轮进行力平衡分析如下。

由图5-5可知，驱动轮附着极限为

$$T_{\lambda max} = F_t \cdot r + T_f \quad (5-5)$$

式中：F_t 为路面附着力；T_f 为滚阻力矩；$T_{\lambda max}$ 为驱动力矩。

附着力的求解公式为

$$F_t = \varphi mg \quad (5-6)$$

发动机输出转矩与驱动力矩之间的关系为

$$T_{\lambda max} = T_{max} \cdot i_{max} \eta_T \quad (5-7)$$

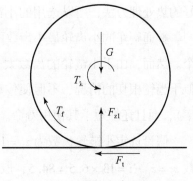

图5-5 轮胎简要力学平衡示意图

由式（5-5）~式（5-7）可知，路面附着力存在最大值，对应传动比的上限值为

$$i_{max} = 17.7 \quad (5-8)$$

4. 传动比选值的校核

传统油车的传动比还需要参考功率特性曲线来确定，这对场地、设备和技术提出了很高的要求，大部分高校车队都不具备获得阻力功率曲线的实力。电动方程式赛车利用电机起步恒扭矩、稳定恒功率的特性，想要完全发挥电机的性能，避免电机在恒扭矩区达到最大车速即可。

相较于最大车速,赛车的加速性能在赛场上更为重要。与之对应,我们在满足路面附着条件的情况下做出最大车速的牺牲,来获得最佳的加速性能。经过多方面测量考虑,最终轮边减速器的传动比设为

$$i = 14.3 \tag{5-9}$$

5.2.2 主减速器形式

比赛允许使用多种传动方式,包括轴传动、齿轮传动、带传动和链传动等。相较于其他传动方式而言,链传动的传动效率高,传动功率大,平均传动比精准,过载能力强,所需张紧力(作用在轴上的力)小,且能在高温、潮湿等各种恶劣情况下工作。因此,链传动系统成为绝大部分车队的首选。

1. 链传动齿数的选择

为追求赛车的轻量化和紧凑的布局形式,通常链轮采用较好的材质和较好的热处理方法,所以选用的小齿轮齿数与机械设计手册中给出的参考值不同。普通赛车的小齿轮最小齿数可以选择 13 个,更极限的情况下可以选择 11 个。然而,由于小链轮的齿数太少,很容易造成链条和小链轮齿之间发生类似于齿轮根切的情况,不但使传动效率降低(包括传递扭矩和传递动力的效率),而且还缩短了其使用寿命。

假设选定小链轮齿数为 $z_1 = 13$,确定赛车的传动比为 6.5,则大链轮的齿数 $z_2 = z_1 \cdot i = 13 \times 6.5 = 84.5$,取整可得 $z_2 = 84$ 或 $z_2 = 85$。

这里值得一提的是,为了减小发生偏磨的概率,使磨损更加均匀,一般将大、小链轮的齿数和链条节数选择为互质关系。同时为了避免过渡链节的使用,在设计中链条节数一般确定为偶数,为了保证两两互质关系,则链轮齿数必须为奇数。在链传动的设计中一般根据传动比计算出大链轮齿数之后再将其圆整为奇数,所以 z_2 的值设为 85 比较合适。

2. 链传动参数的计算

(1) 小链轮齿数 z_1。

(2) 大链轮齿数 z_2。

(3) 实际传动比 i。

第5章 传动系统

$$i = \frac{z_1}{z_2} \quad (5-10)$$

(4) 链节距 p、滚子直径 d_1。

确定链条型号,获取对应型号链条的标准参数。

(5) 初定中心距 a_0。

初定中心距时,$a_0 = (30\sim50)p$ 为优;脉动载荷或无张紧装置时,取 $a_0 < 25p$,$a_{0max} = 80p$。最小中心距计算公式见表 5-2。

表 5-2 最小中心距计算公式

i	<4	≥4
a_0	$0.2z_1(i+1)p$	$0.33z_1(i-1)p$

确定中心距时往往要考虑这套链传动系统与其他总成的匹配,避免出现干涉、安装困难或者半轴总成夹角过大等问题。

(6) 确定链条节数 L_p。

$$L_p = \frac{2a_0}{p} + \frac{z_1+z_2}{2} + \frac{f_3}{a_0} = \frac{2a_0}{p} + \frac{z_1+z_2}{2} + \left(\frac{z_2-z_1}{2\pi}\right)^2 \frac{p}{a_0} \quad (5-11)$$

式中,f_3 为用齿数计算链条节数的系数,可查询相关设计手册得出。

(7) 链条长度 L。

$$L = \frac{L_p p}{1\,000} \quad (5-12)$$

(8) (理论)中心距 a'。

当 $z_1 \neq z_2$ 时,有

$$a' = p(2L_p - z_1 - z_2)f_4 \quad (5-13)$$

式中,f_4 为中心距比例效应系数。

当 $z_1 = z_2 = z$ 时,有

$$a' = \frac{p}{2}(L_p - z) \quad (5-14)$$

(9) 实际中心距 a。

$$a = a' - \Delta a \quad (5-15)$$

一般取 $\Delta a = (0.002\sim0.004)a'$。

(10) 链速 v。

$$v = \frac{z_1 n_1 p}{60 \times 1\,000} \quad (5-16)$$

式中，n_1 为主动轮转速。

(11) 有效圆周力 F_t。

$$F_t = \frac{1\,000 p}{v} \quad (5-17)$$

(12) 作用在轴上的力 F。

对于水平或倾斜的传动，有

$$F = (1.15 \sim 1.2) K_A F_t \quad (5-18)$$

对于接近垂直的传动，有

$$F = 1.05 K_A F_t \quad (5-19)$$

式中，K_A 为工况系数，可在机械设计手册中查询取值。

求出链传动作用在轴上的力后，可以对链传动的支撑机构各组成零部件进行受力计算与分析。

(13) 润滑方式：脂润滑。

3. 链轮参数的计算

链轮主要参数如图 5-6 所示。

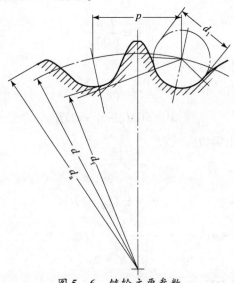

图 5-6　链轮主要参数

(1) 分度圆直径。

$$d = \frac{p}{\sin\dfrac{180°}{z}} \tag{5-20}$$

分别求出大链轮、小链轮分度圆直径 d_m、d_s。

(2) 齿顶圆直径。

$$d_{amax} = d + 1.25p - d_1 \tag{5-21}$$

$$d_{amin} = d + \left(1 - \frac{1.6}{z}\right)p - d_1 \tag{5-22}$$

齿顶圆直径可在 d_{amax} 和 d_{amin} 之间选择任意值，在齿顶圆圆整选值的过程中，务必注意保持在这两个限值范围内。如果设计选值 $d_a' < d_{amin}$，则链轮载荷能力降低；如果设计选值 $d_a' > d_{amax}$，则传动过程中会发生顶切，降低链轮载荷能力并缩短链轮寿命。需要注意的是，若 $d_a' = d_{amax}$，则链轮加工时应考虑用展成法加工；否则也有发生顶切的可能。

对于三圆弧一直线齿形，最优齿顶圆直径 d_a 为

$$d_a = p\left(0.54 + \frac{\cot\dfrac{180°}{z}}{}\right) \tag{5-23}$$

(3) 齿根圆直径。

$$d_f = d - d_1 \tag{5-24}$$

分别求得大、小链轮齿根圆直径。如果要对齿根圆进行圆整，则应注意圆整时取比实际值小的整数。

(4) 齿高。

$$h_a = 0.27p \text{ (对于三圆弧一直线齿形)} \tag{5-25}$$

(5) 最大齿根距。

对于奇数齿，有

$$L_x = d\cos\frac{90°}{z} - d_1 \tag{5-26}$$

对于偶数齿，有

$$L_x = d_f = d - d_1 \tag{5-27}$$

（6）轴凸缘直径。

$$d_g < p\cot\frac{180°}{z} - 1.04h_2 - 0.76 \tag{5-28}$$

式中，h_2 为内链板高度。

（7）轮毂厚度。

$$h = K + \frac{d_k}{6} + 0.01d \tag{5-29}$$

式中，d_k 为孔的直径；K 为一个与 d 有关的系数，$d < 50$ mm 时，K 取 3.2。

（8）齿宽。

单排
$$b_f = \begin{cases} 0.93b_1 & p \leq 12.7 \\ 0.95b_1 & p > 12.7 \end{cases} \tag{5-30}$$

式中，b_1 为链条内节内宽。

（9）齿侧半径。

$$r_x \geq p \tag{5-31}$$

（10）倒角宽。

$$b_a = \begin{cases} 0.06p & 链号 081、083、084、085 \\ 0.13p & 其他 \end{cases} \tag{5-32}$$

（11）齿侧凸缘圆角半径。

$$r_a = 0.04p \tag{5-33}$$

4. 链轮设计

链轮的具体参数在前面已经确定，故其基本结构尺寸均已确定，接下来主要涉及材料选择和强度校核的问题。

1）材料选择

FSEC 赛车的链轮材料一般为合金钢，也有一些车队为追求极致的轻量化使用成本较高的高强度铝合金或钛合金制作链轮。在选用大小链轮的材料时，一般小链轮选用的材料在综合性能上比大链轮好。合金钢的种类有很多，链轮常用的材料、热处理工艺及处理后的强度如表 5-3 所示。

表 5-3　链轮常用的材料热处理工艺及处理后的强度

材料	热处理	调质后的材料强度 σ_s/MPa	适用工况
15、20	渗碳、淬火	≥245	无冲击载荷的链轮
45	淬火、调质	≥355	有冲击载荷、齿数较多的链轮
15Cr、20Cr	渗碳、调质	≥490	冲击载荷较小、传递功率大的链轮
40Cr、35CrMo	淬火、调质	≥785	冲击载荷较大、传递功率大的链轮

40Cr、35CrMo 等材料调质后屈服强度高，齿面通过高频淬火能获得较高的硬度，因此一般选用 40Cr、35CrMo 材料制作小链轮。大链轮则一般采用 45 钢制作，调质处理后，齿面通过高频淬火以提高硬度，增加耐磨性。

2）强度校核及优化分析

图 5-7 所示为链传动系统受力示意图，从图中可以看出，链传动系统中涉及的力分别为链条紧边拉力 F_1、松边拉力 F_2、垂度拉力 F_f、离心力 F_c 以及压轴力 F_Q。

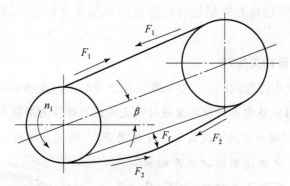

图 5-7　链传动系统受力示意图

（1）有效拉力 F。

$$F = \frac{1\,000P}{v} \tag{5-34}$$

式中，P 为功率（kW）；v 为速度（m/s）。

(2) 离心力 F_c。

$$F_c = qv^2 \tag{5-35}$$

式中，q 为每米链长质量（kg/m）。

(3) 垂度拉力 F_f。

$$F'_f = gqaK_f \times 10^{-2} \tag{5-36}$$

$$F''_f = gqa(K_f + \sin\partial) \times 10^{-2} \tag{5-37}$$

式中，K_f 为垂度系数；a 为中心距（mm）；g 为重力加速度；$\partial = 180°/z$。

$$F_f = \max(F'_f, F''_f) \tag{5-38}$$

(4) 紧边拉力 F_1 和松边拉力 F_2。

$$F_1 = F + F_c + F_f \tag{5-39}$$

$$F_2 = F_c + F_f \tag{5-40}$$

(5) 压轴力 F_Q。

$$F_Q = F + 2F_f \approx 1.2F \tag{5-41}$$

计算得出以上各个作用力的数值，便可以对链条、链轮的强度进行校核。同时，利用压轴力可以在设计差速器置悬系统时对置悬支架进行校核。在设计大链轮轮辐时，不仅要考虑传递扭矩的校核，还要考虑压轴力的作用。具体的强度校核及轮辐设计可通过力学仿真分析软件进行，本节在此不再介绍。

5. 主减速器相关规则

《中国大学生方程式汽车大赛规则》第 2 章对主减速器系统有以下规定：

规则 8.4.1 暴露在外的高速旋转的主减速器部件都必须安装防护罩以防失效。主减速器防护罩必须覆盖链条（传动带），从主动链轮（带轮）到从动链轮（带轮）。主减速器防护罩开始和结束的位置不得高于与链轮/皮带/带轮的最低处平行的位置（图 5-8）。

规则 8.4.2 传动链和传动带的防护罩不允许使用有通孔的材料。

规则 8.4.3 传动链的防护罩必须使用厚度至少为 2.66 mm（0.105 英

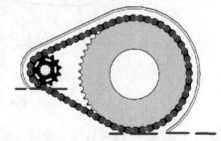

图 5-8 链轮防护罩

寸）的钢板制成，且链条在链条中心线向左和向右各 1.5 倍链条宽度范围内，都能被防护罩防护。

规则 8.4.4 非金属传动带的防护罩必须使用厚度至少为 3.0 mm（0.120 英寸）的 6061 - T6 铝合金制成，且传动带在传动带中心线向左和向右各 0.85 倍传动带宽度范围内，都能被防护罩防护。

规则 8.4.5 防护罩必须使用至少公制 8.8 级 M6 螺栓安装。

规则 8.4.6 所有当动力源运转而车辆保持静止时旋转的传动零部件都要求用手指护罩遮挡。

5.2.3 轮边减速器形式

轮边减速器被采取多电机布置形式的车队将其作为唯一的减速增矩机构。但是中央电机布置形式的车队也可采用轮边减速器来减少传动轴、主减速器、差速器、半轴等部件的负荷，使传动装置获得更大的离地间隙等。行星齿轮减速器与一般的齿轮减速器相比，具有质量轻、体积小、传动比高等优点，更容易集成在轮毂之中。因此，轮边减速器一般采用行星齿轮减速器形式，提高车辆的动力性能，降低整车质量。

行星齿轮减速器根据基本构件情况可分为 2K - X、3K 和 K - X - F 等 3 类（其中 K 代表太阳轮）。按齿轮的啮合方式，又可分为 NGW 型、NW 型、NN 型、WW 型、NGWN 型、N 型等（其中，N—内啮合、W—外啮合、G—公用齿轮）。赛车大部分采用 NGW 型和 NW 型。NGW 型的减速比范围为 2.7～9，NW 型减速比范围为 5～25。

以传动比确定时的参数为例，对照 i = 14.3，选择 NW 型行星齿轮减速器（图 5 - 9）。下面主要介绍其组成结构及工作原理。

如图 5 - 9 所示，动力由输入轴传递给太阳轮。太阳轮通过行星齿轮和齿圈把动力传递给行星架，行星架再把动力输出到输出轴上。整体结构的齿轮参数及处理工艺与主减

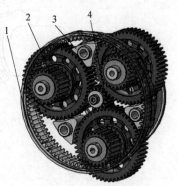

图 5 - 9　NW 型行星齿轮减速器
1—齿圈；2—行星齿轮；
3—行星架；4—太阳轮

速器类似，将不做过多介绍。值得注意的是，太阳轮和齿圈的齿数一般设为3的倍数，目的是为了磨损均匀。

5.3 差速器

差速器是传动系统中重要的组成部分之一。车辆在行驶的过程中，由于弯道、路面不平、轮荷不同等问题，左、右车轮在同一时间内所滚动的路程不同。如果驱动桥两侧的车轮刚性连接，则会产生滑移等问题，加重轮胎磨损，破坏车辆操纵性。因此，驱动桥左、右车轮间装有轮间差速器，多驱动桥的车辆上还会安装驱动轴的轴间差速器，用来保证驱动轮均能自由地做纯滚动。差速器按照功能可分为普通齿轮差速器和防滑差速器。

5.3.1 普通齿轮差速器

普通齿轮差速器有锥齿轮式和圆齿轮式两种。锥齿轮式差速器结构紧凑，工作效率高，工作寿命长，目前使用最为广泛。图5-10是一款目前最常见的锥齿轮式差速器。

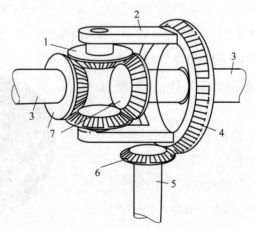

图5-10 锥齿轮式差速器结构示意图及三维模型
1—行星齿轮；2—齿轮架；3—输出轴；4—从动齿轮；
5—输入轴；6—主动齿轮；7—左、右半轴齿轮

锥齿轮式差速器的工作原理：动力从输入轴输入到差速器从动齿轮上，差速器从动齿轮与差速器壳是一体的，差速器壳把动力传递给安装在它上面的行星齿轮。车辆在平坦路面上直行时，左、右驱动轮与地面的黏附力相同，因此左、右半轴齿轮对行星齿轮的阻力矩相同，行星齿轮不转动，左、右半轴转速相同，输出转矩也相同；车辆转弯时，左、右半轴齿轮对行星齿轮的转矩不同，行星齿轮转动，左、右半轴齿轮转速不同，实现差速。

5.3.2 防滑差速器

普通齿轮差速器扭矩等量分布特性对赛车在良好路面上的行驶是有利的。但是当左、右车轮之间的附着力差距过大时，会严重影响赛车的通过性能。例如，当赛车高速过弯时，由于离心力的作用，车体向外侧倾斜，使外侧车轮附着力增加，而内侧车轮附着力降低。基于普通齿轮差速器扭矩分布均匀的特点，内、外侧轮得到的扭矩相等。其结果是：外轮动力不足，内轮输出无效动力，严重影响赛车的过弯速度和动力性能。在极限情况下，当外轮的附着力远远大于其得到的转矩时，外轮就停止转动，而内轮在原地滑转。因此，赛车需要使用防滑差速器。防滑差速器又分为人工锁止式防滑差速器和自动锁止式防滑差速器。前者依靠人为控制差速器锁来达到防滑的目的，对于操作烦琐的赛车并不适用。下面主要介绍两款应用最广泛的自动锁止式防滑差速器。

1. 托森差速器

托森差速器利用蜗轮、蜗杆传动的不可逆性原理和齿面高摩阻条件，使差速器根据其内部摩擦转矩的大小自动锁定或松开，即在其内部摩擦转矩较小的情况下起到差动作用，在摩擦转矩较大的情况下自动锁定，从而有效提高通过车辆的能力。

托森差速器的工作原理：当汽车在平直道路上直线行驶时，在蜗轮、蜗杆上施加的两个半轴力矩是相同的，由于蜗轮两端的直齿轮没有相对转动，因此左右两个半轴蜗杆以相同的速度转动。如果汽车左转弯或左侧轮打滑，则左侧半轴转速增大，转速大于右侧半轴，左侧蜗杆带动蜗轮按图 5 – 11 中箭头方向转动，蜗轮两端的直齿轮按箭头指示方向转动，则右侧蜗轮向反方向运动，实现转速差。因为蜗轮、蜗杆逆传动的效率非常低，所以当两轴的转速差达到一定值时，蜗轮、蜗杆就会锁死，避免转速差继续增大，从而实现了防滑功能。

从以上可知，托森差速器是利用蜗轮与蜗杆间逆传动效率低的特点，实现了差速器的防滑锁死。防滑效率取决于两个输出轴的转速差异和差速器内摩擦力矩的大小，转速差异是由路面条件决定的，而差速器内摩擦力矩则主要取决于蜗杆特性参数。蜗杆螺旋角和摩擦角的设置可改变托森差速器的锁定系数，以获得所需的锁定

图 5-11　托森差速器

1—蜗杆；2—蜗轮；3—直齿轮

效能。一般而言，轴间差速器转速差比较小，可选择较大的锁定系数，而轮间差速器要保证过弯的稳定性，通常会选择稍小些的锁定系数。

2. 摩擦片式防滑差速器

摩擦片式防滑差速器的基本原理与自由差速器相似，都是通过行星架上的锥齿轮转动来实现两侧输出轴的转速差。区别在于，摩擦片式防滑差速器的行星架并未直接固定于差速器壳体上，而是通过摩擦片组与差速器壳体连接。摩擦片组由锁止片和旋转片组成，锁止片和差速器外壳固定，旋转片和差速器的行星架固定，通过调整两者的数量和比例可以改变差速器工作时的锁止率。图 5-12 所示为摩擦片式防滑差速器的结构。

图 5-12　摩擦片式防滑差速器

1—半轴齿轮；2—行星齿轮；3—行星架；4—摩擦片组；5—差速器壳

第5章 传动系统

摩擦片式防滑差速器的工作原理：当车辆两侧半轴所需扭矩相同时，差速器壳体通过行星齿轮传递给两侧半轴齿轮或者通过预紧的摩擦片组和差速器壳体将扭矩平均传递给两侧半轴。当两侧车轮所需扭矩不同时，由于半轴齿轮的斜面与行星架齿轮之间是锥齿轮配合，因此在传递扭矩时会产生平行于半轴的轴向分力，迫使两根半轴齿轮轴分别向左、右方向略微移动，压紧摩擦片。假设左侧车轮抓地力较大、右侧车轮抓地力较小，则左半轴齿轮受到的轴向力更大，摩擦片组间的摩擦力矩更大，差速器外壳的动力传递给左侧车轮。相应地，右侧车轮的动力受到限制。同时，如果锁止率设置较低，斜面齿轮分离动作所产生的推动力没有那么高，摩擦片式防滑差速器也只能起到普通差速器的作用。所以，此类差速器锁止率的设计非常关键。

还有一种常用的摩擦片式防滑差速器，在各类高端跑车上非常常见，如图 5-13 所示。它的防滑原理和普通摩擦片式防滑差速器基本一样。

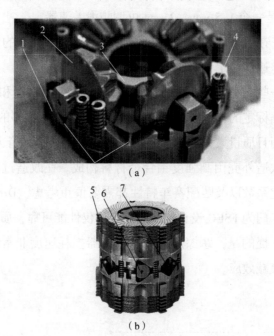

图 5-13 Cusco 差速器

1—保持架；2—行星齿轮；3—行星架；4—预紧弹簧
5—摩擦片组；6—1.5 way 保持架槽；7—2 way 保持架槽
(a) Cusco 差速器结构；(b) Cusco 差速器工作方式差异

Cusco 差速器的工作原理：主动轴传递的动力通过行星齿轮组和差速器壳体传递给从动轴。当某侧车轮抓地力发生变化时，除了行星齿轮所产生的轴向力变化外，滑动牙口会对行星齿轮产生径向力，通过行星齿轮转化为加载在摩擦片组上的轴向力。这样它就具有为抓地力大的一侧轮胎提供较大扭矩的特点，实现差速作用。

滑动牙口的设计是决定摩擦力的重要因素之一。通过对滑动牙口的斜面设计，可以调控牙口对行星齿轮施加作用力的时机、大小等，可以使差速器呈现 1 way、1.5 way、2 way 等 3 种不同的工作模式。其中 1 way 是指差速器在有动力输出的状态下起防滑作用，无动力输出时防滑功能关闭；1.5 way 是指差速器在有动力输出的状态下起防滑作用，无动力输出时只产生 50% 的防滑作用；2 way 是指无论有无动力输出，差速器防滑作用均开启。图 5 - 13 所示为安装状态为 1.5 way 状态，将行星架安装到相邻的保持架槽里面即为 2 way 状态。这是一个 1.5 way、2 way 可调防滑差速器。

为保证赛车在过弯时有良好的动力输出，同时有灵敏的转向响应，一般方程式赛车的差速器设定为 1.5 way。

市面上有一些防滑差速器如日本 Cusco 差速器，其强度和转矩传递能力都是根据超跑数据标定的，对于动力性和整车质量都要小很多的 FSAE 赛车来说则不太适用，而且质量太大。若选用此产品，则需对差速箱进行轻量化改造，常用的差速器改造外壳由高强度铝合金材料构成。在改造过程中，如何保证所需差速的锁定系数以及匹配赛车特性都需要慎重考虑。Drexler 是一家高端品牌，有几款专门为 FSEC 设计的差速器，不仅性能可靠，质量也很轻，但价格不菲。值得一提的是，摩擦片式防滑差速器损耗速度非常快，在使用时还需要考虑其热衰减效应。

5.4 半轴总成

半轴总成是将经过减速器、差速器处理之后的动力传递给驱动轮的传动装置。半轴根据受力情况的不同，通常分为全浮式、半浮式和 3/4 浮式 3 种。

由于赛车工况复杂，传动半轴无须受力，故采用全浮式半轴。半轴两端装有万向节，再通过花键与差速器或者轮毂连接，只传递扭矩，不承受任何弯矩。这样保证了在驱动轮跳动的工况下，半轴不会受到损耗。

5.4.1 半轴设计计算

全浮式半轴的设计相对简单，主要校核其扭转应力并做好加工处理即可。在直线加速起步瞬间，半轴将最大的扭矩传递给车轮。假设半轴传递的最大扭矩为 T_{MAX}，有

$$T_{MAX} = T_{max} \cdot \frac{i}{2} \tag{5-42}$$

式中，T_{max} 为电机输出最大扭矩；i 为传动比。

半轴的扭转应力为

$$\tau = \frac{T_{MAX}}{\frac{I_P}{R}} = \frac{T_{MAX}}{W_P} \tag{5-43}$$

式中，τ 为半轴截面的扭转应力；I_P 为截面极惯性矩；R 为截面半径；W_P 为抗扭截面系数，此处取 $W_P = \frac{\pi d^3}{16}$，其中 d 为截面直径。

作为重要的传动部件，半轴要求材料具有良好的强度和韧性。在保证性能的条件下，推荐使用 40Cr、40CrMnMo 和 42CrMo 等材料。热处理工艺推荐：预调质后表面中频淬火处理。调质通常指淬火后高温回火的过程，目的是增加金属材料的强度、韧性和可塑性等。淬火温度为 850 ℃，保持 80 min。冷却方式使用水冷或油冷，对温度要求较高。淬火后在 500~680 ℃ 内回火即可，时间在 60 min 以上。表面中频淬火是指利用趋肤效应，使用中频交变电流对金属表面进行处理的一种方法，处理后金属的表面硬度、耐磨性及疲劳强度均有所提升。此外，随着近些年碳纤维技术的发展和成熟，基金充足、技术先进的车队可以尝试一下碳纤维半轴。

5.4.2 万向节选型

万向节种类繁多，根据扭转方向是否有弹性，可以分为刚性万向节和挠

性万向节。刚性万向节根据不同角度下主、从动轴的转速比，可以分为不等速万向节、准等速万向节及等速万向节；根据自身结构，可以分为十字万向节、双联式万向节、凸块式万向节、三销轴式万向节、球面滚轮式万向节（俗称三球销式万向节）、球叉式万向节及球笼式万向节等。赛车半轴总成多采用三球销式万向节（图 5-14（a））与球笼式万向节（图 5-14（b））搭配的形式，应用在半轴与减速器、轮毂的连接处。三球销式万向节与球笼式万向节均属于等速万向节。

图 5-14 万向节
(a) 三球销式；(b) 球笼式

三球销式万向节由 3 个在钟形壳内轨道里滑移的滚针轴承组成，可以轴向运动。球笼式万向节根据万向节轴向能否运动，又可分为轴向不能伸缩型（固定型）球笼式万向节和可伸缩型球笼式万向节。由于在比赛过程中，赛车悬架的上下跳动必然会使半轴产生横向位移，故一般选择可伸缩型球笼式万向节或三球销式万向节。

万向节组成零件的加工工艺都比较复杂，大部分车队都选择购买成品。但是在赛车轻量化以及操纵性的追求下，也有部分车队选择自制万向节。在设计自制万向节时，尺寸一定要符合规范要求，同时材料选择和热处理要保证强度、耐磨性和抗疲劳性等。

5.5 车轮系统

车轮系统是指围绕轮胎设计的系统，主要作用是定位轮胎，确保轮胎将电机的动力传给地面，同时接收地面反馈的力。其主要组成部分包括立柱、轮毂和轮辋等，对于搭载轮边和轮毂电机的赛车而言，车轮系统还包括集成在轮毂内部的行星齿轮减速器。其中，轮毂通过轴承外圈支撑在立柱上，通过螺母和轮辋连接。它们的装配关系如图5-15所示。

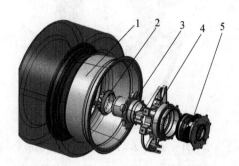

图5-15 轮系装配图

1—轮辋；2—锁止螺母；3—轮毂；4—立柱；5—轮边减速器

5.5.1 立柱

立柱作为承载整车质量的重要部件，需要为轮毂轴承、悬架上下叉臂、转向拉杆、制动卡钳等提供安装位置。因为悬架和转向的参数对车辆操纵性有很大影响，所以不少立柱上的悬架和转向安装点都做成分体的。

在图5-16中，上A臂的吊耳做成了分体式。这样只需要调整分体吊耳背后的垫片数量，就可以改变车轮外倾角。此外，下A臂吊耳也可以做成分体式，理论上可以随意调节车轮外倾角。转向拉杆吊耳也可以做成分体式，通过不同的阿克曼转向系数来安装不同的吊耳。但是由于赛程和时间关系，在赛场上转向系数的改变受益并不大，所以大部分的转向都是一体式的。

在设计中，立柱不仅要满足其刚度和强度的要求，而且还要尽可能轻量化，从而降低整车的簧下质量，以满足安全性、动力性及操纵稳定性要求。立柱轻量化的关键是受力分析，在校核立柱的受力时主要看3个工况：一是直线加速时，立柱的综合受力；二是高速过弯时，地面对立柱施加的力；三是大力制动时，卡钳对立柱施加的扭矩。立柱材料一般选择铝合金，有条件利用拓扑优化和3D打印设计立柱时，建议选择性价比更高的钛合金。

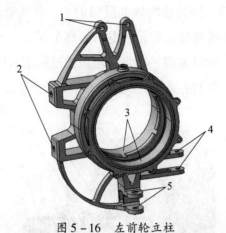

图 5-16 左前轮立柱

1—上 A 臂吊耳安装点；2—卡钳安装点；3—轴承支承面；
4—转向拉杆外点安装点；5—下 A 臂吊耳安装点

5.5.2 轮毂

轮毂是连接轮辋和立柱的零件，驱动轮的轮毂需要将扭矩传递给车轮，非驱动轮的轮毂则只提供支撑作用。轮毂需要提供两个法兰，分别用来安装刹车盘和轮辋，刹车盘一般选择铆接在轮毂上，轮辋一般使用销来安装。如图 5-17 所示，轮毂属于高速旋转的簧下零件，其轻量化意义非凡，一般选用铝合金材料。

电机中央驱动形式下的轮毂通常和三球销壳集成一体，轮边和轮辋驱动形式下的轮毂通常和减速器集成于一体，集成接触面处受力比较大，可以对铝材料进行阳极氧化处理。同时由于和减速器集成在一起，需要在其轴承配合面进行密封处理，防止减速器油漏出。轮毂的强度校核工况和立柱相似，对于驱动轮轮毂，还需要考虑加速时受到的扭矩。此外，因为其属于高速旋转件，受到循环应力时法兰根部易

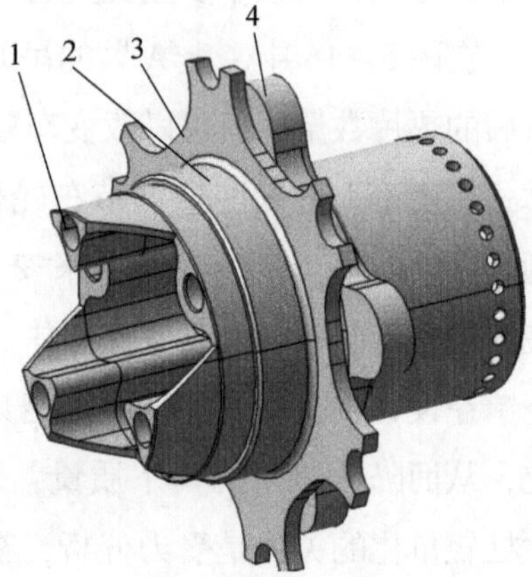

图 5-17 轮毂

1—行星架安装轴；2—轴承、密封圈配合面；
3—制动盘安装法兰；4—轮辋安装法兰

疲劳断裂，建议对驱动轮轮毂进行疲劳仿真。

5.5.3 轮辋

轮辋是安装轮胎的部件。在校核轮辋时，需要注意极限工况下的受力情况和轮辋与轮胎一体的动平衡问题，确保最佳的性能。轮辋作为高速旋转的簧下零件，轻量化非常重要。目前比赛所使用的轮辋多数是铝合金和镁合金，也存在碳纤维轮辋被国外很多强队所采用。此外，除了材料外，轮辋的选择还可以从以下几个方面考虑。

1. 整体式与两片式轮辋

轮辋按轮圈和轮辐能否拆分可以分为整体式和两片式等，目前量产的轮辋通常都是整体式轮辋，价格低廉，性能良好。但是整体式轮辋的参数都是固定的，一些对参数有更高要求的车队往往选择定制两片式轮辋。如图5-18所示，这种轮辋不同的部分可以采用不同的材料来保证最佳的性能，同时可以根据需要选择不同的宽度、ET值、PCD值等，但价格也十分高昂。

2. 制造工艺

铝合金和镁合金轮辋的制造工艺一般为铸造和锻造。一般而言，锻造的轮辋相较铸造的更脆，遭受巨大冲击力时更容易完全断裂。但是锻造的轮辋更轻，耐疲劳性、抗冲击力、强度更高。在注重高速性的同时安全性得到保证的前提下，锻造轮辋更值得选择。

图5-18 轮辋

3. 轮辋规格

轮辋的规格必须与轮胎规格相匹配，才能使赛车发挥出最佳的性能。若某赛车轮胎规格为225/70 R13，表明轮胎宽度为225 mm，宽高比为70%，内径为43.3 cm（13英寸）。对应地，轮辋直径为43.3 cm（13英寸），宽度在215~235 mm范围，这是因为轮胎具有一定的弹性。一般而言，窄的轮辋操作性不好，宽的轮辋舒适性不好，同时过窄的轮辋安装的轮胎断面会拱起，影响抓地力，所以一般选择较宽些的轮辋尺寸。

4. 轮辋偏移度

轮辋偏移度又叫 ET 值。如果轮辋安装底面和轮辋中心面重合，ET 值为零；如果轮辋底面偏向外侧，ET 值就是正值；如果轮辋底面偏向内侧，ET 值就是负值（图 5-19）。从多方面来看，零偏移的轮辋是最佳的。ET 值的改变对轮内空间的影响并不大（安装面不变化），主要影响以下几个方面：ET 值减小，车轮外移之后，由于杠杆比的变化，悬架受力会增加；同时轮距增加，会产生转向不足的问题；最后会增加轮胎的偏磨，需要增加主销内倾角来解决。所以，负偏移的轮辋很少使用。

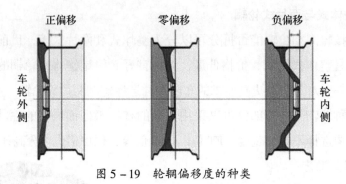

图 5-19 轮辋偏移度的种类

5. 安装方式

目前轮辋的安装方式大多为螺栓安装式，也有车队为了装配方便采取中央锁止螺母安装方式（图 5-20）。FSEC 赛车通常使用 4 个轮毂螺栓或者安装销，轮毂孔距通常为 100 mm 左右，螺栓通常使用钢制，公称直径在 M10 左右。

《中国大学生方程式汽车大赛规则》第 2 章对轮辋安装方式有以下规定：

图 5-20 中央锁止螺母安装式轮辋

规则 6.3.2 任何只使用一个安装螺母的车轮安装系统必须配有防松装置，用来固定安装螺母。当安装螺母松动时，该装置还可以固定车轮。双螺母防松不符合该项规定。

规则 6.3.3 标准车轮螺栓必须是钢制的，且经过了充分的工程设计。任

第 5 章 传动系统

何对这种螺栓的改造都需在技术检查中进行严格的审查。车队如果使用改造的标准车轮螺栓或定制设计的车轮螺栓，则需提供相关材料以证明该设计符合良好的工程实践。

规则 6.3.4 铝合金轮毂螺母可以被使用，但要求必须是硬质氧化至未被腐蚀烧坏状态。

思考题

1. 传动系统的布置有哪几种形式？各自有什么特点？
2. 简述确定赛车传动比需要考虑的因素。
3. 简述 NW 型减速器的太阳轮和齿圈的齿数需要满足的要求及原因。
4. 简述摩擦片式防滑差速器的工作原理以及 Cusco 差速器 1.5 way 和 2 way 工作状态的区别。
5. 车轮系统由哪几部分组成？这些部分设计时需要重点考虑哪些因素（从加工工艺、受力校核等方面讨论）？

第 6 章
Chapter 6　制动系统

制动系统是用来保证驾驶员生命安全的重要系统。制动系统在驾驶员的操纵下，通过机械和液压装置，使汽车以适当的减速度降速行驶直至停车；在下坡行驶时，使汽车保持适当稳定的车速，并使汽车可靠地停在原地或坡道上。

6.1 制动系统总体布置

制动系统主要由供能装置、控制装置、传动装置和制动器四部分组成，如图6-1所示。根据FSAE赛事对赛车制动系统的要求以及赛道对赛车操纵性能的要求，制动系统一般由制动踏板总成、制动管路总成和制动器总成几部分组成。其中，制动踏板总成包括制动踏板、平衡杆、制动主缸、制动储油壶和超行程开关；制动管路总成包括制动管路和制动压力传感器；制动器总成包括制动盘和制动器。

图6-1　北京航空航天大学2019年制动系统三维图

1—制动踏板；2—制动主缸；3—制动管路；4—制动盘；5—制动卡钳；6—传感器

第6章 制动系统

6.1.1 制动系统规则梳理

参考2021年《中国大学生方程式汽车大赛规则》,有关制动系统的相关设计有以下几条。

规则7.1.1 制动系统必须有两套独立的液压制动回路,当某一条回路系统泄漏或失效时,另一条回路至少还可以保证有两个车轮可以维持有效的制动力。每个液压制动回路必须有其专用的储液罐(可以使用独立的储液罐,也可以使用厂家生产的储液罐)。

规则7.1.8 制动踏板必须设计能承受2 000 N的力而不损坏制动系统和踏板机构。为验证制动踏板符合本要求,检测时需满足:任何裁判以正常坐姿对踏板施加最大踩踏力而踏板不被损坏。

规则7.1.10 只适用于电车:前90%的制动踏板行程可用于回收制动能量而不驱动液压制动系统。剩下的制动踏板行程则必须直接驱动液压制动系统,但制动能量回收可保持激活。

任何在滑行或制动时的能量回收都必须被FMEA涵盖。

6.1.2 制动管路布置形式的确定

制动设计最早确定的是制动管路的布置形式,而目前关于双轴汽车的双回路制动系统的布置有以下5种常见形式,如图6-2所示。

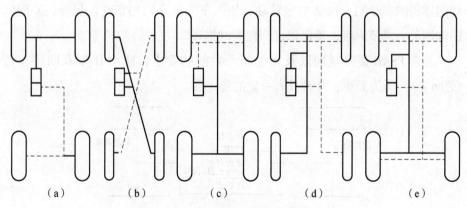

图6-2 双回路制动系统的布置形式

(a) II型;(b) X型;(c) KL型;(d) LL型;(e) HH型

(1) Ⅱ型：前后轮制动管路各成独立的回路系统，即一轴对一轴的分路形式。

(2) X型：后轮制动管路呈对角连接的两个独立的回路系统，即前轴的一侧车轮制动器与后桥对侧车轮制动器同属于一个回路。

(3) KL型：左、右前轮制动器的半数轮缸与后轴制动器全部轮缸构成一个独立的回路，而两前轮制动器的另半数轮缸构成另一回路，可看成一轴半对半个轴的分路形式。

(4) LL型：两个独立的回路分别由两侧前轮制动器的半数轮缸和一个后轮制动器组成，即半个轴与一轮对另半个轴与另一轮的分路形式。

(5) HH型：两个独立的回路均由每个前、后制动器的半数缸所组成，即前、后半个轴对前、后半个轴的分路形式。

关于以上5种形式的制动回路，综合来看Ⅱ型回路的特点是管路布置最为简单，布置方便，前后制动比可以通过平衡杆进行灵活调节，并且能够满足规则所要求的四轮同时抱死的状态。这一设计的不足之处在于，这一分路方案若后轮制动管路失效，则一旦前轮制动抱死就会失去转弯制动能力，但仍能保持超过一半制动效能；当前轮管路失效而仅由后轮制动时，制动效能将明显下降，并小于正常情况的一半。

与之类似的X型管路的特点则是一回路失效时仍能保持50%的制动效能，此时前、后各有一侧车轮有制动作用，使制动力不对称，导致前轮将朝着制动起作用的车轮的一次绕主销转动，使汽车失去方向稳定性。另外，X型回路的制动力调节困难，难以保证四轮同时抱死。

综合FSAE赛事规则以及相关制动效能的要求，使用Ⅱ型双回路布置（图6-3）最为简单，并且具有一定的稳定性。

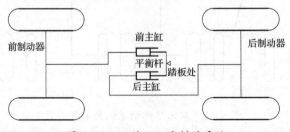

图6-3　Ⅱ型双回路制动系统

6.1.3 制动器形式的确定

制动器主要分为两大类,即鼓式制动器和盘式制动器。

1. 鼓式制动器

鼓式制动器如图 6-4 所示。鼓式制动器是利用制动传动机构使制动蹄将制动摩擦片压紧在制动鼓的内侧,从而产生制动力,根据需要使车轮减速或者在最短的距离内停车,保证行车安全,并保障汽车停放可靠而不自动滑移,制动鼓的旋转元件是制动鼓,固定元件是制动蹄,优点在于造价便宜且符合传统设计。

图 6-4 鼓式制动器

但是鼓式制动器的缺点也是比较明显的。鼓式制动器的制动力稳定性差,在不同路面上的制动力变化较大,不易掌控,并且由于其本身散热性差,在制动过程中会积累大量的热量。制动块等结构在高温下容易发生复杂的变形,导致制动衰退现象,使得制动效率下降。另外,鼓式制动器的维护较为复杂,需要定期维护。

2. 盘式制动器

盘式制动器如图 6-5 所示。其主要零部件有制动盘、主缸、制动钳、油管等。制动盘用合金钢制造并固定在车轮上,随车轮转动。盘式制动器的优点在于,散热快、质量轻、构造简单、调整方便。在高负载时耐高温性能好,制动效果稳定,盘式制动器沿制动盘向施力,制动轴不受弯矩影响,径向尺寸小。并且制动器效能受摩擦系数的影响较小,即效能较稳定;浸水后效能降低较少,只需经一两次制动即可恢复正常;在输出制动力矩相同的情况下,尺寸和质量一般较小;制动盘沿厚度方向的热膨胀量极小,不会像制动鼓的热膨胀那样使制动器间隙明显增加而导致制动踏板行程过大;较容易实现间隙自动调整,其他保养修理作业也较简便。制动盘与摩擦蹄片间的间隙小,这就缩短了油缸活塞的操作时间,并使制动驱动机构的力传动比有增大的可能。

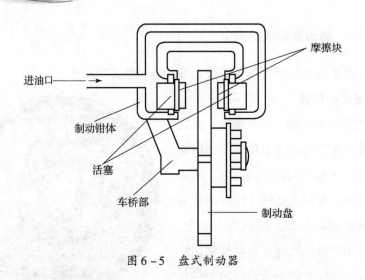

图 6-5 盘式制动器

但是盘式制动器对制动器和制动管路的制造要求较高,摩擦片的耗损量较大,成本高,而且由于摩擦片的面积小,相对摩擦的工作面也较小,需要的制动液压高。

可以说,鼓式制动器和盘式制动器各有其优、缺点,可以结合自身情况考虑,由于盘式制动器在散热性、制动稳定性、可维护性等方面表现优异,故几乎所有的车队都选择了盘式制动器,接下来本书也将结合盘式制动器进行设计。

6.2 确定制动系统基本参数

设计一款适合的制动系统,一定要结合赛车本身进行设计,为此赛车本身的某些数据对于制动系统的设计是非常重要的。

6.2.1 制动系统相关基本参数及来源

与制动系统设计有关的基本参数有两方面来源:一方面来自整车的整体布置和轮系的相关尺寸;另一方面来自自行计算,具体如下。

(1) 需要的整车数据有轴间距、前后轴距、质心高度、整备质量。

(2) 需要的轮系数据有轮胎滚动半径、轮辋尺寸。
(3) 需要计算的数据有前后轴负重、前后制动比、同步附着系数。
(4) 其他数据,如地面附着系数。

6.2.2 制动系统基本工作原理

制动系统工作的主要原理是帕斯卡定律:不可压缩静止流体中任一点受外力产生压强增值后,此压强增值瞬时间传至静止流体各点。具体如图 6-6 所示,箭头的指向为车手脚步对制动踏板的施力方向(FSAE 赛车制动踏板为车底固定式,示意图中为上车架固定)。人脚的力量推动主缸活塞运动,向液压管路中施加压力。

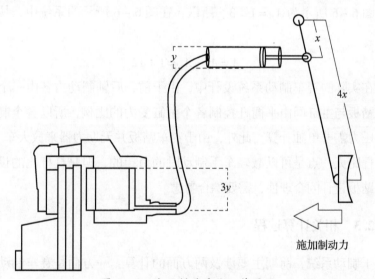

图 6-6 液压制动系统工作原理

刹车油受到主缸活塞压力后产生液体压强,这时刹车油压一部分会因为制动管路中管线的膨胀而被吸收。因此,制动管路的选择,原则上可以通俗地说是越硬越好。关于制动管路材料的选择要依具体情况而定。例如,后制动管路从主缸到后三通之间可以选择铜质硬油管,但是对前制动管路而言,由于前卡钳会随着车轮转动,因此管路也是需要一定柔度的,所以可以选择钢丝编网高压油管。

当油压通过制动管路传递到制动器以后,油压的主要部分会作用在制动卡钳的轮缸活塞上，推动刹车片使刹车片对制动盘形成压力，使得刹车片与转动的制动盘表面产生摩擦从而产生制动力，而这个制动力距离车轮中心仍有一段距离，这就会产生一个制动力矩，这个制动力矩可以平衡地面给车轮的摩擦力矩，并且产生制动力矩的摩擦力会将车辆行驶的动能与车轮的转动动能转化为制动系统内能，由此车辆得以制动停车。

而在整个制动过程中，制动系统的初始输入——人的脚力经过了两次放大：第一次是脚踩踏板时，通过踏板结构，脚力与主缸活塞实际受力之间存在机械杠杆比，也就是脚力的放大比，图6-6所示为 $A_1 = 1:4$；第二次是液压从制动管路传递到制动卡钳轮缸活塞上时，由于管路截面面积和蹄片面积不同，力便再一次放大，主缸活塞面积与卡钳轮缸活塞面积之比为液压杠杆比，在图6-6所示为 $A_2 = 1:3$。所以，在图6-6所示的系统中，其总杠杆比为

$$A = A_1 \cdot A_2 = 1:12$$

而在实际的赛车制动系统设计中，由于前、后轴制动力各由一个主缸负责，且踏板与主缸间由平衡杆控制各个主缸受力的比例，所以各个制动主缸受到的压力需要单独计算。此外，由于赛车踏板并无助力器来放大车手脚力，所以杠杆比大一点是可以减轻车手制动时的负担的，但是杠杆比的设计还要考虑到踏板设计的合理性，需要综合考虑。

6.2.3 相关计算过程

关于制动系统，前期主要涉及两方面的计算：一方面是赛车制动时的受力分析；另一方面是前后制动比的优化。

1. 制动时的受力分析

对赛车进行制动受力分析，如图6-7所示，图中忽略了汽车的滚动阻力力偶矩、空气阻力以及旋转质量减速产生的惯性力偶矩，其中 F_{zf} 为汽车制动时水平地面对前轴车轮的法向反力，F_{zr} 为汽车制动时水平地面对后轴车轮的法向反力，W 为汽车所受重力，F_{bf} 为前轮地面制动力，F_{br} 为后轮地面制动力；μ_1 为地面附着系数，R 为轮胎半径，h 为重心高度，L 为轴间距，L_f 为前轴矩，L_r 为后轴矩。

第6章 制动系统

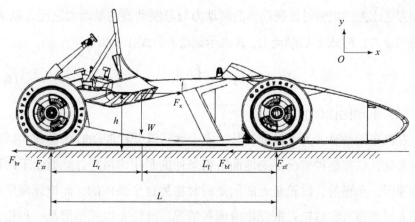

图6-7 前、后轴受力分析图

对后轮接地点取力矩，可以得到

$$F_{zf} \cdot L = W \cdot L_r + m \cdot \frac{du}{dt} \cdot h \tag{6-1}$$

式中，m 为赛车制动时车与人的总质量；u 为制动时赛车的速度。

对前轮接地点取力矩，可以得到

$$F_{zr} \cdot L = W \cdot L_f - m \cdot \frac{du}{dt} \cdot h \tag{6-2}$$

解方程式（6-1）和式（6-2），得到

$$\begin{cases} F_{zf} = \dfrac{W}{L}\left(L_r + \dfrac{du}{dt} \cdot \dfrac{h}{g}\right) \\ F_{zr} = \dfrac{W}{L}\left(L_r - \dfrac{du}{dt} \cdot \dfrac{h}{g}\right) \end{cases} \tag{6-3}$$

且当前、后轮同时抱死时（φ 为地面附着系数），有

$$W \cdot \varphi = m \cdot \frac{du}{dt} \tag{6-4}$$

将式（6-4）代入式（6-3）时，式（6-3）可简化为

$$\begin{cases} F_{zf} = \dfrac{W}{L}(L_r + \varphi \cdot h) \\ F_{zr} = \dfrac{W}{L}(L_r - \varphi \cdot h) \end{cases} \tag{6-5}$$

2. 前后制动比的优化

（1）前后制动比的定义。

根据汽车理论所给出的定义，汽车制动力分配比为：当前、后制动器的

制动力之比为固定值时前制动器的制动力与总制动器的制动力之比。以 F_f 表示前制动力，F_r 表示后制动力，β 表示制动力分配比，则有

$$\beta = \frac{F_f}{F_r + F_f} \tag{6-6}$$

（2）制动比优化的意义。

在汽车制动时，为了保证行驶的安全性，需要在制动时保证前、后车轮同时抱死，往往这种情况下的地面附着条件的利用率最好。然而由于路面条件等原因，车辆前、后轮是无法满足同时抱死这个条件的，而抱死顺序分为前轮先抱死拖滑和后轮先抱死拖滑两种情况。前轮先抱死拖滑是一种稳定工况，但是会失去转向能力，附着条件利用不充分；后轮先抱死拖滑工况较不稳定，会发生侧滑甩尾，附着利用率低。只有当汽车在同步附着系数路面上制动时，前、后轮才会同时抱死，而汽车的同步附着系数 φ_0 可根据以下公式计算，即

$$\varphi_0 = \frac{L\beta - L_r}{h_g} \tag{6-7}$$

式中，h_g 为赛车质心高度。

汽车同步附着系数的数值与前后制动比有关，但是由于汽车行驶时路面情况一般不会满足理想状况的要求，所以就有了优化汽车制动的前后制动比需要。

（3）确定目标函数。

令 z 为制动强度，有

$$z = \frac{\dfrac{du}{dt}}{g} \tag{6-8}$$

根据式（6-6）、式（6-8）和式（6-5），可以计算得到制动时前、后轮的利用附着系数为

$$\begin{cases} \varphi_f = \dfrac{\beta z L}{L_r + z \cdot h_g} \\ \varphi_r = \dfrac{(1-\beta) \cdot zL}{L_f - z \cdot h_g} \end{cases} \tag{6-9}$$

考虑到比赛时的正常制动减速度，希望最后优化出的制动比能满足：地

面附着系数 φ 在一定制动减速度 $z = 0.2 \sim 0.8$ 的范围内，尽可能接近车轮将要抱死需要的附着系数。为此可以利用实际曲线间与理想曲线间的差值平方和为最小，建立相关的目标函数，即

$$\min F(\beta) = \sum_{0.2}^{0.8} [(\varphi_f - z)^2 + (\varphi_r - z)^2] \qquad (6-10)$$

将式（6-9）代入式（6-10），得到最终的目标函数为

$$\min F(\beta) = \sum_{0.2}^{0.8} \left\{ \left(\frac{\beta z L}{b + z \cdot g_h} - z \right)^2 + \left[\frac{(1-\beta) \cdot z L}{a - z \cdot g_h} - z \right]^2 \right\} \qquad (6-11)$$

(4) 确定约束条件。

关于约束条件的确定主要是参考了赛事规则要求以及国家相关政策法规。例如，ECE 制动法规、国标规定 M1 类汽车前后制动力的分配要求，以及当一条回路失效时，剩余回路应该满足正常情况下 30% 的制动效果这 3 条要求来确定。具体如下。

①当制动强度满足 $z = 0.1 \sim 0.61$ 时，前轴利用附着系数曲线 φ_f 应该在后轴利用曲线 φ_r 上方，且都应该满足 $\varphi \leqslant \dfrac{z + 0.07}{0.85}$。

②当制动强度满足 $z = 0.3 \sim 0.45$ 时，前轴利用附着系数曲线 φ_f 应该在后轴利用附着系数曲线 φ_r 之上，若后轴利用附着系数曲线 φ_f 不超 $\varphi = z + 0.05$ 时，允许后轴利用附着系数曲线超过前轴利用附着系数曲线，但是考虑到安全性，设计时不允许后轮先抱死。

③当一条回路失效时，剩余回路应该满足正常情况下 30% 的制动效果。

为此，所得到的数学约束条件为

$$\left(\varphi_f - \frac{z + 0.07}{0.85} \right)_{0.1 \leqslant z \leqslant 0.61} \leqslant 0 \qquad (6-12)$$

$$\left(\varphi_r - \frac{z + 0.07}{0.85} \right)_{0.1 \leqslant z \leqslant 0.61} \leqslant 0 \qquad (6-13)$$

$$(\varphi_f - \varphi_r)_{0.1 \leqslant z \leqslant 0.61} \leqslant 0 \qquad (6-14)$$

$$W\beta z - 0.3 W z \geqslant 0 \qquad (6-15)$$

$$W(1-\beta)z - 0.3 W z \geqslant 0 \qquad (6-16)$$

根据以上 5 个方程作为约束条件，再结合目标函数，便可最后优化出理想的前后制动比。

6.3 制动卡钳的选择

制动卡钳作为直接与制动盘接触完成制动过程的零部件，是制动系统中较为重要的一环，但是卡钳的加工工艺要求较高，自行设计加工很难达到设计目标，因此常常直接购买，所以制动零部件选择过程中，卡钳的选取往往是最先进行的。

6.3.1 制动卡钳类型的确定

制动卡钳类型的确定主要从两方面进行把握：一方面是制动卡钳内部刹车片的材料；另一方面是制动卡钳的活塞数量。

1. 制动卡钳的刹车片材料

卡钳的选择首先要考虑的是刹车片的材料。卡钳中刹车片的好坏直接决定着汽车的制动效果，因此刹车片的选择较为重要。目前市场上常见的刹车片材质主要有石棉型汽车刹车片、"半金属"混合型汽车刹车片和无石棉有机物型刹车材料等。

（1）石棉型汽车刹车片。

由于石棉是绝热的，其导热能力特别差，通常反复使用后热量会在刹车片中堆积起来，刹车片变热后，其制动性能会下降，要产生同样的摩擦和制动力需要踩更多次刹车，这种现象通常称为"制动热衰退"。如果制动片达到了一定的热度，将导致制动失灵。因而，目前很少使用这种材料的刹车片。

（2）"半金属"混合型汽车刹车片。

"半金属"刹车片内部金属含量较高且强度大，高金属含量同时也改变了刹车片的摩擦特性，相对于石棉型汽车刹车片，"半金属"刹车片需要更高的制动压力来完成同样的制动效果。特别是在低温环境中，高金属含量也就意味着刹车片会引起较大的制动盘或制动鼓的表面磨损，同时会产生更大的噪声。

（3）无石棉有机物型刹车材料（NAO）。

NAO型刹车片采用多种纤维材料，使摩擦材料配合更好。摩擦片在不同温度及压力下的摩擦性能保持得越好,摩擦材料在低温或高温情况下其性能变化越小,而且较好的材料也会减少磨损,延长使用寿命,降低噪声,同时还有利于延长制动鼓与制动盘的使用寿命。

2. 制动卡钳内部活塞数量的选择

目前而言与方程式赛车有关的卡钳种类,按照内部活塞数量区分有双活塞、四活塞和六活塞3种,活塞皆为对称布置。活塞数量越多,卡钳制动效果越好,但是质量也会越大;活塞数量较少,质量会越轻,但是制动效能会有所下降。

因此,选择卡钳内部活塞数量时应该结合实际情况来判断,当前较为流行的选择方式为前轮选择四活塞卡钳进行制动,后轮选择双活塞卡钳进行制动。这样布置的理由是:赛车制动时前轮所需的制动力较大,后轮所需的制动力较小,而目前对于大多数大学生方程式赛车而言,四活塞卡钳的制动力是可以完全满足前轮制动要求的,而后轮由于所需制动力较小,故选择双活塞较为合理。一般而言,如果四活塞卡钳依旧无法满足前轮的制动要求,则会通过调换其他制动零部件,如踏板,来进行改进,而不会选择六活塞卡钳进行制动,这是因为六活塞卡钳质量较大,对于簧下质量影响较大,且尺寸较大,不方便轮内其他系统布置。

6.3.2 制动卡钳相关基本参数的确定

关于制动卡钳基本参数的选择,包括卡钳尺寸、活塞移动距离和摩擦片面积。

首先是卡钳的尺寸要参考轮辋尺寸进行选择,避免在车辆行驶时,卡钳与轮边系统、转向系统和悬架系统产生干涉;而且卡钳的尺寸还与制动盘的尺寸有匹配要求。

其次是卡钳活塞移动距离,这一点和制动盘的厚度密切相关,市面上的卡钳都对其配适的制动盘厚度有着明确的范围限制。

最后应该关注摩擦片的面积,因为摩擦片的面积越大,产生的制动力越大。

图6-8所示为ISR对置双活塞卡钳(四活塞)外形以及基本安装尺寸和设计参数。

(a)

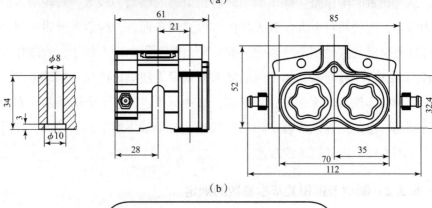

(b)

设计参数
活塞直径　　　　　25 mm(×4)
活塞材料　　　　　铝合金
摩擦片型号　　　　ISR 29-002(×4)
摩擦片面积　　　　20.9 cm^2
摩擦片宽度　　　　27 mm
刹车盘尺寸　　　　150~250 mm
刹车盘厚度　　　　4.6~5.0 mm
连接螺纹　　　　　M10×1.25
卡钳质量　　　　　0.46 kg

(c)

图 6-8　ISR 对置双活塞卡钳

(a) ISR 卡钳外形；(b) ISR 卡钳安装尺寸；(c) ISR 卡钳设计参数

6.4 制动盘的设计

制动盘是钳盘式制动器中较为重要的零部件,制动时是利用卡钳的摩擦片夹住与车轮一同转动的刹车盘来产生制动力的。目前在全国大学生方程式系列赛事中,由于制动盘的尺寸等与车队自身情况有关,且部分加工厂也有加工制动盘的相关业务,因此制动盘一般都是车队自行设计与加工的。

6.4.1 制动盘基本介绍

制动盘分为实心盘和风道盘。实心盘就是一块金属盘,并无特殊构造。风道盘,顾名思义,即具有透风功效,如图6-9所示,从外表看,它在圆周上有许多通向圆心的洞孔,称为风道。风道盘在汽车行驶过程中增加了空气对流,达到散热的目的,比实心盘散热效果要好很多。赛车常用的是打孔划线刹车盘,又称为"高速盘"或"改装盘",如图6-10所示,其刹车性能及散热效果优于以上两种,但对刹车片有较大磨损,对刹车盘材质和加工要求也较高。

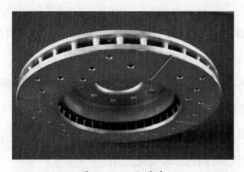

图6-9 风道盘

图6-10 打孔划线刹车盘

传统的制动盘是由铸铁制造而成的,铸铁制动盘具有容易加工和耐磨性较好等优点;但是它也具有质量大和热稳定性较差等缺点。随着汽车零部件制造技术的发展,制动盘的设计正向着质量更轻、摩擦系数更大以及耐久性更好的方向发展。除了铸铁材质外,制动盘的材料还可以使用碳纤维,碳纤维制动盘被广泛用于竞赛用汽车上,碳纤维制动盘能够承受 2 500 ℃ 的高温,而且具有非常优秀的制动稳定性。但是碳纤维制动盘的性能在温度达到 800 ℃ 以上时才能达到最好。如果达不到这个温度,其制动效果会大打折扣,因此在制动系统设计时不予考虑。另外,碳纤维制动盘的磨损速度很快,制造成本也非常高。考虑到大学生方程式赛车系列赛事本身的情况以及参赛车辆本身的情况,传统铸铁材质的制动盘是合理的选择。

设计制动盘时,应根据轮辋参数以及预计算数据选取制动盘直径,在空间条件允许的情况下,应尽量选择直径最大的制动盘,这样有利于提供更大的制动力矩。制动盘的厚度取决于卡钳的工艺参数。为减轻质量,可以在刹车盘上打减重孔,但减重孔的大小和数量必须符合强度要求。

6.4.2 制动盘的相关设计

制动盘的设计要确定几个方面的内容,分别是制动盘外径、制动盘内径、制动盘安装半径、制动盘厚度和制动盘相关仿真优化。

1. 制动盘外径

制动盘的外径设计应该遵循的原则:首先制动盘尺寸尽可能大,以保证能提供尽可能大的制动力矩;其次制动盘在运动时不能与轮辋以及轮内其他系统产生干涉。

假定设计的制动盘的外径为 D,内径为 d,安装半径为 d_1,轮辋直径为 T。制动盘的 3 个设计尺寸的示意如图 6 – 11 所示。

图 6 – 12 所示为 ISR 对置单活塞制动卡钳外形。制动卡钳按照图中所示方式放置,其中,H 为制动器的高度,H_1 为制动块摩擦中心线到制动器上表面的距离,H_2 为制动块摩擦中心线到制动器下表面的距离,制动摩擦块半径记为 R,制动轮缸的面积记为 S,放油螺栓的长度记为 L。

在制动卡钳尺寸上,有

$$H = H_1 + H_2 \tag{6-17}$$

考虑到轮辋干涉等因素,有

$$\frac{D}{2} + H - 2R + L \leqslant \frac{T}{2} \tag{6-18}$$

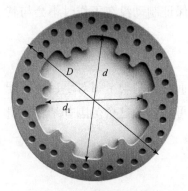

图 6-11 制动盘相关设计尺寸

图 6-12 ISR 对置单活塞制动卡钳外形

由式（6-18）化简得到

$$D \leqslant T - 2 \cdot (H - 2R + L) \quad (6-19)$$

由汽车理论相关知识，对于制动盘的直径通常有以下范围规定，即

$$70\%T \leqslant D \leqslant 79\%T \quad (6-20)$$

结合式（6-19）与式（6-20）便可粗略地得出合适的制动盘选取范围，具体数值需要根据赛车本身的实际情况确定。

2. 制动盘内径

制动盘内径与制动盘外径所形成的环带区域便是制动摩擦片实际工作的区域，这一区域的设计理念是尽可能充分利用，在满足制动盘强度要求的情况下，环带面积要尽可能小。在以往设计中，一般将此环带的宽度定为制动摩擦块的宽度。

相关公式为

$$\frac{d}{2} \approx \frac{D}{2} - 2R \quad (6-21)$$

在最终确定具体数值时，应该留有一定的余量，但余量不宜过多，前提是一定要保证制动盘的强度。

3. 制动盘安装半径

制动盘的安装半径与制动盘的固定息息相关，制动盘的安装半径一般来说会比制动盘内径小，也有安装半径大于制动盘内径的设计。具体来说，制动盘安装半径的确定与轮系相关尺寸有关，要结合具体情况设计，遵循的原则有两条：一是要保证制动盘安装方便；二是保证制动盘在工作时不会与其他系统发生干涉。

4. 制动盘厚度

制动盘的厚度取决于制动卡钳本身，一般而言，制动卡钳对于自身所配适的制动盘厚度都有着明确范围规定，设计时可以参考这个范围并结合自身赛车情况进行确定。

6.5 制动主缸的选择

制动主缸的选择首先要考虑的就是能否和制动卡钳的轮缸匹配，即能否产生足够的油量（即主缸行程，应保证油量产生足够制动力）、能否承受足够的油压以及在连续快速踩压踏板时是否少出现气泡等。所以，制动主缸的选择也必须视卡钳而定。

制动主缸一般都配备有制动储液壶来存储制动时所需的制动液，制动储液壶一般是与制动主缸配套的或者自行购买。图 6-13 所示为一款 Wilwood 制动主缸外形，其中白色部分便是该款制动主缸的制动储液壶。

图 6-13　Wilwood 制动主缸

6.5.1　制动主缸类型的确定

目前 FSAE 赛车使用的制动主缸通常有卧式主缸和立式主缸两种。图 6-14 所示主缸便为卧式主缸，而卧式主缸根据布置形式又可分为前置式和下置式两种。

1. 卧式主缸

(1) 前置式布置的卧式主缸。

图 6-14 所示为前置式布置的卧式主缸总成装配图，这种装配方式要求踏板前有足够的空间进行安装，往往采用这种布置形式的主缸其车队会把车头加长。

(2) 下置式布置的卧式主缸。

图 6-15 所示为下置式布置的卧式主缸总成装配图。下置式与前置式的不同之处在于，下置式布置形式将主缸放置到了踏板下方，这种布置方式较前置式节约了车头空间，但采用这种布置形式的车队往往会增大前鼻的高度来保证空间的可安装性。缺点在于，这会导致车手视野变差，并且下置的布置方式也不利用主缸的维修。

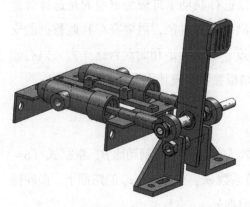 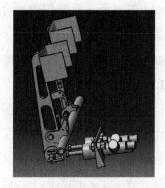

图 6-14 前置式布置的卧式主缸总成　　图 6-15 下置式布置的卧式主缸总成

2. 立式主缸

不同于前面两种，立式主缸置于踏板前，与踏板组成一个整体，减小了纵向尺寸，使布置更方便，同时更有利于维修，目前也是被大多数车队所采用的布置形式，但是立式主缸价格一般比较昂贵。

图 6-16 所示为立式主缸总成装配图。

综合而言，赛车选择何种主缸布置形式并没有明确规定，以上 3 种布置形式各有优劣，需要根据实际的赛车设计情况以及设计经费进行合理选择。

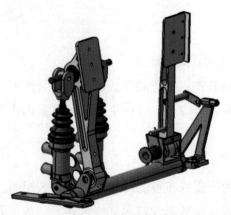

图 6-16　立式主缸总成

6.5.2　制动主缸相关基本参数的确定

由于制动主缸通常为购买件，所以选择制动主缸最为重要的是选择合适的制动主缸缸径。而要想确定合适的制动主缸缸径，需要赛车其他数据的支撑，最为关键的是制动时的最大减速度、制动力矩和制动管路压力。只有确定了制动主缸的参数才能更好地确定踏板参数，设计出合理的踏板结构。

1. 相关参数的计算

（1）制动最大减速度的计算。

由 6.2.3 节相关内容，可以得到较为理想的前后制动比 β，根据式（6-7）可以得到在此制动比下的同步附着系数 φ_0，当在 $\varphi < \varphi_0$ 的路面上，前轮提前抱死，在 $\varphi > \varphi_0$ 的路面上，后轮提前抱死。

事实上，通常用制动效率的概念来描述地面汽车对于地面附着条件的利用程度。制动效率被定义为车轮不锁死时的最大制动强度与车轮和地面之间附着系数的比值，其中：

前轴的制动效率为

$$E_f = \frac{z}{\varphi_f} = \frac{b/L}{\beta - \varphi_f h_g / L} \qquad (6-22)$$

后轴的制动效率为

$$E_r = \frac{z}{\varphi_r} = \frac{a/L}{(1-\beta) + \varphi_r h_g / L} \qquad (6-23)$$

由此可以得到实际的制动强度为

$$z = \varphi \cdot E \tag{6-24}$$

(2) 制动力矩的计算。

由式(6-1)、式(6-2)和式(6-8)可以得到,在车辆以制动强度 z 制动时,其前、后轴所受到的地面法向作用力为

$$\begin{cases} F_{zf} = \dfrac{W}{L} \cdot (F_r + z \cdot h) \\ F_{zr} = \dfrac{W}{L} \cdot (F_f + z \cdot h) \end{cases} \tag{6-25}$$

由此可以计算得到前、后轮所受到的来自地面的水平摩擦力为

$$\begin{cases} F_{\mu f} = \varphi \cdot \dfrac{W}{L} \cdot (F_r + z \cdot h) \\ F_{\mu r} = \varphi \cdot \dfrac{W}{L} \cdot (F_f + z \cdot h) \end{cases} \tag{6-26}$$

关于制动时地面对车辆的制动力矩计算,选择车轮滚动半径来代表地面到制动盘中心的距离,用 r_e 来代表车轮的滚动半径,则对于前、后轮所需制动力矩有

$$\begin{cases} T_f = \dfrac{r_e}{2} \cdot \varphi \cdot \dfrac{W}{L} \cdot (F_r + z \cdot h) \\ T_r = \dfrac{r_e}{2} \cdot \varphi \cdot \dfrac{W}{L} \cdot (F_f + z \cdot h) \end{cases} \tag{6-27}$$

(3) 制动管路压力的计算。

计算制动管路压力需要首先知道制动盘的有效半径,设制动盘的有效半径为 R_e。根据汽车设计的相关知识有

$$R_e = \dfrac{4}{3} \cdot \left[1 - \dfrac{m}{(1+m)^2} \right] \tag{6-28}$$

其中,$m = \dfrac{d}{D}$。

设前制动管路的制动压力为 P_f,后制动管路的制动压力为 P_r,单位都为 MPa;n_f 为前制动器中制动块的数量;n_r 为后制动器中制动块的数量;f 为摩擦块与制动盘之间的摩擦系数;S_m 为制动摩擦块的面积。前轮制动器对制动

盘的制动力矩为 t_f；后轮制动器对制动盘的制动力矩为 t_r，于是推出

$$\begin{cases} t_f = R_e n_f P_f f S_m \\ t_r = R_e n_r P_r f S_m \end{cases} \quad (6-29)$$

由于制动过程中，对于制动盘而言，其所受制动力矩与地面的摩擦力矩应当平衡，于是有

$$\begin{cases} t_f = T_f \\ t_r = T_r \end{cases} \quad (6-30)$$

由式（6-29）和式（6-30）可以得到最终的制动管路压力为

$$\begin{cases} P_f = \dfrac{T_f}{R_e n_f f S_m} \\ P_r = \dfrac{T_r}{R_e n_r f S_m} \end{cases} \quad (6-31)$$

2. 主缸选型参考参数的计算

（1）制动主缸工作容积的计算。

制动主缸工作容积要参考制动器工作容积来进行选择，参考制动系统的工作过程，制动主缸的工作容积应该不小于制动器的工作容积。关于制动器的工作容积，相关产品参数都可从厂家获悉。

设制动卡钳单侧轮缸行程为 x，由此可以得到前轮制动器和后轮制动器的工作容积 V_f 和 V_r，推导出的计算式为

$$\begin{cases} V_f = 2x S_m n_f \\ V_r = 2x S_m n_r \end{cases} \quad (6-32)$$

按照汽车设计的相关知识，制动系统在工作过程中，制动管路会产生变形等，制动主缸的工作容积可以估算为制动器工作容积的 1.3 倍，设前轮制动主缸工作容积为 V_{0f}、后轮制动主缸工作容积为 V_{0r}，于是可以得到

$$\begin{cases} V_{0f} = 1.3 V_f \\ V_{0r} = 1.3 V_r \end{cases} \quad (6-33)$$

（2）制动主缸缸径的选择。

由于制动主缸除了工作容积不同外，还有着主缸缸径的区别，所以选择

适宜的缸径也是比较重要的一个环节。

关于主缸缸径的选择,需要先确定制动主缸活塞工作时的行程,在产品说明书上对这一行程有着明确的最大范围限制。设主缸活塞工作行程为 S_0,活塞直径为 d_0,则有

$$V_0 = \frac{\pi}{4} d_0^2 S_0 \tag{6-34}$$

从汽车设计方面的书籍中了解到,一般而言,有

$$S_0 = (0.8 \sim 1.2) d_0 \tag{6-35}$$

根据式(6-34),将此范围代入式(6-35),得到

$$\frac{\pi}{4} 1.2 d_0^3 \geqslant V_0 \geqslant \frac{\pi}{4} 0.8 d_0^3 \tag{6-36}$$

变形得到

$$\sqrt[3]{\frac{V_0}{0.2\pi}} \geqslant d_0 \geqslant \sqrt[3]{\frac{V_0}{0.3\pi}} \tag{6-37}$$

得到这一范围后,再根据制动主缸活塞行程的范围限制,选择合适的制动主缸缸径。

(3) 踏板力及踏板机构传动比的计算。

由于制动主缸工作时需要和踏板机构配合,所以关于制动主缸的选择还需要考虑制动时所需要的踏板力以及踏板机构的传动比。

设由于踩动踏板产生的制动力为 P,制动踏板的传动比为 η,传动效率为 i_p,由汽车构造相关知识可知,关于踏板力有

$$F_P = \frac{\pi}{4} d_0^2 P \frac{1}{i_P} \frac{1}{\eta} \tag{6-38}$$

取踏板传动效率为 0.85,计算得到前后制动系统正常工作所需要的踏板力和踏板机构的传动比有

$$\begin{cases} F_{Pf} = \dfrac{943.83}{i_P} \\ F_{Pr} = \dfrac{936.10}{i_P} \end{cases} \tag{6-39}$$

根据实际的可以达到的踏板力的范围,便可以计算得到所需要的踏板机

构传动比的范围，最后结合实际选择最优的传动比。

思考题

1. 制动管路的布置有几种形式？各自有什么特点？
2. 制动器有哪几种？鼓式制动器与盘式制动器相比有何优劣？
3. 赛车制动时最好的抱死状态是怎样的？
4. 设计制动系统前需要知道的整车参数有哪些？
5. 制动盘设计时制动盘的相关设计参数如何确定？需要参考哪些参数？

第 7 章
Chapter 7　人机系统

7.1 驾驶坐姿

驾驶坐姿的布置在人机系统前期设计中是最重要的一个环节,它不仅确定了头枕位置、座椅的重要角度,还是方向盘布置和踏板布置的重要参考。可以说车手在驾驶舱中的位置影响着所有驾驶舱中其他部件的定位。在日常的乘用车驾驶中,我们的坐姿相对直立,这样可以获得更好的视野。但在大学生方程式和职业方程式赛车中,为降低整车重心、减少车手对整车空气动力学的影响,这些比赛中的驾驶姿势处于半躺状态,如图7-1所示。

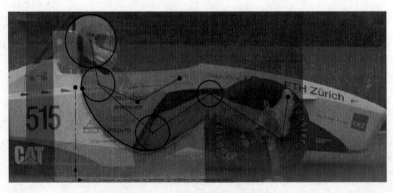

图7-1 人机坐姿设计效果

7.1.1 车手数据采集

车手身体数据是坐姿设计的重要参考资料。一般测量头心-肩心、肩心-臀心、臀心-膝心、膝心-鞋底最后端、肩心-肘心、肘心-手指根部、肩宽、胯宽等几个关键数据。在测量数据之后可以按照规则中男性第95百分位模板的形式画出人体侧面简化模型，效果参考图7-2。

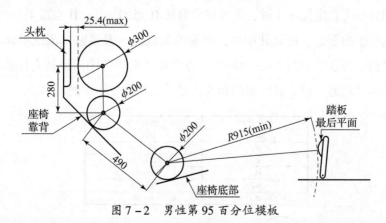

图7-2 男性第95百分位模板

若各车手身体尺寸相差不大，可以简化出一套人体模型绘制草图。若车手身高相差悬殊则较为麻烦，可以通过设计可调踏板结构、更换座椅来满足不同体型车手驾驶的需要，同时还要设计多个不同尺寸的人体模型的坐姿。在不便设计的情况下，需要优先保证参加耐久赛和高速避障赛车手的舒适性，而牺牲参加直线加速和八字绕环车手的舒适性进行驾驶舱设计；或者折中选取身体参数建立模型，再进行坐姿设计。不论哪种情况，都需要反复讨论，对记录的身体参数有策略地进行取舍。

7.1.2 舒适坐姿角度

H点（Hip Point）是指二维或三维人体模型样板中人体躯干与大腿的连接点，即胯点。在人体模板中为髋关节。它表示驾驶员入座后髋关节的中点在汽车中的位置。驾驶员的大部分体重通过臀部由座椅坐垫支撑，一部分通过背部、腰部由座椅靠背来承受，另一部分通过脚下作用于驾驶舱底板。在这种坐姿的约束下，驾驶员操作时身体上部活动必然是围绕H点转动的。驾驶员在车中的位置（H点的位置）决定了驾驶员身体各关节角度、眼椭圆、头廓包络线和手部伸及界面在车身中的位置。因此，H点决定了驾驶员的舒适性、操纵性、安全性和视野性。

在乘用车人机设计中，还会用到SGRP（座椅参考点）。

图7-2大致表现出了坐姿设计的实际效果，以及人体模型简化后的样

子。有了简化的人体模型,先布置车手和车架结构的相对位置,再将其他部件添加到车上。定位车手时,先要找到臀部 H 点的位置,H 点应当尽可能低,以降低车手的重心。在驾驶舱中,座椅的最低点一般紧贴车架或单体壳的最低包络面。可以根据图 7-3 给出的推荐角度在合理范围内调整人体模型,并反复与车手沟通,确认最舒服的角度,尽量满足各位车手的需求。

关节	角度/(°)
α_1	10~30
α_2	85~100
α_3	100~120
α_4	85~95
α_5	80~90
α_6	6~50

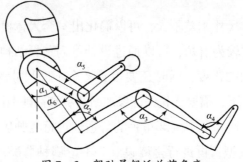

图 7-3 驾驶员舒适关节角度

7.1.3 方向盘与踏板定位

方向盘和踏板的定位是人机系统设计的重要一步,可以采用在绘图软件里以平面图的方式确定,也可以以后面提到的人机台架的方式确定,具体方式根据实际情况确定。

首先这两者的定位要符合规则要求。规则中对方向盘的定位描述较多,要多加注意。其次方向盘和踏板位置取决于驾驶员坐姿。规则中有直立驾驶姿势和斜躺驾驶姿势两种。应用哪种要在整车设计前综合考虑,选择符合整车设计预期的驾驶姿势。选择驾驶姿势后依据两种驾驶姿势规则中要求的座椅靠背角度调整人体模型,然后根据舒适坐姿角度章节中的知识和方法调整人体模型。最后可以确定方向盘、踏板的位置和角度。同时要照顾转向和制动系统的需求,确定最终设计。

7.1.4 坐姿检查

随着坐姿设计的进行，可调入车架模型进行比对，并参考规则中规定的检测板，满足规则对驾驶舱的尺寸要求。规则对驾驶舱开口、驾驶舱内部横截面、主环前环的相对高度都有详细的限制，满足这些限制能保证车手的安全，但不一定能满足舒适性需求。若有体型较大的车手，则可以适当加宽驾驶舱开口和腿部横截面的尺寸，因为在驾驶过程中，车手肘关节容易撞到侧边防撞杆上杆，膝关节容易撞到前环，会造成不适甚至损伤。前环与主环的水平距离以及前环的竖直高度是比较重要的参数。过高的前环会影响视线；过低的前环会压低方向盘的高度，从而使车手握着方向盘向下运动的手与腹部发生干涉。检查方向盘干涉时，将方向盘模型旋转至最容易和车手腿部发生干涉的角度，让其上沿尽量靠近前环最高点的水平高度，为车手使用方向盘留出空间。若车手在驾驶时，打方向既不需要将上面的手臂完全伸直去够，下面的手也不会顶到自己，那么方向盘距座椅的距离就很合适。

布置头枕和座椅时，要考虑它们的支撑结构以方便防火墙的拆装。防火墙要足够高，满足规则：遮住高压系统等部分，并为其他部件留出适当的空间。工作进行到这个阶段，车架的大致轮廓基本就出现了，需要安装在车架包络面以内的零部件基本定位完毕，如图7-4所示。

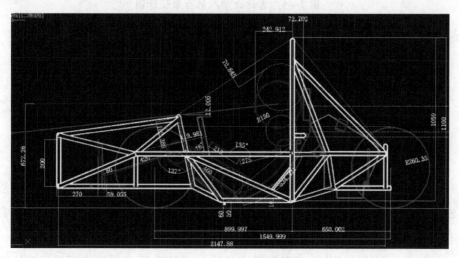

图7-4 坐姿设计草图

7.1.5 人机台架

人机台架是在坐姿设计中的重要实物参考。由于关于坐姿设计的公式和规则给了我们许多的发挥空间,所以实物的模拟非常重要。这样设计者和车手能更好地沟通,实地测试,以确定最佳坐姿。近些年北京航空航天大学用的是 PVC 管件模型。人机台架的好处是可以重复利用。靠背、坐垫的角度可以调整,踏板的前后和角度也可以调整,这样设计比在软件中模拟更加直观,并且是为车手而设计,让车手直接参与了设计。这样的方式与 F1 中车手和设计团队交流密切的方式相似。也有许多赛车爱好者自己搭建类似的台架来放置模拟器,以模拟真实的驾驶坐姿。这样的做法也可以在车手训练时参考。图 7-5 所示为吉林大学人机台架设计图。

图 7-5 吉林大学人机台架设计图

7.2 人机交互

7.2.1 座椅

座椅是赛车人机交互界面中的关键一环。对于乘用车而言,座椅的舒适性、可调节功能更为重要,但对于追求性能的赛车来说,座椅的设计思路会有很多不同。

首先,座椅能够将车辆各种动态响应传递给车手。如果使用乘用车的真皮座椅，较软的座椅会将这些信号大大削弱，从而使车手不能清楚地得知车辆的状态，不能做出最快、最合适的反应。因此，FSAE赛车座椅多使用较硬的材料制作。同时，为了让赛车减重，碳纤维和玻璃纤维材料是比较好的选择。

此外，赛车座椅要保证和车手躯干有良好的接触，座椅能够将车手包裹起来。由于赛车在转向过程中会产生较大的侧向加速度，因此如果车手和座椅之间有较大的缝隙，车手躯干会在座椅中左右晃动，很容易因为驾驶姿势变化而发生操作失误，甚至撞伤车手。

由于座椅调节装置会大大增加整车重量，同时对性能没有明显提升，在FSAE赛车上是一个无意义的设计，因此一般不会采用。为了适应不同身高的车手，优先选择可调节的踏板是比较合理的。

对于专业的方程式赛事而言，每个座椅都是车队为车手定制的。主要的方法是在驾驶舱内的座椅处放入装有许多发泡填充珠子的袋子，珠子中混有树脂，树脂作为黏合剂，需要较长时间才能干透。在树脂未干之前，车手按照驾驶姿势坐在袋子上数个小时，来获得完全贴合车手的轮廓，并以此为模板制作座椅。但这样的座椅可能只适合一位车手使用，其他人坐进去会觉得不舒服。

对于FSAE赛事而言，每辆车要由多位车手共同驾驶，因此很难贴合所有车手的身材，因此上面这种方法很难奏效。一般会根据采集到的车手数据，参考图7-3中给出的关节角度进行设计，具体的方法在7.1节中已经提到了（图7-6和图7-7）。

图7-6　河北工程大学2019年油车座椅　　　图7-7　梅赛德斯F1车队座椅

如果使用复合材料制作座椅，还有一些其他的注意事项。首先在设计期间应该注意到拔模角的设计，方便在材料固化之后取出模具。在铺层设计上，为了进一步轻量化，可以在座椅的背部或底部使用结构泡沫夹芯；而在受力较为关键的部位增加铺层数，同时不使用泡沫夹芯。

赛事规则对于座椅设计没有太多的限制，特别是对于使用单体壳车身的车队来说，只要将座椅牢牢地固定在座舱中，在满足规则的同时做到安全、舒适、轻量、美观的要求即可。

7.2.2 踏板

踏板是车手驾驶用到的关键装置之一，它设计得合理与否、舒适与否，将会大大影响车手的驾驶操作，从而影响比赛成绩。因此，踏板系统的设计、装配和服役过程中的调试至关重要。

踏板系统由油门踏板和制动踏板组成，按照装配形式可以分为整体式和分体式两种（图7-8和图7-9）。整体式即两个踏板共用一块底板，主要是为了便于安装在钢管车架上，可以提供整个固定平面。而对于单体壳车身，不再有使用整体式踏板系统的必要，并且分体式可以去除中间连接段的冗余部分，大大减轻底板的重量。

图7-8 有级可调踏板

图7-9 北京航空航天大学2019年电车分体式踏板

踏板的立柱高度和转动角度需要符合人体工效学，保证车手踩踏省力，这需要测量车手所穿赛车鞋的尺寸，根据车手坐姿和踝关节活动的合适角度来确定。同时需要避免在踩踏过程中出现鞋底脱离踏片的情况，可以在踏片

第7章 人机系统

和挡脚块上增加限制脚部活动空间的设计。

加速踏板的结构和需求比制动踏板简单，通常主要部件为底板、立柱、回位弹簧、角位移传感器、踏片、挡脚块以及各类紧固件。由于加速踏板的踩踏不会使用太大的力，所以加速踏板在设计时能通过各类仿真试验尽可能轻量化。在使用需求上，加速踏板要力求与脚部动作高度配合。首先，立柱和踏片高度要合适，使车手可以使用脚趾与脚掌连接处关节部位踩踏踏片，这是最为舒适且可控的踩踏方式。其次，踏板在踩踏过程中应有合适的回复力，使得踩下时不会太重，而回弹时又快速、灵敏，这可以说是加速踏板使用中最重要的需求，不理想的踏板回弹会严重影响赛车动力的输出。规则中要求必须有两个能够独立回位的弹簧，可以使用一个扭簧加一个空气弹簧的组合，弹簧的参数需要根据回弹力大小设计进行定做。

对于电车而言，规则要求加速踏板必须有至少两个传感器输出信号，且信号传递曲线的斜率不同。线位移传感器最大的特点是可靠性极高，结构简单。满足斜率不同的规则只需供电电压不同即可，因此两个传感器可以使用相同型号。其缺点则在于外观效果不佳、占空间、增重。角位移传感器结构更为精巧轻便，可靠性同样高，但前提是供电电压必须可靠。满足斜率规则同样是不同电压供电，相应地必须要选择输入电压不同的角度传感器，加之踏板整体空间有限，选型较为麻烦。且踏板的转动角度如此小，角度传感器的输出信号变化量也是非常小的，因此在选型的时候需要同时和电控系统设计人员沟通，确定他们能接受的最小变化量，避免造成麻烦。

制动踏板的主体是两个杠杆结构。第一个杠杆的主体是踏板的立柱，一个力为水平方向上的脚踏力，另一个力为施加给主缸力的斜向上的反作用力，杠杆的支点即为立柱的转轴。这个杠杆的作用在于根据制动需求放大脚踏力并施加给主缸（这个放大倍率在后面将称为杠杆比）。第二个杠杆的主体是平衡杆。在赛事规则中要求：赛车必须有两套独立的制动回路，在其中任何一个回路失效时必须保证另一个回路能单独完成制动。所以，FSAE赛车基本会采用双主缸的配置，按前轮和后轮分为两个回路，而调节前、后轮制动力分配的工具即为平衡杆（后面将这个分配比例称为制动分配比）。杠杆的支点即为平衡杆中部的鱼眼轴承，两个力即为两主缸的力。通过调节鱼眼轴承到两个主缸固定点之间的距离来调节力臂长度。

规则要求制动踏板能承受至少 2 000 N 的力而不损坏,当一个主缸放油后能触发超行程开关。需要对立柱和底板进行有限元仿真检验,并对超行程开关的装配位置进行校核。

制动主缸的选型与较多因素都有关系,包括杠杆比、卡钳型号、制动分配比、国家进出口贸易情况等。由于后轮所需要的制动力远低于前轮,所以可以使制动系统的两个主缸使用不同的缸径,或者前轮制动卡钳使用四活塞,后轮制动卡钳使用双活塞的设计,这方面合适的调整可以有效减小杠杆比,便于制动踏板结构的设计。

规则要求赛车在紧急制动时 4 个轮能同时抱死且车辆不跑偏,因此除了制动系统的维护外,赛车测试过程中还会对杠杆比进行调节。尽管做到精确的同时抱死比较困难,但务必保证前轮抱死不晚于后轮;否则制动时的车身姿态将会非常不稳定,容易失控。

在设计底板时需要注意,底板不是一个单向受力的零件,在主缸固定的吊耳处,底板受向下压力,但是在固定立柱的吊耳处,则是受到向上的拉力。所以,在设计减重开孔、设计底板安装固定孔的位置时都需要注意到这一点;否则有底板断裂的风险。

另外,还需要认真考虑装配流程,踏板的小零件较多,装配空间狭窄,尽量多地考虑可能发生的困难以避免装配或检修时遇到麻烦。

7.2.3 仪表

赛车的数据显示和操作按钮的布置应尽可能简洁明了,在便于读取数据、进行操作的基础上还要避免误操作的可能。

FSAE 赛事的赛道中几乎没有长长的直道,整圈都是各种弯道的组合,这一特性决定了车手很难在集中精力驾驶时去检查车辆仪表的参数。对于电车而言,车手最关心的是电量和水温,一般这些数据会在显示屏上显示出来。为了便于车手看清,显示的字号应尽量大些。同时,驾驶过程中屏幕难免会被阳光直射导致无法看清,因此屏幕亮度也应尽可能高。

车上的各种按钮、开关不仅要让车手能轻松地操作,一些开关还要让车手容易识别出是打开还是关闭的状态。比如,冷却水泵的开关,如果使用按入式开关,车手会难以分辨开关是否已按下,而上下拨动式的开关则完全没有这个问题。

显示屏和开关可以集成于方向盘上,也可以安装在前环面板上。如果车手的驾驶姿势不是斜躺坐姿,那么集成于方向盘上的仪表需要车手低头才能看到,存在安全隐患,因此多数设计选择将仪表置于前环面板上。图7-10至图7-12是几款仪表设计。

图7-10 简洁美观的仪表设计

图7-11 将车队元素融入方向盘上

图7-12 追求减重的方向盘设计

7.2.4 方向盘

规则中要求方向盘在任何转角下的最高点都不能高于前环的最高点,这是对车手手部安全的保护。但由于驾驶舱内空间狭小,若是方向盘太大、太低,可能会和车手的大腿发生干涉;如果方向盘太小又可能导致车手在转向时更加费力。所以需要在多个条件限制下找到最适合的方向盘尺寸和定位设计方案。方向盘的形状不必为规则的圆形,可以参考其他级别方程式赛车的盘面设计，采用带圆角的长方形。在制作工艺上可以选择复合材料或是3D打印来进一步轻量化。在车手握方向盘的地方可以添加手模，或是缠绕增加摩擦力的纱布，便于车手握紧方向盘。

7.2.5 结语

所有人机交互界面都应该是便于车手操作且固定牢固的，车手在驾驶过程中会常常受到 $1.5g$ 左右的侧向加速度，对于精神和体力都是较大的消耗，应尽可能固定车手的身体、防止手或脚打滑，保证车手操作方便、快速有效获取信息。

7.3 车手安全装备

赛车的性能固然重要，但性能不能以牺牲车手的安全为前提。20世纪70年代的F1和80年代的B组拉力赛给人们带来了惨痛的教训，要想进一步提升赛车性能必须优先考虑安全性。2020年F1巴林站中，哈斯车队的格罗斯让发生了严重事故，但他仍能独自逃出驾驶舱，仅受到了轻微烧伤而没有生命危险，这充分表明了当代顶级赛车运动的安全性。

FSAE赛事也同样注重安全性，尽管赛车没有高组别赛事的强劲，但任何可能对车手造成伤害的风险都应该进行控制。规则要求车辆装备安全带、头枕、主环包裹物、腿部保护、防火墙等保护装置，车手则需要穿戴符合规则要求的头盔、赛服、手套、内衣、袜子、鞋、头套、束手带。也可以选择使用头颈保护系统HANS来提供额外的保护，但规则没有强制要求。

大部分车手安全装备可以直接购买，但价格不菲。规则中已经详细地列出了各种安全装备需要符合的标准，可以根据车队的预算情况来购买安全装备，但务必购买尽可能优质的装备以最大程度保护车手安全。常见的车手安全装备品牌有Sparco、OMP、Alpinestars、Bell等。此外，部分装备在规则中明确指出了最多使用年限，应该注意所使用装备的寿命，平时也要用心保管车手安全装备。

7.3.1 安全带

不管是赛车还是民用车，安全带都是最重要的安全装置之一。在 FSAE 赛事中可以选择使用 5 点式、6 点式或 7 点式安全带，最常见的是 6 点式安全带，6 点式安全带包括肩带、腰带、反潜带（图 7 - 13）。能够买到的安全带一般要适用于房车座椅，所以可能会比较长，而且长出来的部分是不允许切断的，因此只要将多出来的部分

图 7 - 13　常见的 6 点式安全带

卷起扎好，不影响使用即可。安全带需要牢牢地固定在赛车车架上，使用吊环作为连接件是比较好的选择。每条安全带都应该带有快速调整扣，方便拉紧和松开安全带，这对于耐久赛更换车手时十分重要。每条安全带上都应该有一个写有序号的标签，这个序号可以在国际汽联 FIA 提供的符合标准的安全带列表中找到，只有在列表中的产品可以被使用。

安全带不仅在车辆发生碰撞时保护车手，还能够保证车手在正常驾驶时身体得到有效固定，防止车手身体晃动而耗费更多体力，从而帮助车手更高效地驾驶赛车。车手在参加动态项目前，必须将安全带拉至最紧，尽管这样很可能让车手感到少许不适，但安全才是最重要的。

规则中要求使用束手带，防止车辆发生意外时车手的手臂伸出驾驶舱外。使用时，将束手带一端套在小臂靠近肘部的地方，另一端套在腰带上，然后在不影响驾驶的前提下尽可能拉紧。束手带也有对应的标准，只能使用符合标准的产品。

安全带应该保持洁净，要经常检查是否有损坏，损坏的安全带不能使用。因此，除了参与动态项目的一段时间外，建议将安全带拆下以防在对车辆进行改动或维护时损坏安全带。如果拆除安全带不方便，车上的任何加工操作就要十分小心，特别要远离电烙铁等高温器件。

在设计安全带固定点时，需要对照规则要求，保证不同安全带的角度合适，固定点的强度要足够，穿过座椅的地方还需要给座椅包边以保护安全带。

7.3.2 穿戴装备

车手的穿戴装备包括头盔、赛服、手套、内衣、袜子、鞋、头套等（图7-14）。在挑选这些装备时，首先要查看是否符合赛事规则中要求的标准，然后需要考虑尺码和价格。头盔必须大小合适，戴上之后应该是比较紧的，头盔在晃动头部时不应和头部发生相对滑动；否则应该佩戴更小的头盔。赛服务必合身，这对于车手逃生和提高驾驶效率都非常重要。平时要注意保持赛服干净整洁，如果覆盖了灰尘或油脂，其防火性能会大打折扣。其他装备也应尽可能合适，不要有冗余的部分。穿戴好所有装备时，应保证车手身上除了眼睛及其周边外不再有裸露的皮肤，避免赛车起火时造成严重烧伤。虽然这些装备都具有防火功能，但也仅仅能持续数十秒，因此还应该在赛车上做足其他保护措施。

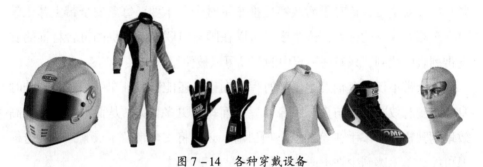

图7-14 各种穿戴设备

7.3.3 头枕

目前也有了可以直接购买的头枕填充材料，更加安全可靠的同时也更加便于加工制作。规则中提到，可以使用固定式或可调式头枕（图7-15），前者需要更大的面积，而后者则可以使用更小的面积。如果是固定式头枕，就要根据不同身高的车手以及男性第95百分位模型考虑头枕的安装位置。尽管规则对于头枕的受力也做了要求，但目前很多车队的头枕固定得还不够牢靠，可以选择先用宽胶带包住填充物，再黏结到固定在车架上的平板上。

7.3.4 驾驶舱

驾驶舱的设计应该尽可能简洁明了,但复杂的线路、管路可能让这个空间变得十分混乱。规则中对驾驶舱开口以及驾驶舱内部横截面的最小尺寸做了规定,在设计驾驶舱时,要给制动油管、线束留出足够的空间。如果车队使用 4 个轮边电机的驱动系统,将需要把高压线和冷却管路接到前轮,如果布置在驾驶舱内会占用很多空间,则更需要认真设计。此外,驾驶舱中有转向机、万向节等移动部件,需要给它们包上一层包裹物,以防止在机构运动时对车手造成伤害。其他任何可能会碰伤车手的坚硬、锐利部分都应该使用固体材料进行掩盖,如前环。对于钢管车架,除了车架满足侵入人体防范的相关要求外,车身盖板还需要尽可能封闭,最大的缝隙不能超过 3 mm,以保证赛道上的石子、碎片不能进入驾驶舱。而对于单体壳,车身前部的开口一般只有转向拉杆处,其他开口均可方便地封闭,更容易满足车身的各项要求。图 7-16 所示为哈斯 F1 车队驾驶舱前部。

图 7-15　有级可调头枕　　　　图 7-16　哈斯 F1 车队驾驶舱前部

7.3.5 防火墙

电车的防火墙要求有两层结构,近驱动系统的一层必须由 0.5~0.7 mm 厚的铝制成,近车手的一层必须由绝缘材料制成,该材料须符合 UL94-V0、FAR25 以及相关规定(图 7-17)。绝缘材料必须足够厚,能够防止 4 mm 宽的旋具以 250 N 的力将它穿透。这层材料可以使用 FORMEX,它是比较常用、可靠的选择。由于会使用铝板，因此需要让防火墙的面积尽可能小，以达到减重的效果。此外，防火墙必须牢固地安装，紧固件也应做好充分的绝缘。线束、拉索等可以穿过防火墙，但穿孔处必须使用护套密封。允许防火墙由多块板材拼接制成，但接缝处必须密封。需要注意的是，防火墙中使用的密封件或黏结剂要满足应用环境的等级要求。

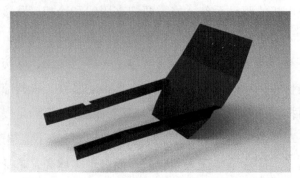

图 7-17　北京航空航天大学 2019 年电车防火墙

思考题

1. 人机系统设计的意义是什么？
2. 如何平衡 FSAE 赛车座椅的舒适性和对车手的良好包裹？
3. 购买车手装备的根本原则是什么？
4. 如何保证防火墙的密封性和绝缘性能兼顾？
5. 查找资料，说说 SGRP 点与 H 点的区别与联系。
6. 结合其他章节内容，思考座舱内有哪些部件可能对车手造成伤害，并思考应对方法。

第 8 章
Chapter 8　空气动力学

空气动力学（Aerodynamics）是流体力学与气体动力学的一个分支，主要研究物体在空气中运动时所产生的各种力。传统上所说的空气动力学，主要指飞机飞行中受到的气动力的规律。而近代随着科技的发展，越来越多领域需要用到空气动力学的原理来解决问题及优化设计。

在16—17世纪，欧洲对于战舰减阻的需求催生了流体力学最初的发展。1903年，莱特兄弟完成了人类历史上首次重于空气的航空器持续且受控的动力飞行，作为流体力学分支，空气动力学方面的研究在这次成功背后发挥了不可替代的重要作用。第二次世界大战末期，对于超声速飞行器的研究成了空气动力学方面新的主要研究方向。而近代，空气动力学迎来了更加广泛的应用：风力发电机需要空气动力学研究以优化发电效率，民用汽车需要空气动力学以提高燃油效率减少碳排放，体育运动中需要空气动力学以提升表现。广阔的应用前景也使得空气动力学作为一门学科，仍然得以不断发展。

对于实际流体，其存在黏滞性、可压缩性，因此需要求解非线性的偏微分方程以得到流场的解析解。直至今日，通过各种近似简化原有的方程，并以此得到近似的解析解的方法仍然广泛存在于空气动力学研究中。随着计算机技术的发展，利用计算机建模并求解得到数值解的研究方式已经逐渐普及。相比于风洞试验需要实物模型的限制，计算流体力学成本低、迭代快，逐渐成了优化设计的首选方案。而风洞试验由于其结果可靠，仍然广泛适用于验证设计的过程中。

在赛车运动中，空气动力学也发挥着很重要的作用。可以近似认为气动力正比于速度的平方，因此对于高速行驶的赛车，空气动力学对于性能能够产生巨大的影响。首先，通过阻力的减小，可以使功率一定的赛车在直线上获得更高的速度；其次，通过产生下压力，可以使轮胎获得更大的正压力，进而提升赛车在弯道中的抓地力，使赛车的过弯速度得以提高。与此同时，空气动力学还需要满足赛车散热需求。并且由于赛车在过弯时的侧倾和刹车或加速时的俯仰姿态角变化,还需要研究赛车的空气动力学性能对于这些干扰因素的敏感度。在依靠引擎的时代、依靠轮胎的时代、依靠底盘和悬架设计的时代之后,可以说今天的赛车运动是依靠空气动力学的时代。由于赛车运动在世界上持续的影响力,大量的财力和工程师投入该行业,推动了赛车空气动力学的空前发展。而其中涉及的计算流体力学、试验数据处理等的发展也反过来促进了近代空气动力学学科的发展。

8.1 空气动力学基本原理

8.1.1 下压力的产生

物体在流场中的受力现象可以使用伯努利方程加以解释。伯努利方程由瑞士物理学家丹尼尔·伯努利于1738年提出,描述流体沿着一条稳定、非黏性、不可压缩流线的移动行为。首先,对于赛车流场而言,除了散热风扇及轮胎外,其余部件相对于来流都是匀速直线运动,因此对于前翼、尾翼、扩散器等空气动力学套件,其周围流场可以近似认为稳定。其次,实际流体存在黏性,而物体表面附近的区域流体黏性力占据很大比例,称之为边界层。因此,边界层之外,伯努利定理才可用于定性分析流场。再次,运动速度在马赫数0.3以下的物体,周围流场的密度变化不超过10%,工程研究时可以近似认为是不可压缩流动。对于大学生方程式赛车而言,最高速度也远远低于马赫数0.3,因此其周围流场可以认为是不可压缩的。

伯努利方程由能量守恒定理推导而来。其假设在稳态流动中,同一流线上各点的能量相同。而能量包括动能、势能和内能。最终的方程形式为

$$P_0 = P + \rho\Omega + \frac{1}{2}\rho v^2 = \text{Const}$$

式中,P、ρ、v 分别为流体的压强、密度和速度;Ω 为铅垂高度 h 与重力加速度 g 的乘积。在空气动力学分析中,ρ 与 Ω 的乘积变化较小,可以近似忽略,

因而方程转化为

$$P_0 = P + \frac{1}{2}\rho v^2 = \text{Const}$$

此时，P 为物体表面受到的空气实际压强，称为静压；$\frac{1}{2}\rho v^2$ 为动能相关项，称为动压；P_0 为动压为 0 时的静压，即静压的最大值，也称为总压，在流线上各点保持不变。

根据伯努利方程，可以解释为何翼型能够产生升力。对于飞机而言，升力主要来自上翼面。翼型的上半部分通过其特殊形状，使得从其上方流过的空气在翼型前段处于较大的顺压梯度中，因此流速得以提升。根据伯努利方程，流速的提高使得动压升高，静压因此减小，产生的"吸力"使得飞机获得升力。对于赛车而言，将原有的翼型倒置，依靠前翼、尾翼等的下翼面流速增加，产生需要的下压力。

对于机翼附近的绕流使用点涡进行近似，加上库塔条件，薄翼型在不考虑黏性时可以直接求解翼型升力，结果为

$$C_L = 2\pi\alpha$$

式中，C_L 为无量纲形式的升力系数；α 为翼型的弦线与来流的夹角，即迎角，单位为 rad。对于薄翼型低迎角的情形，该结果与试验结果基本一致。然而，试验也表明，升力系数并不会完全随着迎角的增大而不断增加，这是由于实际流体的黏性造成的。边界层中，物体壁面处的流体流速为 0，并随着离壁面的距离增加而不断接近无黏时当地速度。平板表面的边界层（层流）厚度发展及速度型分布见图 8-1。

在飞机翼型的上表面，气流在前段受到顺压梯度加速之后，在后段会受到逆压梯度减速。由于边界层中的气流相较边界层外的气流速度低，因此受到该减速时更加容易出现局部的气流逆流（图 8-2），

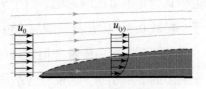

图 8-1 边界层图解

因而发展为翼型的失速，即气流不再附着于翼面，而翼型也因此失去升力（图 8-3）。

图 8-2 失速现象

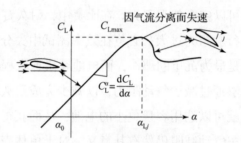

图 8-3 升力系数和斜率的关系

赛车的翼片安装类似于将飞机的翼片倒置,因此可以得出结论,赛车翼片产生的下压力与翼型的选择及其迎角有关。

8.1.2 阻力的产生

气动阻力可分为两部分,即摩擦阻力与压差阻力。摩擦阻力是由于气流与物体间的相互摩擦产生的,对于赛车的气动阻力而言占比较小,一般也难以优化。而压差阻力相比之下要大得多,也是可以优化的重点。压差阻力与之前下压力的形成机制相同,都是由于静压在物体表面的分布产生的。在静压压差产生垂直于来流方向的力,即升力或下压力的同时,也会不可避免地产生沿来流方向的阻力。

升力与阻力之比称为升阻比,是翼型的重要参数之一。此外,失速迎角、最大升力、力矩系数特性也都是翼型的重要参数。其中,注意到类似力矩系数特性之类的参数,对于飞机的操纵性乃至安全性都发挥着重要作用,而在赛车上由于气流来流迎角一定,因此不需要关心此类参数。加上流动尺度的巨大不同（即雷诺数不同），飞机的翼型选择与赛车的翼型选择事实上仍然存在着较大差异。

即便同为赛车，由于不同的赛事对于直线速度和弯道速度的不同权衡，也会对于翼型选择产生重要影响。在大学生方程式汽车的比赛中，考虑到赛道几乎没有长直道，赛车在比赛中的最高速度一般不超过 100 km/h，因此赛车减阻对于性能的提升十分有限。与此相对，赛道中的弯道较多，使比赛对于赛车的下压力提出了很高的要求。因此，在选择翼型时最主要考虑的参数是其最大升力，而减阻相对而言不是首要考虑的目标。

但是这不代表可以完全忽视阻力。在比赛中，耐久赛的效率测试也占很大比例。如果赛车行驶阻力过大，必将在效率测试中失分。与此同时，电动方程式赛车上电池是最为沉重的部件，而电池容量很大程度上决定了电池的重量。如果赛车能够通过减少气动阻力，以减少完成耐久赛需要的电力，那么赛车在设计阶段就可以选用容量更小的电池，从而获得车重优势，提高赛车性能。因此，赛车气动减阻仍然有其意义。对于单体壳等部件，其气动阻力占比有限，且其气动外形往往受到多种因素限制，优化较为困难。而对于前翼、尾翼、扩散器等气动部件，在设计时也并不需要过于留意阻力，具体原因将在之后部分加以解释。

8.2 空气动力学套件

8.2.1 总体要求

首先，与其他类型的赛车一样，大学生方程式赛车对于空气动力学套件有着规则。但同时为了鼓励学生的创新思维，其具体限制远少于其他方程式赛车。中国赛规则限制的空套排除区如图 8-4 所示。

在规则下，主要的空气动力学套件为尾翼、前翼和扩散器。其具体设计会在之后的部分中具体分析。

第8章 空气动力学

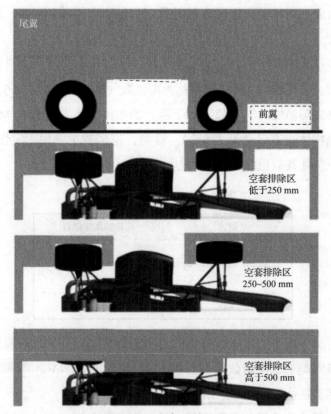

图8-4 空套的排除区

在考虑下压力之前，先要明确气动力的压力中心（Center of Pressure）的概念。压力中心是指总空气动力学压力所通过的某一点，即赛车总体的气动力可以简化为作用于压力中心的力，且同时不存在力矩。若不考虑弯道中气流与车身姿态的左右不对称，则可以认为在直线上赛车的压力中心位于赛车对称平面内。因此，只有压力中心在该平面中的位置是值得考虑的。若压力中心过于靠前，则随着赛车速度增加，赛车前轴获得的气动力较后轴更为显著，这会使赛车前轮在稳态的极限抓地力大于后轮，使得赛车出现转向过度的趋势，给赛车的操控性带来负面影响；压力中心过于靠后则反之。因而，合理地决定赛车的压力中心是很有必要的。

8.2.2 尾翼

最先介绍尾翼，是因为尾翼的设计是相对而言最简单的。尾翼的工作不涉及地面效应，同时尾翼的尾流对于后方的影响也不需要考虑，因此可以优先进行设计。

第一步是确定翼型。如之前的介绍所述，赛车的翼型与飞机的翼型有着很大的不同。表述流动尺度的参数称为雷诺数（Reynolds Number）。雷诺数是流体中惯性力与黏性力的比值。对于越大的物体，其周围的流体流动雷诺数越大。常见物体的雷诺数见表 8-1。注意，雷诺数主要用于定性判断流动，因此一般只关注其数量级，而不关心具体数值。

表 8-1　常见物体的雷诺数

物体	流动典型雷诺数
动脉血流	10^3
汽车	10^6
飞机	10^7

由此可见，汽车的雷诺数与飞机的雷诺数有明显差异。一般适用于赛车等的翼型被归类于低雷诺数翼型的情况。而最常见的 NACA 等翼型，其工作的最佳雷诺数往往较高，不适用于赛车。

在选定了性能优异的翼型之后，注意到单片翼面的最大迎角只有 10°左右，因此从产生下压力的角度而言并不理想。多层的翼片可以通过向边界层补充高能量气流的方式延缓失速的发生，大幅提高赛车的极限下压力。多层翼片中每一层的弦长、每一层的迎角以及各层之间的相对位置都是之后的优化设计阶段需要考虑变动的变量，如图 8-5 所示。

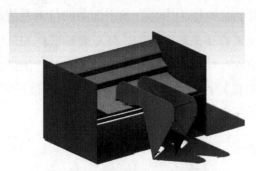

图 8-5　AERO 赛车的尾翼设计

第8章 空气动力学

除尾翼翼片外,尾翼端板的设计也会对尾翼的升力与阻力产生影响。尾翼工作时,其上表面气流静压高,下表面静压低,若没有端板,空气将绕过翼尖从尾翼上表面流至下表面,产生翼尖涡(图8-6)。此现象会减小翼尖附近的上下表面空气压差,即减少下压力。工程上广泛使用端板对该现象加以克服。包括大学生方程式赛车在内,大多数赛车会使用规则所允许的最大尺寸的端板以增强翼片的效果。

赛车尾翼端板上往往也能够发现开槽的设计。端板开槽的思路是利用端板内侧翼片上表面的高压与端板外侧的正常压强之间的压强差,使气流得以在翼片的展向流动(图8-7)。在此过程中,通过特殊的开槽形状使这部分气流上洗,根据作用力与反作用力,产生额外的下压力。尽管开槽可以带来一小部分额外的性能提升,但是由于其特殊的三维外形难以加工,在大学生方程式汽车的比赛中较为少见,在此不加赘述。

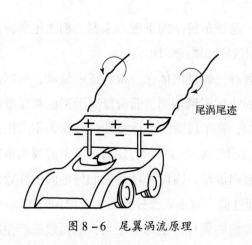

图8-6 尾翼涡流原理

图8-7 AERO赛车尾翼端板的内外侧压差和涡流

同时在实际设计的过程中,往往可以发现尾翼占据了整车近1/3的阻力。根据之前对于阻力的介绍,可以看到尾翼的减阻也是很有必要的。而大学生方程式汽车比赛允许类似F1赛车的DRS(Drag Reduction System,可调式尾翼),这对于尾翼减阻而言是巨大的好消息。DRS系统的原理是通过机械系统,人为地改变多层翼结构中各层襟翼的迎角。在DRS系统激活时,襟翼的迎角减小，尾翼无法按照原有的布置继续产生下压力，大量的气流直接流过了襟翼间的巨大空隙，而这也极大地减小了尾翼的阻力。在弯道中，赛车需要关闭DRS以使得尾翼正常工作，产生下压力；而在直道上，赛车需要激活DRS系统以降低阻力（图8-8）。

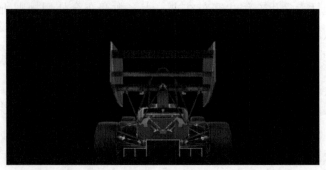

图8-8 代尔夫特理工大学DUT17（DRS开启）

8.2.3 前翼

前翼位于赛车最前方的位置，是赛车前部的下压力来源。相比尾翼，前翼的设计有两大不同，体现在地面效应和尾流管理方面。

地面效应可以由文丘里效应解释。假设流体在一根管道中流动，根据质量守恒定律，管道中各个截面处的流体流量相同，而流量等于密度乘以截面积乘以流速之积。根据之前的介绍，赛车周围的流体流动可以认为不可压缩（即密度不变），因此可以认为截面积与流速的乘积为定值。由于前翼离地距离很小，并且两侧存在端板阻止展向流动，因而可以将它们与地面视作管道的壁面。通过合理的设计，可以通过适当减小该部分截面积以增加气流流速，降低静压，产生下压力。相比于传统的翼片产生的下压力，地面效应产生的下压力更强，并且伴随的阻力更小。这使得尽管弦长、迎角都远不如尾翼，但前翼仍然可以轻易达到与尾翼相同的下压力水平。而出于气动平衡考虑，前翼的下压力并不会做得过强。

同时根据竖直方向的动量定理，前翼的下压力不可避免地会带来气流的上洗，而上洗气流会显著降低下游流场内的空气动力学部件的工作效率。事实上，在前翼后方的侧箱、扩散器等位置较低的部件都不可避免地工作在前翼产生的上洗气流中。因此，作为赛车上最先接触到空气的部件，为了保证下游部件的高效工作，前翼所产生的下压力也不宜过强。

与尾翼的翼尖涡原理相同，前翼也会不可避免地产生翼尖涡，需要端板对其加以限制。然而前翼的端板相比之下要复杂得多，原因是轮胎的射流等乱流对于下游流场质量的破坏是最大的。为了妥善管理前轮乱流，端板的三维形状需要精心设计，以此使得上、下两道涡流的位置、强度、外洗、上洗都较为合理（图8-9）。

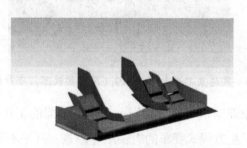

图8-9 AERO赛车的前翼设计

8.2.4 扩散器

扩散器是在前翼后方、赛车中后部的另一个地面效应部件。传统的设计是出口在车架后方的尾部扩散器。然而尾部扩散器的设计受到的制约较多。规则规定了尾部扩散器的出口最靠后的位置，因此其中部扩散段的形状受车架形状限制，两侧的扩散段受后悬架限制。这些限制都使得尾部扩散器的形状难以使其效率最大化。因此，如今有越来越多的车队转而使用侧扩散器。

侧扩散器安装于车架两侧、前后轮之间。其形状设计更加自由，不会受到赛车其他部分以及规则的几何约束，因而可以被设计成效率最高的形状。而如果赛车选择使用效率较高的侧扩散器，则由于其出口后方的气流上洗，以及后轮乱流不可避免的内洗，使得尾部扩散器的工作效率进一步降低，几乎已经很难再产生可观的下压力。也因此部分大学生方程式赛车在使用侧扩散器之后取消了尾部扩散器，或者将尾部扩散器的气流作为冷却格式的一部分（图8-10）。

图 8-10 慕尼黑工业大学 eb019（尾部扩散器与冷却格式一体）

侧扩散器的原理基本与前翼相同。对于扩散器的工作而言，最大的挑战在于其受限于大学生方程式赛车的短轴距等因素，几乎不得不工作在乱流中。悬架圆柱状的叉臂、悬架吊耳、前轮乱流以及前翼乱流都在赛车中部的区域汇聚。对这部分乱流的引导和管理对侧扩散器的工作效率起到关键作用。

使用侧扩散器还会带来一个额外的问题，就是整车压力中心的变化。尾部扩散器产生的下压力位于赛车后方，而侧扩散器的压力中心接近赛车的重心，因此使用侧扩散器会使整车的压力中心向前移动。考虑到尾翼的下压力往往已经接近其最大值，很难获得明显提升，因此向前移动的压力中心往往只能通过削减前翼下压力的方式加以抵消，而这么做也会损失整车的总下压力。但是这部分下压力损失对侧扩散器相对于尾部扩散器的下压力提升而言是较小的量，因此侧扩散器仍然是目前看来更加合理的设计。

8.3 CFD 仿真

CFD（Computational Fluid Dynamics）是计算流体动力学的缩写。传统的空气动力学研究工具是风洞试验。但在大学生方程式汽车比赛中，大多数车队缺少合适的风洞设备作为研究条件。同时，受限于资金成本，车队没有足

第8章 空气动力学

够的资金对于每一版模型进行单独的试验验证。事实上，即便在其他资金更加充足的赛车运动中，完全依赖风洞试验进行研究也十分困难。CFD 的出现很大程度地解决了这个问题。通过将计算机中的 CAD 模型直接导入 CFD 软件，再进行一部分前处理后，计算机可以模拟出流场的情况。整个过程中避免了实体模型的加工制造，大幅加快了设计优化迭代的节奏，也节约了成本。但其精度仍然受限于网格与物理模型的限制，还有一定的提升空间，工程上往往仍然需要风洞进行验证。因此，风洞试验和 CFD 实际上是互补关系。

CFD 主要用数值方法求解以下的控制方程组：

①质量守恒方程；

②动量守恒方程；

③能量守恒方程；

④组分守恒方程；

⑤体积力。

一般来说，大学生方程式汽车比赛的 CFD 仿真主要使用商业求解器 FLUENT 或者 STAR – CCM + 。FLUENT 在科学研究领域的应用更加广泛，功能更加全面也更加复杂。STAR – CCM + 在汽车行业的普及度更高，主要优势在于较为友好的界面使得操作相对简单。总的来说，在合理地布置网格以及定义各种参数之后，目前主流的商业 CFD 从求解精度的角度而言相差不大。各支车队具体使用哪一款求解器，取决于队伍的技术传承以及赞助关系等因素，没有统一的答案。

注意到，CFD 仿真对于计算机的算力提出了很高的要求。普通的 PC 往往只能进行类似前翼、尾翼等单个部件的仿真，而整车流场的仿真需要的算力往往已经超出了 PC 的算力极限（主要是存储网格信息需要的 RAM 空间过大）。许多大学生方程式车队都会考虑使用计算机集群进行计算（图 8 – 11）。计算机集群有着以下优势：①算力较高，可以进行更加复杂的算例求解，并且求解速度较快；②不占用学生的 PC；③共享的存储空间可以作为空气动力学套件设计团队共用的空间资源，便于团队内部交流。

图 8-11　AERO 赛车的仿真结果

成功的空气动力学套件设计没有捷径，只有通过不断的 CFD 仿真和设计迭代，才能"压榨"出更多的性能。

8.4　复合材料加工工艺

空气动力学套件除了部分连接件之外，都由碳纤维复合材料制成，而复杂的空气动力学表面也会给加工带来巨大的挑战。在有合适设备的前提下，这些部件并不一定需要外包加工，其实也可以自行生产。

8.4.1　准备工作

在开始加工之前，首先需要注意到，碳纤维材料对于人体有伤害，并且有一定的危险性。其细小的纤维可能会黏在人体的皮肤或者黏膜上，引起刺激。吸入肺部的碳纤维粉尘也会对健康产生负面影响。同时由于碳纤维粉尘优良的导电性，其很容易使暴露的用电器发生短路，引发危险。因此在开始工作之前，务必保证穿戴合适的护目镜、口罩、手套、防护服。若要进行切割、打磨等操作，应尽量在单独的房间进行，并在产生粉尘的同时使用能够过滤碳纤维粉尘的吸尘器将其吸去，尽量避免其影响其他用电器并引发危险。

除个人防护用品外，真空泵、真空袋、盛放化学试剂的容器、切割碳纤维布的工具等也都需要提前准备。

8.4.2 铺层工艺分类

在开始铺层之前还需要模具的加工和处理，但是由于本书侧重于设计以及碳纤维加工工艺选择，在此并不详细加以说明。铺层的工艺可大致分为湿敷层（Wet-Layup）、真空导入树脂成型（Vacuum Infusion）以及预浸料成型（Prepreg）。

湿敷层在铺层过程中依次铺设碳纤维布及加入树脂，优点是材料成本较低，缺点是树脂含量高，因此相同铺层的情况下零件更加沉重。并且在将树脂的两种组分混合，即树脂被激活后，有限的时间后即会开始固化，因此对于前期准备的要求较高。

真空导入树脂成型在铺层时不加入树脂，只铺设碳纤维布，而在之后抽真空过程中，使树脂从存储容器中被吸入真空袋中，之后树脂遍及整个零件，并从抽真空的孔中被吸出（图8-12）。相比于湿敷层，零件中的树脂较少，一般在体积较大的零件中使用较多。

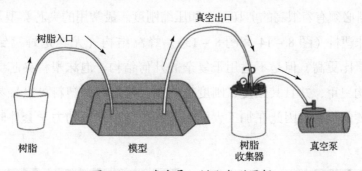

图8-12 真空导入树脂成型图解

预浸料的碳纤维布在出厂时已经与树脂进行了混合（图8-13），可以实现最低的树脂比例，大约为35%。而在另外两种工艺中，该比例一般在50%以上。除了重量优势外，也可以保证零件的厚度一致，表面质量也往往更好。但是其缺点在于需要冷藏保存，室温下的保质期不超过几个月。并且树脂的固化需要借助高温等条件，需要有高压釜等设备。此外，其原材料价格相对而言也最为昂贵。

图8-13 单向碳纤维预浸料

总之，根据需求、零件尺寸等因素选择合适的铺层工艺是很有必要的。

8.4.3 翼片的加工

在讨论翼片的加工之前，首先要介绍夹芯材料及其功能。碳纤维织成的碳纤维布在纤维方向的受拉性能十分优越，但是对于面外力，碳纤维的薄板性能并不理想。夹芯材料可以很好地解决这个问题。夹芯材料有效防止了碳纤维薄板结构受压缩时的失稳现象，并能承载面外剪切负载。因为以上原因，夹芯材料必须有着很高的剪切强度和压缩刚度。最常用的夹芯类型是蜂窝结构和泡沫塑料（图8-14和图8-15）。蜂窝结构（尤其是蜂窝铝）的强度-重量比更高，但是不适用于复杂的几何结构。泡沫塑料夹芯实际上较蜂窝结构更重，并且其强度、刚度也较差。但是泡沫塑料可以轻易地机加工成需要的形状，因此在加工大学生方程式赛车空气动力学套件时应用更加广泛。

图8-14 芳纶材料蜂窝结构

图8-15 Rohacell®泡沫塑料夹芯

对于空气动力学套件中的薄板结构,如尾翼端板,考虑到规则规定了边缘的圆角半径,使用夹芯材料的做法十分普遍。然而对于翼型而言,存在空心与夹芯两种选择。空心的翼片首先生产出上、下翼面的两部分阴模,之后将其分别进行层合,最后通过合模将上、下翼面合为整体。总体而言,这种工艺更加类似于加工碳纤维管道。空心的翼片在铺层时更加容易,表面质量也往往更高。同时,中空的内部也允许传感器等的线路通过。但是缺点在于作为空套组件,工作时会受到巨大的面外剪切力,而为此需要增加额外的碳纤维布层数才能保证翼片不会断裂。额外的碳纤维布不仅增加了成本,也带来了额外的重量。夹芯的翼型生产方式更加多样,如可以在泡沫夹芯外侧进行铺层,之后将其整体放入匹配的阴模并抽真空、固化。其虽然理论上可以更轻,但是由于手工工艺等原因未必能够生产出更轻的翼片,且成品的表面质量往往较差。

思考题

1. 空套的效果在何种路段(直线/低速弯/高速弯)中更加明显?为什么?
2. 决定大学生方程式赛车下压力的最主要空套部件是什么?为什么?
3. 从空气动力学性能的角度来说,理想的车架和悬架设计应该是什么样的?
4. 是否有必要在赛车前部加装 Bullwing(图 8 – 16)?为什么?若有必要,应该安装在什么位置?

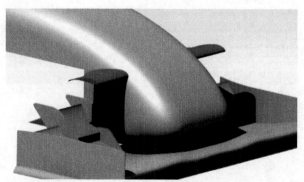

图 8 – 16　Bullwing(图中深色翼片)

5. 前翼和尾翼是否有必要使用三维变截面翼型?若有必要,应该如何设计?

第 9 章
Chapter 9　动力电池

动力电池（图9-1）是赛车的心脏，是赛车的动力来源，设计出重心更低、轻量化水平更高、更加安全高效的动力电池系统是所有FSAE赛事车队的目标。电池箱设计流程如图9-2所示，电池箱高压结构框图如图9-3所示。

图9-1 动力电池

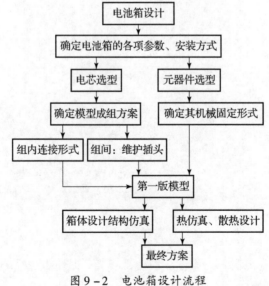

图9-2 电池箱设计流程

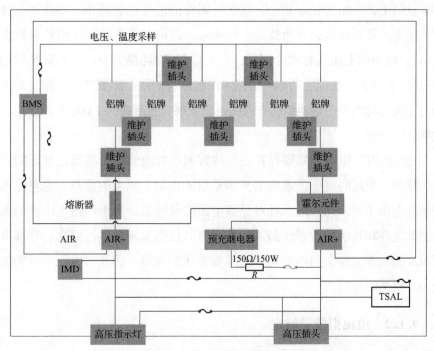

图 9-3 电池箱高压结构框图

9.1 总体参数确定

9.1.1 电池组电压确定

参考 2021 年《中国大学生方程式汽车大赛规则》第 5 章，电池组电压有以下规定。

规则 5.1.1 在任意两个电气连接处的最大允许电压为直流 600 V，电机控制器内部的低能量控制信号的最大电压为直流 630 V。

因此，电池箱设计的最高电压应小于 600 V，在此基础上，应和电机控制器的工作范围相匹配，以发挥电机的正常性能。以 AMK 电机适配的控制器为例，其输入电压范围为直流 250~720 V。在电机控制器的输入电压范围和规则要求范围内，将电压平台适当设置高些有一定好处。例如，在规则要求的功率限制下，电流会相应减小，对于元器件的消耗也会减小，器件处于轻负荷的状态，可靠性也会有所提升。Lifehouse 公司中国香港地区销售总监查勇表示："电池组电压高有两个好处，一是能量/功耗损失小，二是电机驱动效率更高"。这也与我国电动车厂的技术路线保持一致：比亚迪、江淮、北汽等国内主流电动汽车厂电池组都在向高电压发展，甚至在向 1 000 V 以上电池组发展。

与此同时，电压升高同样存在一些弊端。电池组电压高低直接影响了电池的数量，更高的电压就意味着更多数量的电池、更大的重量，也对电池管理系统提出了更大的挑战。针对更高电压的电池组，用于回路主电流的保险丝、继电器和其他保护器件都需要使用更高规格来满足电压要求。升高电压所带来的成本、安全问题是各车队需要考虑的问题。因此，电压平台的确定是一个权衡的过程。

9.1.2 电池组能量确定

动力电池组的总能量要能够保证赛车可以完成 22 km 的耐久赛。同时，在保证耐久赛完赛的情况下，电池组设计能量越低，重量也会相应越轻，赛车的动态性能就会越好。

从能量角度看，FSEC 各车队基本集中在 6.5~8 kWh，和国际水平基本保持一致。图 9-4 所示为 2019 年赛事电池包能量统计。

1. 理论计算

动力电池组的总能量可以用以下公式求得，即

$$W_e = \frac{n_s n_p U_e C_e}{1\ 000} \qquad (9-1)$$

式中，W_e 为动力电池组总能量（kW·h）；n_s 为电池组串联数；n_p 为电池组并联数；U_e 为电池单体额定电压（V）；C_e 为单体电池容量（A·h）。

电池组总能量须不小于赛车在耐久赛中实际消耗的能量，纯电动汽车放电深度一般为 10%~90%，考虑到方程式赛车的竞技性，可以将放电深度设置在 5%~95%，因此放电深度取 0.95，则有

$$W_e \xi_{SOC} \geqslant W \qquad (9-2)$$

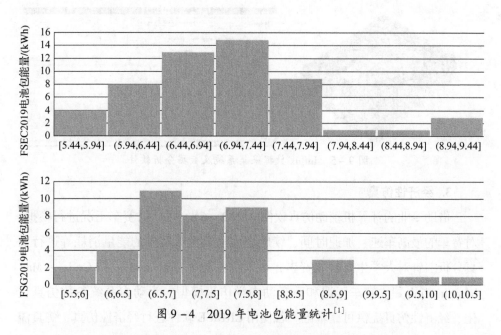

图 9-4 2019 年电池包能量统计[1]

式中，ξ_{SOC} 为电池组放电深度；W 为赛车在耐久赛中消耗的能量。

根据汽车功率平衡方程式，赛车完成耐久赛所需要的能量为

$$W = \frac{1}{\eta_a \eta_b \xi_{SOC}} = \int_0^t \overline{P_a} dt \qquad (9-3)$$

$$\overline{P_a} = \frac{1}{\eta_t}\left(\frac{mgf\,\overline{u_a}}{3\,600} + \frac{C_D A\,\overline{u_a}^3}{76\,140} + \frac{\delta m\,\overline{u_a}}{3\,600}\frac{du}{dt}\right) \qquad (9-4)$$

式中：$\overline{P_a}$ 为赛车耐久赛过程中的平均功率（kW）；$\overline{u_a}$ 为赛车耐久赛过程中的平均速度[2]。代入赛车赛道仿真的结果，即可得到初步的所需容量。

2. 实测数据

数据记录仪已经被广泛应用于汽车行业的车载、实验室和试验场测试，在大学生方程式赛事中对于控制策略优化、底盘调校等也起到了重要的作用。同样，在进行耐久赛事时车载数据记录仪、采集电池管理系统传递的信息，经 CAN-OE 解析后，可以计算出实际消耗能量，作为下一赛季的设计依据（图 9-5）。

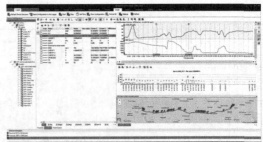

图 9-5 Influx 数据采集系统及数据分析软件

3. 经济性仿真

借助专业的计算机辅助仿真软件（图 9-6），可以对赛车工况进行模拟，对赛车的最高车速、加速时间、续航里程以及耐久赛中的能量消耗等进行仿真分析。针对大学生方程式赛事，可以综合利用 OptimumLap 和 Cruise - Matlab/Simulink 建立赛车工况和整车动力学仿真模型，为动力系统参数仿真优化、经济性仿真提供可靠基础。若使用 CRUISE 软件进行经济性仿真，仿真流程可参考文献 [12]。

图 9-6 赛车经济性仿真软件

9.1.3 电池组其他参数确定

当电池组能量和电压都确定之后，就可以确定其他参数了。

电池包是由单块电芯经过串联和并联后组成的。电池经过并联可以提升容量，串联可以提升电压。对于电动汽车而言，一般是先并联满足容量需求，再串联满足电压要求，通常将并联后得到的电池称为最小串联单元。

最小串联单元容量为

$$C = \frac{1\,000E}{U} \tag{9-5}$$

式中，E 为电池组总能量（kWh）；U 为电池组最高电压（V）；C 为最小串联单元的容量（A·h）。

最小串联单元数量为

$$n_s = \frac{U}{U_{cell}} \tag{9-6}$$

式中，n_s 为串联单元数量；U_{cell} 为选用电芯的最高电压（V）。

并联电芯数量为

$$n_p = \frac{C}{C_{cell}} \tag{9-7}$$

式中，n_p 为串联单元中的并联电芯数；C_{cell} 为单块电芯容量（A·h）。

9.2 电芯选型

常用于电动汽车的电池有铅酸蓄电池、镍氢电池和锂离子电池。

（1）铅酸蓄电池是相对古老和成熟的技术，目前占据了 40%～45% 的电池市场份额，广泛用于小汽车、卡车和公交车的启动、照明和点火。铅酸蓄电池的充放电效率为 75%～80%，因此也用于混合动力汽车（HEV）和储能领域（图 9-7）。

图 9-7 铅酸蓄电池

（2）镍氢电池的性能和成本比铅酸蓄电池高，具备很好的循环寿命、容量和快速充电能力，已经大量用于混合动力应用，包括丰田普锐斯。然而镍氢电池的一个缺点就是自放电相对较快。

（3）锂离子电池因循环寿命长、能量转化率高、自放电率低等一系列优点，市场占有率不断提高，成了电动汽车的最佳选择。然而，相对于其他储能元件来说，锂离子电池的成本较高，且需要设计保护电路以防止过充过放。其电芯原理如图9-8所示。

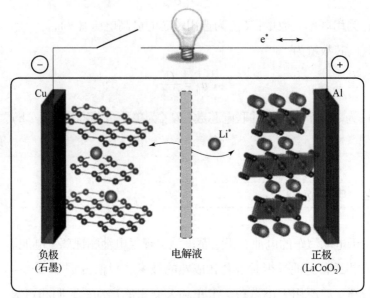

图9-8 电芯原理

表9-1对铅酸蓄电池、镍氢电池、锂离子电池在几个主要方面进行了比较。可以看出，锂离子电池在能量密度等方面具备绝对的优势，成了电动汽车和混合动力汽车的首要选择。

参考2021年《中国大学生方程式汽车大赛规则》第5章相关规定：

规则6.1.1 驱动系统电池是所有用于存储驱动系统所用电能的单体电池或超级电容。

规则6.2.1 可用任何类型的电池作为能量存储装置（如动力蓄电池、超级电容等），熔盐电池和热电池除外。

规则6.2.2 禁止使用燃料电池。

因此，对于轻量化有巨大需求的FSAE赛车，各车队一般选择锂离子电池作为储能元件。

第9章 动力电池

表9-1 3种常见电池参数对比

参数	铅酸蓄电池	镍氢电池	锂离子电池
理论值			
电压/V	1.93	1.35	3~4
比能量/$(Wh \cdot kg^{-1})$	166	240	>500
实际值			
比能量	35	75	200
能量密度	70	240	400
库仑效率	0.80	0.65~0.70	>0.85
能量效率	0.65~0.70	0.55~0.65	≈0.80
比功率80% DOD/$(Wh \cdot kg^{-1})$	220	150	350
功率密度/$(W \cdot L^{-1})$	450	>300	>800

根据正极材料的不同对锂离子电池进行分类，目前电动汽车主要使用的有磷酸铁锂电池、钴酸锂电池和三元锂电池。磷酸铁锂电池的标称电压为3.2 V，具有安全性能高、高温稳定性好、成本低廉的优点，但存在着理论能量密度较低的问题，目前由比亚迪基于磷酸铁锂材料制造的"刀片电池"在电动汽车领域大放异彩。钴酸锂电池的额定电压为3.7 V，最高电压为4.2 V，具有结构稳定、容量比高、综合性能突出的优点，是最早开始研究的锂离子电池，但是其安全性差、成本非常高。三元锂电池工作电压一般为3.6~4.3 V，在容量和安全性方面都比较均衡，理论能达到的能量密度较高，在电动汽车行业的装机量也是3种电池中最多的。出于能量密度方面的考虑，大多FSAE车队选用的电芯为钴酸锂电池或三元锂电池。

根据形态进行分类，锂离子电池可以分为圆柱电池、方壳电池、软包电池（图9-9）。圆柱电池是外表为圆柱形钢壳的电池，具有容量高、循环寿命长、使用温度范围广的特点，特斯拉就采用了圆柱电池的技术路线，以18650型号的圆柱电池组装为动力电池。方壳电池是指金属外

图9-9 按形状划分的锂离子电池

壳包裹的方形电池，多为铝合金外壳，能量密度较圆柱电池有所提升，且由于形状统一，适合应用在规则的电池包壳体中，便于利用空间，在国内动力电池的装机量超过了八成。软包电池是将液态锂离子电池套上了一层聚合物外壳，结构上使用了铝塑膜包装，在发生安全隐患情况下软包电池只会鼓气裂开，不会发生爆炸，能量密度是三者中最高的，并且可以根据需求进行定制，在电池包的设计上能够更加灵活；但一致性较差且成本高。在FSAE赛事中，以软包电池居多，部分车队使用方壳电池和圆柱电池。

厂商选择上，FSAE赛事软包电池三巨头为浩泰、Melasta和格氏，占据的市场份额逐年增加，各车队的电芯选择也逐渐趋同。此外，还有车队选用了三星、索尼等其他品牌的电池，但所占比例较小。

9.3 模组设计

电池模组可以理解为锂离子电池经串并联组合，加装单体电池监控与管理系统后形成的电芯和模组（Pack）的中间产品。其结构必须对电芯起到支撑、固定和保护作用，可以概括为具有机械强度、电性能、热性能和故障处理能力。电池模组基本组成包括电池单体、导电连接件、紧固框架、冷却装置等（图9-10）。

设计更为高效、能量密度高的电池模组是每个电动赛车队的目标。目前最为前沿的成组方案之一是以宁德时代为代表的CTP（Cell To Pack，无模组技术），大大提高了电池包的能量密度。考虑到学生赛事的性质，出于安全的需要，《中国大学生方程式汽车大赛规则》第5章中对电池模组进行了相关限制。

图9-10 电池模组

规则6.3.2 每个电池组最高电压不超过直流120 V，最大能量不超过6 MJ（1.67 kWh）。

9.3.1 汇流排种类

为了实现串联,需要在模组中使用导体对电芯进行连接,常用的导体有电导线和汇流排。在动力电池中,使用多段承载大电流的电导线必然会导致加工、装配的困难。因此,动力电池一般选用金属汇流排进行电芯连接。

汇流排的载流量需要比电池包正常工作下各个工况可能达到的最大母线电流大,在汇流排设计确定之前应对其进行校核。下面给出常用的校核方式。

(1) 直线加速工况下,认为赛车以规则限制的最大功率跑动,即 80 kW,直线加速作为第一个动态项目,可近似认为电池包 SOC 接近 100% 状态,此时电压也接近最高电压,达到的最大电流为

$$I_{\text{acceleration}} = \frac{80 \text{ kW} \times 1\,000}{U_{\text{max}}} \quad (9-8)$$

(2) 高速避障工况下,赛车平均功率约为 60 kW,最低达到的电压取电池包额定电压,此时可达到的最大电流为

$$I_{\text{autocross}} = \frac{60 \text{ kW} \times 1\,000}{U_{\text{rated}}} \quad (9-9)$$

(3) 耐久赛工况下,赛车平均功率为 50 kW,假定赛车可达到的最低电压为电池包的截止电压(实际会高于此),计算此时电池包电流为

$$I_{\text{endurance}} = \frac{50 \text{ kW} \times 1\,000}{U_{\text{min}}} \quad (9-10)$$

(4) 八字环绕工况下,赛车的功率、电流较小,在这里不予考虑。

赛车在动态赛事中可能达到的最大电流为

$$I_{\text{max}} = \max\{I_{\text{acceleration}}, I_{\text{autocross}}, I_{\text{endurance}}\} \quad (9-11)$$

选用汇流排的载流量应至少满足赛车可能达到的最大电流。

由于出色的导电性能,铜排在电气设备中得到了广泛的应用,国内很多车队也使用的是铜排。然而,铜排在使用过程中会发生氧化,使表面发黑,失去光泽,导电能力也会有所下降。铝排在质量仅为铜 $\frac{1}{3}$ 的情况下,电学性能和铜排差异不大,且不易发生氧化,散热效果更为优秀,得到了越来越多车队的应用。纯铝一般较软,不易加工,因此一般使用 6061 铝合金作为汇流

排，如表9-2和表9-3所示。

表9-2 铜和铝的电学性能比较

材料	相对密度/(g·cm^{-3})	熔点/(℃)	电阻率/(mΩ·cm^{-1})	抗拉强度/MPa	弹性模量/GPa
铜	8.96	1 083	1.72	220	106
铝	2.7	660	2.65	80~100	71

表9-3 铜排与铝排载流量对照表

| 母线尺寸(宽×厚)/(mm×mm) | 铝 | | | | | | | | 铜 | | | | | | | |
| | 交流 | | | | 直流 | | | | 交流 | | | | 直流 | | | |
	25℃	30℃	35℃	40℃	25℃	30℃	35℃	40℃	25℃	30℃	35℃	40℃	25℃	30℃	35℃	40℃
15×3	165	155	145	134	165	155	145	134	210	197	185	170	210	197	185	170
20×3	215	202	189	174	215	202	189	174	275	258	242	223	275	258	242	223
25×3	265	249	233	215	265	249	233	215	340	320	299	276	340	320	299	276
30×4	365	343	321	296	370	348	326	300	475	446	418	385	475	446	418	385
40×4	480	451	422	389	480	451	422	389	625	587	550	506	625	587	550	506
40×5	540	507	475	438	545	512	480	446	700	659	615	567	705	664	620	571
50×5	665	625	585	539	670	630	590	543	860	809	756	697	870	818	765	705
50×6.3	740	695	651	600	745	700	655	604	955	898	840	774	960	902	845	778
63×6.3	870	818	765	705	880	827	775	713	1 125	1 056	990	912	1 145	1 079	1 010	928
80×6.3	1 150	1 080	1 010	932	1 170	1 100	1 030	950	1 480	1 390	1 300	1 200	1 510	1 420	1 330	1 225

9.3.2 汇流排连接形式

动力电池模组由多个单体电芯串并联组装而成，单体电芯之间的连接与紧固，要求汇流排和电池的极耳接触电阻小、抗振动、牢靠程度高。主要的连接形式分为压接和焊接两种。

焊接主要包括锡焊、超声波焊和激光焊（图9-11）3种。锡焊是使用烙铁发热将焊锡丝熔化，从而使锡料附着在被焊接部位，冷却后即连接起来，该种焊接用在圆柱电池中较多,但在规则中对大电流线路使用锡焊进行了限制。超声波焊是利用超声波产生高频振荡,使两金属片之间摩擦,局部产生高热而熔合连接起来。激光焊是利用激光束优异的方向性和高功率密度,通过光学系统将激光束聚焦,短时间内形成一个能量高度集中的热源区,从而使焊物熔化形成牢固的焊点和焊缝。3 种焊接方式中,激光焊的效率最高,连接最为稳定,是大学生方程式车队常选用的连接形式。焊接的缺点在于长时间练车过程中出现不一致性差的问题时,难以对单块电芯进行更换。

图 9-11 激光焊接

压接是使用机械连接的形式固定、保证汇流排连接的方法,主要包括螺栓连接和弹性元件连接两种。螺栓连接是用防松螺栓固定电芯与母排之间的连接,工艺较为简单,但操作比较复杂,在轻量化上不占优势(图 9-12)。另一种机械压接形式是采用导电件的弹性形变保持电池和回路的电连接,这种方法占用空间比较大,但在电池梯次利用中,拆解方便,易于获得完整电芯。

图 9-12 螺栓连接

9.3.3 电池信息采集

2021 年《中国大学生方程式汽车大赛规则》第 5 章中规定:

规则 6.8.2 电池管理系统必须持续监测每块电池单体的电压、电池箱的电流、电池典型点的温度。若所用电池为锂电池,则电池管理系统要监测至少 30% 的电池温度,并且被监测的电池要在电池箱内均匀分布。

规则 6.8.3 电池温度必须在各单体的负极测量，并且传感器必须与负极直接相连或者离各自单体母线沿大电流路径上 10 mm 以内的地方直接接触。如果一个温度传感器与多个单体电池直接接触，就可用该传感器监测多个电池。

规则中对电池包的信息采集进行了明确规定，要求采集所有电芯的电压，至少采集 30% 数量的电芯温度。

对于信息采集，大多车队选用的是 OT 端子和线束进行，端子通过螺栓螺母或焊接的形式与被测电芯或汇流排进行连接，通过线束将采集到的信息传递至电池管理系统。部分车队使用电路板代替线束和端子，电路板通过桥孔等形式和汇流排连接，进行电压的采集，通过印制在 PCB 板上的线路进行信息传递，汇总后通过工业插头传递至电池管理系统。这种方式做出来的模组线束整洁，并且起到了一定轻量化的效果。自主研制 BMS 的车队，可以将信息采集、电池管理系统从控板功能进行集成，可以大大降低电池模组的高度和重量。

规则 3.2.1 所有电气系统必须有合适的过流保护装置。过流保护的额定持续电流不能比它所保护的任何电气部件，如电线、母线、电池或其他导体等的额定持续电流高。

规则 3.2.2 所有过流保护装置额定电压不得小于该系统的最大电压。所有使用的设备以直流电压来衡量。

值得注意的是，在近年的电气检查中，要求电池管理系统的电压采集具有过流保护，过流保护装置的额定电压必须大于系统最高电压。一般 BMS 均具有信息采集过流保护功能，但需注意使用的保险丝的额定电压是否大于整包电压。若不能满足规则要求，就需要进行人工调整，可采取的方案有在采集线上加装保险丝、使用 PCB 进行信息采集、在 PCB 上使用贴片式的保险丝等。

9.3.4 模组机械结构

模组需要有外壳、保持架等机械结构来保证结构强度满足要求。2021 年《中国大学生方程式汽车大赛规则》第 5 章中规定：

第9章 动力电池

规则6.5.12 电池箱、电池箱固定和单体固定设计指导方针的提出是为了形成一个能够实现下列要求的电池箱结构：在纵向（前、后方向）可以承受40 g；在侧向（左、右方向）可以承受40 g；在垂直方向（上、下方向）可以承受20 g。

乘用车中，由于铝具备良好的导热性、较小的密度和较低的成本，电池模组外壳常采用铝壳。在大学生方程式赛事中，各车队更多地使用质量更轻、成型自由的3D打印技术来制作模组外壳（图9-13）。常用的材料包括阻燃ABS、尼龙、聚碳酸酯等，这些材料在满足结构强度要求前提下，能够实现更轻的质量、更加自由的设计形状以满足散热、成组需求，并且材料本身可以达到规则要求的绝缘等级，因此得到了越来越多的使用。

图9-13 Ignition Racing Team Electric 2017 电池模组

9.3.5 模组散热

电池需要在一定温度范围内才能正常工作，一般在-20~60 ℃，最适宜的温度是在10~30 ℃。温度过高时，会造成电池容量衰减，甚至会导致热失控的发生；温度过低时，电池会出现性能降低、容量下降，若在此时充电还可能导致析锂引发的内短路。因此，必须进行电池热管理。

考虑到大学生方程式赛事举办的时间和地点，不会出现极寒的情况，所以在电池包加热方面，一般不做设计，主要集中在电池的散热方面。动力电池的散热形式主要分为风冷和液冷两种，其中又以风冷占绝大多数。

模组中的散热设计主要包括传热和散热两部分。传热材料主要包括金属散热片（常用铝散热片）、导热硅胶、导热硅脂等，这些材料具有优异的传热性能，将此类材料布置在电池周围，电芯和传热材料直接接触，将产生的热量传导至这些材料。散热主要是依靠风冷方式，在模组中设置风道，通过风扇等形成冷却气流，及时将热量散出。

9.4 高压元器件选型

2021年《中国大学生方程式汽车大赛规则》第5章规定：

规则5.1.2 所有驱动系统中的部件必须能够承受驱动系统最高电压。PCB的驱动系统区域也遵守这条规则。所有连接至驱动系统的PCB板输入口都必须能承受驱动系统的最高电压。

进行高压元器件选型时，应保证其额定电压大于动力电池系统的最高电压。

9.4.1 高压插头

高压插头是连接动力电池和电机控制器的接插件（图9-14），将电池箱和外部驱动系统实现电气分离，是高压回路的一部分。规则要求断开高压插头时需要断开安全回路，从而切断继电器的供电，因此高压插头需要具有高压互锁（Hazardous Voltage Interlock Loop，HVIL）功能，将互锁接入安全回路中。在进行高压插头选型时，还需要对额定电流、防水等级、耐拔插次数、重量、体积等参数进行综合考虑。常用的高压接插件的品牌有安费诺、泰科、中航光电等。

图9-14 车载高压插头

9.4.2 绝缘继电器

继电器是一种当输入量达到一定值时，输出量将发生跳跃式变化的自动

第9章 动力电池

控制器件,在动力电池中起到控制高压回路通断的作用。规则中要求电池箱内至少有两个隔离继电器,起到断开电池两极的作用,通常将其分别称为主正继电器和主负继电器(按照靠近电池的正极或负极进行分类)。隔离继电器必须为"常开型"机械式继电器,且它的最大开关电流必须大于驱动系统电路的主熔断器额定电流。

为了满足规则中规定的高压判断,一般使用带辅助触点的绝缘继电器,常使用的品牌有泰科、欧姆龙、施耐德等,如图9-15所示。

图9-15 带辅助触点的绝缘继电器

9.4.3 预充继电器

在驱动系统主回路接通时,电机控制器存在电容,若直接将两个绝缘继电器闭合,由电容特性可知,两侧电压不会突变,却会产生非常大的冲击电流,从而导致继电器粘连、整流器爆炸等情况,严重影响系统安全,因此必须设计预充电回路来避免此种现象发生,如图9-16所示。

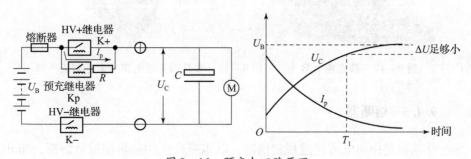

图9-16 预充电回路原理

预充继电器应该使用机械式常开继电器（图 9-17），用于控制预充电回路的断开和闭合，它的供电必须来自安全回路末端，且必须由 TSMS 直接控制。当中间回路电压值达到电池箱最高电压的 95% 时，才可以闭合第二个继电器。

规则 6.7.1 需要设计电路保证在闭合第二个电池箱绝缘继电器之前，中间回路电容的电压值达到电池箱电压的 95%。因此，中间回路电容的电压必须测量。

9.4.4 预充电电阻

考虑到电容充电的公式，即

$$U_t = U_0 + (U_{max} - U_0)(1 - e^{-\frac{t}{RC}}) \qquad (9-12)$$

故电容充电至 U_t 所需要的时间为

$$t = RC \cdot \ln\left(\frac{U_{max}}{U_{max} - U_t}\right) \qquad (9-13)$$

C 一般由电机控制器确定，规则要求预充电应至少达到最高电压的 95%，将 $U_t = 0.95 U_{max}$ 和设计的预充电时间代入式（9-13），就可以求得应该选择的预充电电阻的阻值。在进行预充电电阻选取时，还需要考虑电池管理系统的限制，阻值过大可能会导致预充电失败，BMS 报错。图 9-18 所示为常作预充电电阻的金色铝壳电阻。

图 9-17 预充继电器　　图 9-18 常作预充电电阻的金色铝壳电阻

9.4.5 熔断器

熔断器是指当电流超过规定值时，以本身产生的热量使熔体熔断，断开电路的一种电器（图 9-19）。规则要求，驱动系统中经过动力蓄电池的大电流电路必须采用熔断器作为其过流保护装置,且熔断器的额定电流必须小于继电器的最大开关电流。主熔断器起到对电池箱内高压驱动主回路的所有器件进行保护的作用。

图 9-19　各种类型的熔断器

规则 3.2.1　所有电气系统必须有合适的过流保护。过流保护的额定持续电流不能比它保护的任何电气部件,如电线、母线、电池或其他导体的额定持续电流高。

因此,主熔断器的额定持续电流必须小于驱动系统回路的所有器件的额定持续电流。熔断器规格选择需要考虑多种因素,参考规格书汇总的修正系数曲线进行计算。

$$I_n = \frac{I_s \cdot G}{(K_t \cdot K_e \cdot K_v \cdot K_a \cdot K_x)} \qquad (9-14)$$

式中,I_s 为熔断器持续工作电流;G 为循环负载系数;I_n 为熔断器标定额定电流;K_t 为环境温度降容系数;K_e 为热连接修正系数;K_v 为风冷修正系数;K_a 为海拔修正系数;K_x 为封装修正系数。

9.4.6　电压表/高压指示灯

规则 6.4.9　每个电池箱都必须有一个明显的指示器,可以是电压表或红色 LED 指示灯。指示灯要求在电池箱正、负极的电池绝缘继电器输出端电压高于直流 60 V 或驱动系统最大电压值的一半(取较低值)时发亮,且在强光下清晰可见。

电压表和指示灯（图 9-20）的作用是让车队队员能够了解电池目前是否处于高压状态。规则要求其必须是由硬件进行控制，不能用软件控制。很多车队选用的是电压表，但可能存在占用体积较大的问题。近几年部分厂家生产了电压指示灯，在满足规则的前提下，能够节省空间、减轻重量。

图 9-20 电压表和指示灯

9.4.7 绝缘检测装置

电动汽车的供电系统可以看成是汽车运行时的一个隔离供电系统，面临的一个主要挑战就是及时发现绝缘故障，正常运营时绝缘故障的原因可能是污染、盐分、湿度、连接器故障、机械影响等。为了保证电动赛车的安全性，避免漏电情况发生，必须配置绝缘监测装置，保证绝缘阻值大于 500 Ω/V。当发生绝缘故障或绝缘检测装置故障时，装置必须能够断开安全回路。规则中要求绝缘检测装置要为 Bender A-ISOMETER ® iso-F1 IR155-3203 或-3204 或同等用于汽车的 IMD。图 9-21 所示为 Bender IR155 系列绝缘检测装置电路板。

图 9-21 Bender IR155 系列绝缘检测装置电路板

9.4.8 维护插头

为了保证安全性和便于维护，电池模组之间及主正主负需要使用维护插头进行分离。对于维护插头，规则要求其拆除不能依靠工具，需要具有主动锁紧功能和防误插的功能。在进行选型时需要根据尺寸和模组结构进行具体考虑。常用的品牌有泰科、安费诺（图9-22）、史陶比尔等。

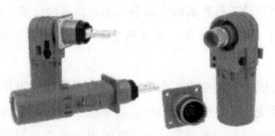

图9-22 安费诺SurLok系列

9.4.9 高压线缆

电池箱内部高压线缆（图9-23）的额定电压需要大于电池的最高电压，且额定持续电流需大于电池工作的最大电流（计算方法参照9.3.1小节），额定温度需至少达到85 ℃。在实际使用中，需要考虑线缆的弯管半径、重量等。常见的品牌有Igus、Huber + Suhner等。

图9-23 高压线缆

9.5 机械设计结构

9.5.1 模组结构

进行电池箱设计时，需将电芯进行分组以满足规则的单个模组能量、电压在给定范围内，且单个分区的质量要小于12 kg。针对单个模组，需要进行相应设计以满足结构强度的要求。

规则 6.5.12 电池箱、电池箱固定和单体固定设计指导方针的提出是为了形成一个能够实现下列要求的电池箱结构：在纵向（前、后方向）可以承受 40 g；在侧向（左、右方向）可以承受 40 g；在垂直方向（上、下方向）可以承受 20 g。

出于电池分区和满足要求工况的考虑，需要设计模组外壳等机械结构来保证电芯可以承受相应负载。模组外壳需要起到的作用是固定电池单体以及将模组与电池箱内隔板固定连接。各车队的电池单个模组设计，形状一般都是规则的长方体，模组壳设计也是一样，但外壳材料的选择、轻量化设计等却有很大的不同。图 9-24 所示为 Formula Electric Belgium 电池模组。

图 9-24　Formula Electric Belgium 电池模组

模组制作常用的材料有金属材料和 3D 打印耗材。经过机加工的金属材料，能够为模组带来良好的散热，成本一般较低；缺点在于重量不占优势，并且需要在壳体内做相应的绝缘处理。3D 打印是快速成型技术的一种，运用粉末状的塑料等可黏合材料，通过逐层打印的方式来构造物体，可以实现很高的精度和复杂程度。车队使用 3D 打印技术，可以灵活地在外壳上布置开槽、打孔以实现减重的目的。常用的 3D 打印耗材有阻燃 ABS、高密度聚碳酸酯、高性能尼龙等，这些材料的密度在 $1.2 \sim 2.0 \text{ g/cm}^3$ 范围，并且材料本身具备的阻燃和绝缘等级可以满足规则要求，得到了越来越多车队的应用。值得一提的是，2019 年 FSG 的电车组冠军慕尼黑工业大学（TUM），其模组外壳使用了碳纤维复合材料，将维护插头预埋至模组壳中，对于轻量化来说不失为一种可行的方案，如图 9-25 所示。

第9章 动力电池

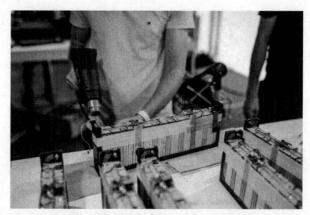

图9-25 慕尼黑工业大学电池模组

9.5.2 电池箱体

电池箱起到了将动力电池和赛车其他部位隔离的作用,是动力电池的保护载体,在保护动力电池工作和防护方面起着关键作用。近年来,车队使用的电池箱体材料越来越多,其中以钢材、铝合金材料、碳纤维复合材料最为常见。

钢制电池箱体强度高,材料成本和加工成本均较低,但存在的问题是钢材密度大,会导致电池箱重量增加。铝合金材料在密度上较钢材有更大的优势,且强度接近甚至能超过优质钢,成为许多车队对钢制电池箱的替代方案,但在成本上比较高。

随着技术的成熟和成本的降低,碳纤维复合材料进一步走入FSEC的赛场,同济大学、北京航空航天大学、哈尔滨工业大学等越来越多的车队选择使用碳纤维复合材料制作电池箱(图9-26)。碳纤维是一种含碳量90%以上的新型复合材料,具有高强度、高比模量、耐高温、耐腐蚀以及良好的阻尼减震等优良性能,使用碳纤维复合材料制作电池箱意味着成倍质量的减轻。尽管具备出色的性能,碳纤维却没有被车队广泛使用,主要原因是其生产成本过高,通过企业代工制作FSEC碳纤维复合材料电池箱体的价格在几千至数万元不等,这对于所有车队都是一笔不小的开销。另外,碳纤维还有高电导率的特点,在使用中可能存在一定风险,需要进行相应绝缘处理。

图 9-26　TUM 碳纤维电池箱

规则中要求电池箱体及内部隔板须使用电绝缘且防火等级符合或等价于 UL94-V0、FAR25 的隔离材料进行隔离。使用金属材料加工电池箱的车队一般选用 Nomex 材料（图 9-27）粘贴至电池箱壁及隔板上以实现阻燃绝缘要求。使用复合材料的车队则一般在箱体铺层上进行设计，在最外层布置满足相应等级的材料实现阻燃绝缘的效果。同济大学选用了凯夫拉实现耐热阻燃、绝缘和抗穿刺，北京航空航天大学等则使用了玻璃纤维来实现阻燃绝缘的作用。复合材料在芯材上有铝蜂窝、Nomex 蜂窝和 PMI 泡沫等选择。Nomex 材料防火性、绝缘性较好，但平面剪切性能差，胶接件重量难以控制，做开孔结构易囤积水。PMI 泡沫具有轻质、高强度、耐高温低温和黏结性好的优点，得到了更多的使用。

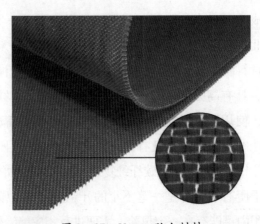

图 9-27　Nomex 防火材料

第9章 动力电池

常见的电池箱的安装方式有从驾驶舱座椅处装入、从车尾部推入、从车底升举安装等。电池箱的固定有吊耳、设计安装底板等形式。图9-28所示为AMZ电池箱安装方式。

图9-28 AMZ电池箱安装方式

9.6 热管理设计与仿真

锂离子电池的性能取决于温度,电池热管理系统能使电池组在合适的温度范围内工作,不仅对电池组系统的性能有重要影响,而且对安全性能和稳定性能至关重要。对于大学生方程式赛事,赛车不会在温度过低的情况下使用,并且电动赛车具有功率大、放电电流高的特点,电芯工作时会放出大量热量,因此设计赛车电池箱热管理系统时主要关注的是放电时的散热(图9-29)。评价电池热管理系统性能的主要标准有两个,即电池包的最大温度和最大温差。保持电池性能和延长寿命需要将电池温度维持在20~45 ℃,并且在常用放电倍率下电池间的最大温差应小于5 ℃。

电池包的冷却分为气冷、液冷、相变材料冷却等方式。在FSEC中,比赛的时间一般为10—12月期间,即使是珠海温度情况也比较乐观,因此在散热方面没有达到必须使用液冷的程度,优化良好的强制风冷基本可以满足赛事需求,因此绝大多数中国车队选用风冷的形式进行散热(图9-30)。使用液冷对整车增重的负面影响会大于冷却效果。而在欧洲,赛事的举办时间为盛夏,散热的需求大于中国赛,但即便这样,使用液冷方案的也屈指可数,目

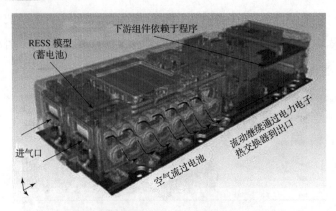

图 9-29 电池热管理系统

图 9-30 典型的风冷电池箱加散热翅片设计

前仅知道 BRS 等少数国外车队采用了液冷的散热方式,电池箱和附加的管路油泵增重了 10 kg 左右(图 9-31)。

图 9-31 采用油冷的 2019 年赛季 BRS 模组

9.6.1 电池热力学分析

如图 9-32 所示,从电化学角度可知,在充、放电过程中,电池的生热量主要由四部分组成,包括反应热 Q_r、欧姆内阻焦耳热 Q_J、极化热 Q_p 和副反应热 Q_s。记锂离子电池的生热量为 Q_t,则有

$$Q_t = Q_r + Q_p + Q_s + Q_J \tag{9-15}$$

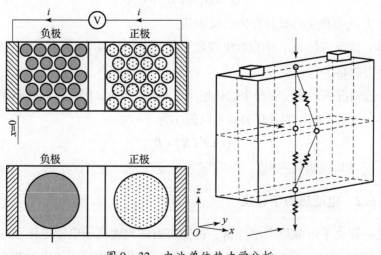

图 9-32 电池单体热力学分析

(1) 反应热:是指锂离子电池在充放电时,锂离子在两个电极之间嵌入和脱嵌过程中发生电化学反应时生成的热量。在可逆条件下,这部分热量在充电时为负值,在放电时为正值。

反应热可通过以下公式计算,即

$$Q_r = \frac{nmQI}{MF} \tag{9-16}$$

式中,n 为电池数量;m 为电极质量;Q 为电池正、负极电化学反应产生热量的代数和;I 为充、放电电流(A);M 为摩尔质量(g/mol);F 为法拉第常数,值为 96 484.5 C/mol。

(2) 欧姆内阻产生的焦耳热:电池充放电时,内部材料的欧姆电阻通过电流的作用而持续一段时间产生的热量,这部分热量是标量,在放电过程中为正值。

$$Q_J = I^2 R_e \qquad (9-17)$$

式中，Q_J 为焦耳热（W）；I 为充、放电电流（A）；R_e 为欧姆内阻（Ω）。

（3）极化热 Q_p：当电池有电流通过时，在锂离子电池的电极表面发生极化现象，电池的平均端电压与开路电压有所差异，由这部分压降产生的热量是电池的极化热。依照 Bernardi 等建立的电池生热一般模型，将极化热同反应热一起处理为不可逆的反应热，可以获得电池生热量的简化形式，即

$$Q_t = Q_r' + I^2 R_e + Q_s \qquad (9-18)$$

式中，Q_r' 为将极化热计算在内的反应热。

（4）副反应热 Q_s：由自放电现象引起的电极材料分解产生的热量，其值很小，可忽略。

一般情况下，副反应产生的热量小于总量的 5%，因此可以忽略不计。综上所述，电芯生热量的计算公式可以简化为

$$Q = I^2 (R_p + R_e) \qquad (9-19)$$

式中，R_p 为电池极化内阻。

9.6.2 电池热力学建模

进行锂离子电池热力学分析，首先应当建立锂离子电池电化学 – 热耦合模型（图 9 – 33），从内部材料的电化学反应生热的角度描述电池热效应，由非稳态传热的能量守恒方程表示为

$$\rho_k C_{p,k} \frac{\partial T}{\partial t} = \nabla \cdot (\lambda_k \nabla T) + q \qquad (9-20)$$

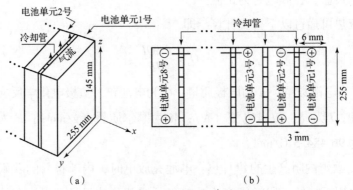

图 9 – 33　电池热力学模型

（a）电池单元的散热系统正等轴测图；（b）电池热管理系统的俯视图

电池热模型的应用对象为电池内部的任意单元体。等号左边代表单位时间内电池单元体热力学能的增加量;等号右边分别是电池周围流体进行对热换热时电池内部单元体增加的热量;q 指锂离子电池单位体积的生热速率。式中,ρ_k 为电池单元体的平均密度;$C_{p,k}$ 为锂离子电池单元体的平均比热容;λ_k 为锂离子电池单元体的热导率。电池内部温度场的热效应模型常用下式表示,即

$$\rho C_p \frac{\partial T}{\partial t} = \frac{\partial}{\partial x}\left(\lambda \frac{\partial T}{\partial x}\right) + \frac{\partial}{\partial y}\left(\lambda \frac{\partial T}{\partial y}\right) + \frac{\partial}{\partial z}\left(\lambda \frac{\partial T}{\partial z}\right) + q \qquad (9-21)$$

电池实际生热情况较复杂,仿真计算时需对电池本体的物理属性做一些假设:①电池内部各材料比热容和热导率不受环境温度和荷电状态变化的影响;②电池的各种材料的介质分布均匀,热物性参数保持不变,如同一材料的热导率在同一方向各处数值相等;③锂离子电池充、放电时,在不同温度下电池内部区域各处电流密度分布均匀及生热速率一致。

在假设条件下,可以得到简化的直角坐标系电池三维热模型,即

$$\rho C_p \frac{\partial T}{\partial t} = \lambda_x \frac{\partial^2 T}{\partial x^2} + \lambda_y \frac{\partial^2 T}{\partial y^2} + \lambda_z \frac{\partial^2 T}{\partial z^2} + q \qquad (9-22)$$

式中,T 为温度;t 为时间;ρ 为锂离子电池内部材料平均密度;q 为锂离子电池单位体积生热速率;C_p 为锂离子电池定压比热容;λ_x、λ_y、λ_z 为锂离子电池在三维正交方向上的热导率。这些热物性参数需要进行测量或计算,并且对热效应模型定解条件(初始条件和边界条件)进行确定,之后通过热分析软件进行仿真才能得到电池组的温度场分布情况。

锂离子电池的定压比热容与电池荷电状态、电池工作状态和环境温度条件等因素有关,依赖于电池组成材料以及电池电化学反应的特性。可以通过量热计直接测量电池单体的热容量,也可以通过理论计算的方法得到。理论计算一般采用质量加权平均的方法,由电池单体中每一种材料的定压比热容得到。

$$C_p = \frac{1}{m} \sum_0^i C_i \cdot m_i \qquad (9-23)$$

电池三维正交导热参数可以使用类似计算电路等效电阻的方法,通过传热学中串并联热阻的原理,简单计算电池在 3 个不同方向上的热导率。假设电池正负极耳垂直于 x 轴,电池生热量沿 y 轴和 z 轴的方向可以看作沿并联形

式的正负极耳传递，同时沿 x 轴的传递可以看作沿串联形式的正负极耳间传递，计算公式为

$$k_x = \frac{l}{\sum_i \dfrac{\mathrm{d}x_i}{k_i}} = \frac{l}{\dfrac{\mathrm{d}x_p}{k_p} + \dfrac{\mathrm{d}x_n}{k_n} + \dfrac{\mathrm{d}x_s}{k_s}} \tag{9-24}$$

$$k_y = \frac{k_p \mathrm{d}y_p + k_n \mathrm{d}y_n + k_s \mathrm{d}y_s}{b} \tag{9-25}$$

$$k_z = \frac{k_p \mathrm{d}z_p + k_n \mathrm{d}z_n + k_s \mathrm{d}z_s}{h} \tag{9-26}$$

式中，k_p、k_n、k_s 分别为电池正极材料、负极材料和隔膜的平均热导率。通过查表可得不同部位的热物性参数，代入公式可计算得到电池三维平均热导率。

热效应的定解条件包括模型的初始条件和边界条件，电池内部温度场分布是时间坐标和空间坐标的函数，随时间和空间不同而动态实时变化。

初始条件为

$$T(x,y,z,0) = T_0 \tag{9-27}$$

式中，T_0 为电池零时刻的温度，是仿真模拟迭代计算的初始值。

边界条件：根据电池壁面和环境温差及对流换热系数，可以确定电池热模型方程的边界条件。第一类边界条件是电池边界上的温度值；第二类边界条件是边界上的热流密度值；第三类边界条件是边界上物体与周围流体间的表面传热系数 h 及周围流体的温度。

9.6.3　电池热仿真

可以进行电池热仿真的软件比较多，包括 Ansys Workbench 中的 Icepak、Fluent、Transient Thermal 模块，X-flow，工业界常使用 Star-ccm+，以及可以实现多物理场耦合分析的 Comsol 等。网络上教程也较多，在这里不做过多介绍。

首先进行单块电芯的热力学仿真分析和同等工况的试验，将仿真和试验的温度场分布进行对比分析，进行相关参数的修正调整（图 9-34）。之后进行模组、整包的热力学仿真，在有条件的情况下可以进行相应试验，测试热力学仿真的精度。根据电池热仿真得到的温度场分布，可以针对分析中出现

第9章 动力电池

的温度较高的部位进行散热设计。

图9-34 电池热力学CFD仿真

9.7 电池管理系统

电池管理系统（BMS）是连接车载动力电池和电动汽车的重要纽带，将电池或电池组的检测及管理集于一体，从而确保电池或电池组的安全可靠，并以最佳状态输出动力（图9-35）。BMS应当具备对电池实时监控、自动均衡、充放电智能管控等功能，在有效保障电池安全的同时，应当实现对电池剩余容量的检测，通过有效的电池管理，可以提高电动汽车续航里程，是动力电池组不可缺少的重要部件，对电动汽车的正常运行意义重大。

图9-35 电池管理系统

9.7.1 大学生方程式赛事现状

在大学生方程式赛车中，电池包大约占正常质量的1/4。目前，在欧洲和美国的电动方程式赛车队中，自制电池管理系统十分普遍，而在国内，除了同济大学、台湾清华大学等，车队主要是使用产品级别的电池管理系统，其中绝大多数使用的是对赛事进行赞助的科列 BMS（图 9-36）。大学生车队对于 BMS 的应用，主要集中在电池状态的监测、故障报警及控制等较为基础的功能。

和产品级别的电池管理系统相比，自制的电路板通常尺寸更小，可以充分利用电池箱内的空间，使质量更轻，在功能上不会有过多冗余，能够使电池设计具有灵活性和多样性，有利于电池箱整体降低重心，实现部分轻量化。早在 2011 年，德国赛的参赛电车就开始使用自制电池管理系统（图 9-37），从此相关设计开始蓬勃发展，并且逐渐趋于稳定。在国内，电动方程式赛事起步较晚，大部分车队对于电池管理系统没有进行相关研究和开发，近年来大陆仅有同济大学等少数车队使用了自制 BMS。同济大学从 2017 年开始使用自制 BMS，如今 BMS 的高度仅为 15 mm 左右，相比产品级的 BMS 能够有效缩小电池箱体积。

图 9-36　科列 BMS

图 9-37　自制电池管理系统

图 9-38 所示为 2019 年德国赛冠军——慕尼黑工业大学自制的从控板，将尺寸和重量都做到了极致。中国车队在技术层面追赶上国际强队仍有很长的路要走，令人欣慰的是，目前已经有多支国内车队正在或即将开展自制 BMS 的工作。

9.7.2　电池管理系统架构

电池管理系统分为硬件部分和软件部分，首先需要对电池管理系统的架构进行初步认知。

第9章 动力电池

图9-38 TUM-19电池模组

硬件方面，电池管理系统一般分为主板、从板（LCU）、高压分断器（BDU）、高压控制板等（图9-39）。主板是电池管理系统的大脑，收集各个从板的采样信息，通过低压电器接口与整车进行通信，控制BDU内继电器的动作，实时监控电池各项状态，保证电池在充、放电过程中的安全使用。LCU实时监控模组单体电压、温度等信息，将信息传递给主板，具备电池均衡功能，从板与主板的通信方式通常是CAN通信或者菊花链通信。BDU是电池包电能进出的大门，通过高压电气接口与整车高压负载和充电线束连接，包括预充电路、总正总负继电器、快充继电器等，受到主控板的控制。高压控制板起到实时监测整包电压、电流的作用，同时包括预充检测和绝缘检测的功能。

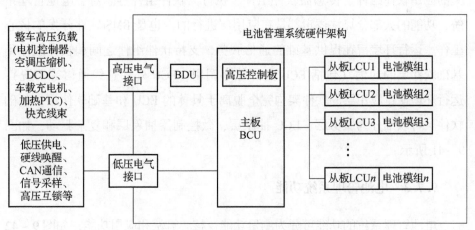

图9-39 电池管理系统硬件架构

AUTOSAR（AUTomotive Open System ARchitecture，汽车开发系统架构）是在汽车实现电动化、智能化、网联化过程中出现的开发系统架构，它的分层架构使得主机厂、供应商、科研机构可以联合开发、高效配合，构造出强大的软件系统。成熟的 BMS 软件开发通常是基于 AUTOSAR 架构开发。AUTOSAR 架构将运行在微控制器上的 ECU 软件分为应用层（Application）、运行环境（Running Environment）和基础软件层（Basic Software），如图 9－40 所示。

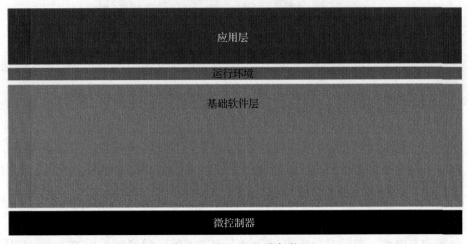

图 9－40　BMS 软件架构

应用层中的功能由各软件组件（Software Component）实现，包括硬件无关的应用软件组件、传感器软件组件、执行器软件组件等。对于电池管理系统，功能的大部分算法逻辑都是在应用层进行的，也是 BMS 软件开发的核心工作。运行环境旨在提供基础的通信服务，支持软件组件之间和软件组件到基础软件层的通信（包括 ECU 内部程序调用、ECU 外部总线通信等情况），运行环境使得应用层的软件架构完全脱离于具体的 ECU 和基础软件层。基础软件层可以细分为服务层、ECU 抽象层、微控制器抽象层和复杂驱动，如图 9－41 所示。

9.7.3　电池管理系统功能

电池管理系统的功能可分为测量功能、核心算法和应用功能，如图 9－42 所示。

第9章 动力电池

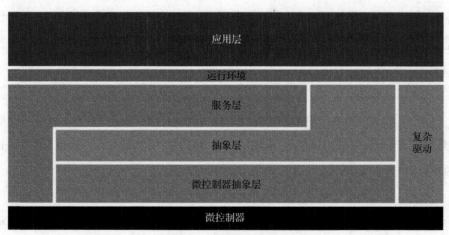

图9-41 BSW基础软件层

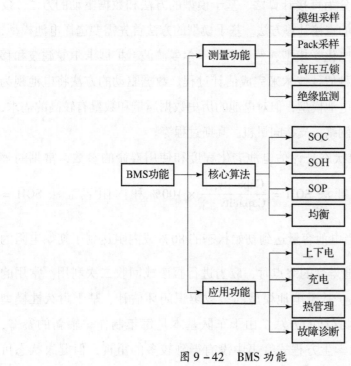

图9-42 BMS功能

1. 测量功能

测量功能主要包含模组的电压采样和温度采样、电池包的总电压采样和总电流采样、高压互锁检测、绝缘检测。测量功能实时监控着电池的基本状态，是 BMS 所有功能的基础，离开了这些测量，BMS 的所有核心算法、应用功能都难以执行。

2. 核心算法

核心算法主要包含电池荷电状态估计（State of Charge，SOC）、电池健康状态估计（State of Health，SOH）、电池功率状态估计（State of Power，SOP）、电池均衡算法。

（1）电池荷电状态指当前电池容量和额定容量的比值，准确估计 SOC 可以防止锂电池过充电或者过放电，有效延长电池使用寿命，并且可以在电动汽车行驶中预知可续航里程，也是大学生方程式赛事中所用到的最核心功能之一。典型的方法分为直接计算法、基于模型的方法和数据驱动的方法。安时积分法是最简单的直接计算方法。基于模型的方法首先需要选择电池模型，如等效电路模型和电化学模型，然后利用卡尔曼滤波、扩展卡尔曼滤波和移动地平线估计等多种估计技术来完成估计过程。数据驱动的方法将电池视为黑匣子，不需建立电池模型，但对电池的历史数据质量和数量有较高的需求，常用的算法有神经网络、支持向量机、高斯过程等。

（2）电池健康状态是评估电池老化程度和使用寿命的参数，常见的表征方法有容量表征法 $SOH = \dfrac{Capacity_{now}}{Capacity_{rated}} \times 100\%$ 和内阻表征法 $SOH = \dfrac{R_{EOL} - R}{R_{EOL} - R_{new}}$。规定当电池容量达到初始状态的 80% 或内阻达到了初始电阻的 160%，即到达电池寿命的终点时，应当进行报废或回收二次利用。常用的方法有直接测量法、基于电池模型的参数辨识闭环估计、基于耐久性模型的开环估计和数据驱动的方法。由于车队基本是每年制作一辆新的赛车，电池健康状态在大学生方程式赛事中没有得到较多的重视，但健康状态可以向车队技术人员展示电池老化程度和剩余使用寿命，为车队策略提供指导，在自制 BMS 较为成熟的情况下理应进行更深层次的研究。

（3）电池功率状态是用来表征电池在一段时间内的峰值功率，在加速、再生制动、梯度爬坡过程中，对功率状态进行准确估计，在可以保证电池安全的前提下，实现整车动力性能的最佳匹配，达到整车控制的最优化。目前SOP的估计方法可以分为3类，即插值法、基于参数模型法、基于数据驱动的非参数模型法，如图9-43所示。SOP在大学生方程式赛事中还没有得到广泛关注，但针对赛车竞赛的复杂工况和高频变化的电池输出功率，进行SOP的准确估计，对于保障电池安全性能、延缓电池老化具有理论意义。车队可以根据动态赛事中的电池SOP进行分析，在电池选型和动力匹配方面进行相应的优化工作。

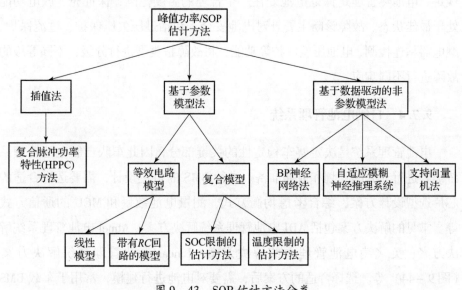

图9-43 SOP估计方法分类

（4）均衡功能是针对电池使用过程中出现的电压、容量不一致性问题，通过电池管理系统进行均衡，分为主动均衡和被动均衡两种方法。主动均衡是以电量转移的方式进行均衡，将电压高的电芯单体电量转移至低电压电芯单体，均衡效率高，但目前市场上很多主动均衡技术并不成熟，大多采用变压原理，依托于昂贵的芯片和变压器等周边零部件，成本较高，结构复杂，应用在BMS上较少。被动均衡一般通过放电的形式，将电压较高的电池进行放电，以热量形式释放电量实现均衡作用。被动均衡的优点是成本低和电路设计简单，因此大多 BMS 配备的是被动均衡功能。缺点是以最低电池残余量为基准进行均衡，无法增加残量少的电车容量，导致均衡电量 100% 以热量形式被浪费。

3. 应用功能

应用功能主要包含高压上下电与低压上下电、交流充电和直流充电、电池热管理系统和电池系统故障诊断。

高压上下电和低压上下电需要其他控制器，如 VCU 和 BMS 配合来实现。BMS 完成高压上电后，才能向整车高压负载供电或进行充电。交流充电和直流充电是指通过充电桩、充电机等为电池进行充电，充电功能有相关的国家规定。电池热管理是保证电池处在一个合理的温度范围，保证充、放电功能处于最佳状态。故障诊断主要针对电池安全，包括过压欠压保护、过流保护、继电器粘连检测、电池压差保护等功能，将故障按类型进行分级，不同等级的故障进行不同响应。

9.7.4　自制电池管理系统

电池管理系统是决定赛车稳定性的关键部分，因此车队自制电池管理系统需要进行充分的计划和前期准备。进行 BMS 的自主设计，需要选择合适的芯片选型设计方案，综合考虑均衡方式，测量电池数量和 MCU 的通信方式等。常见的解决方案包括 ADI 电池管理系统解决方案、Atmel 电池管理系统解决方案、英飞凌电池管理系统解决方案、Linear 电池管理系统解决方案（图 9-44）等。选择合适的方案后，需要对电池进行建模，常用于车载 BMS 的电池模型有等效电路模型和电化学模型，基于电池模型采用对应算法实现状态估计的功能，利用 Matlab/Simulink 软件仿真环境进行仿真试验，验证算法的有效性。在完成车用成品之前，利用工控机和 T-BOX 系统进行 BMS 的测试，同样是十分关键的。

第 9 章 动力电池

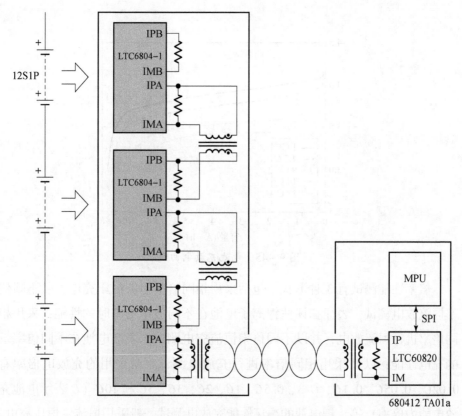

图 9-44 Linear 电池管理系统解决方案

9.8 电池充放电试验

在 FSEC 动力电池设计中，进行充分的电池充放电试验具有重要意义。在电芯选型阶段，需要进行相应充放电试验进行不同型号电芯的性能对比；电池热仿真及热管理系统设计，依赖于电池充放电试验获得的温升曲线及一些特性参数（图 9-45）；进行电池管理系统的开发时，需要电池充放电实验获得的相关数据对电池模型进行参数调节优化，以及对电池管理系统的估计精度进行评估等。因此，车队有必要进行科学、合理的充放电试验以满足电池设计的需求。

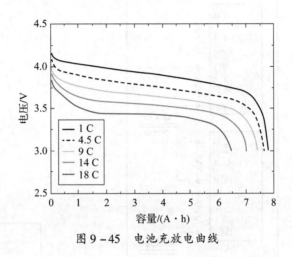

图 9-45 电池充放电曲线

倍率性能测试有 3 种形式,包括采用相同倍率恒流恒压充电,以不同倍率恒流放电测试,表征和评估锂离子电池在不同放电倍率时的性能;采用相同倍率进行恒流放电,并以不同倍率恒流充电测试,表征电池在不同倍率下的充电性能;以及采用相同倍率进行充放电测试。常采用的充放电倍率有 $0.02C$、$0.05C$、$0.1C$、$C/3$、$0.5C$、$1C$、$2C$、$3C$、$5C$ 和 $10C$(C 表示电池充放电能力倍率)等。锂电池的循环性能充放电测试一般采用恒流-恒压充电、恒流放电的模式,记录此过程中的测试时间、电压和电流数据,通过分析该过程中数据的变化来表征电池或材料的容量、库仑效率、充放电平台以及电池内部参数变化等电化学性能的参数。

常用的试验测试方案还有电芯相同倍率充电和放电,测量电池表面温度,用以表征不同倍率下电池温升情况,进行热力学分析;利用测试设备对模组或电池包进行多次循环充放电以模拟连续耐久赛工况,用以表征电池连接效果等。

9.8.1 试验仪器介绍

现阶段国内外相关单位使用的电池测试系统主要包括 Arbin 公司的电池测试系统、新威公司的电池测试系统、蓝电公司的系列电池测试系统以及 MAC-COR 公司的电池管理系统等(图 9-46)。在实验室锂电池的测试过程中,还经常用到防爆箱和恒温箱。实验室用电池防爆箱多用于大容量电池的测试,在研究扣式电池一些特殊性能测试时也会用到,如高倍率、高温性能测试等。实验室用恒温箱温控多为 25 ℃,且实际温度与设定温度间的温差精度不超过 1 ℃。在电池的高低温性能测试中,最低温度可达到 70 ℃,最高温度可达 150 ℃。

图 9-46 电池试验设备

9.8.2 充放电测试试验流程

工业上常用的电池充放电测试常规试验流程为:将测试电池安装在测试仪器上,置于 (25±1) ℃测试环境中,然后静置 10 min;以 $1.0C$ 电流恒流充电至 4.2 V,然后恒压充电至电流下降至 $0.05C$,充电停止;静置 5 min;然后以 $1.0C$ 电流恒流放电至 3.0 V;重复上述充放电步骤 5~10 次。

测量电池的实际容量时,一般使用小倍率进行充放电,以减少极化产生的容量误差,得到电池的真实容量,一般选择 $0.1C$ 的倍率进行测试。

针对 FSEC,车队可以根据需要对试验方案进行灵活调整,现给出同济大学在 2019 年 "蔚来" 杯三电技术分享会中分享的充放电试验方案。

(1) 将电芯以 $0.5C$ 的速度恒流充电至 4.35 V/4.2 V，静置 30 min。

(2) 以 $10C$ 放电至 3 V 模拟直线加速工况。

(3) 将电芯以 $0.5C$ 的速度恒流充电至 4.35 V/4.2 V，静置 30 min。

(4) 以 $5C$ 放电至 3 V 模拟直线加速工况。

(5) 将电芯以 $0.5C$ 的速度恒流充电至 4.35 V/4.2 V，静置 30 min。

(6) 以 $2.5C$ 放电至 3 V 模拟直线加速工况。

(7) 重复（1）~（6），总次数为 33 次。

另外，还可以根据数据记录仪采集到的往年动态赛事的数据，进行 CANoe 解析后获得电池包的实际放电曲线，以此为依据设计试验方案进行电池的充放电试验，对于模拟赛车实际工况下电池的充放电状态和老化程度，可能具有更深刻的意义和价值。

9.9　动力电池项目管理

项目管理是指在项目活动中运用知识、技能、工具和方法，使项目能在有限资源的限定条件下，实现或超过设定的需求和期望的过程。在 FSE 动力电池设计上，就体现为单赛季内动力电池项目的整体检测和管控，包括调研、学习、电池设计、加工、测试以及维护等的整体规划。

在设计之前，列出项目清单和时间规划是非常重要的，可以利用甘特图（图 9-47）等进行前期的规划，给予清晰、明确的安排和预期完成时间，按照计划严格执行。在设计中期及后期，良好的设计流程记录同样具有重要意义，及时记录下设计的流程、设计时的想法和设计依据，并且在设计完成后和测试、实车跑动、赛场成绩多维度结合分析，反思设计中出现的问题，并且确定下一赛季的设计目标和技术路线，形成一个闭环，是十分有益于设计、技术迭代升级的。

第 9 章 动力电池

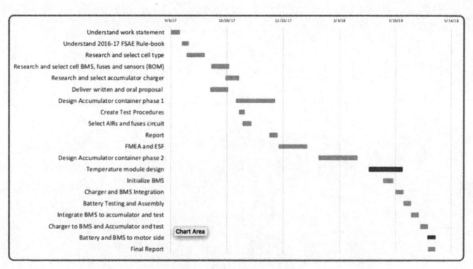

图 9-47 项目甘特图

思考题

1. 锂离子电池有哪些优缺点？
2. 电池管理系统有哪些功能？哪些是大学生方程式大赛必需的？
3. 未来的电池模组设计趋势应该是怎样的？
4. 你认为针对大学生方程式而言，液冷动力电池是必需的吗？
5. 思考一下动力电池减重的方向。

第 10 章
Chapter 10　电机系统

电机（Electric Machinery）是指依据电磁感应定律实现电能转换或传递的一种电磁装置，包括电动机、发电机、变压器、变频器、移相器等设备。电动机（Motor）是指依据电磁感应定律实现电能转换或传递的一种电磁装置，属电机的一种。在不会引起歧义的场合下，大多将电动机（Motor）简称为电机，本章中不涉及除电动机（Motor）以外的电机（Electric machinery）设备，故本章中均将电动机简称为电机。

电机对于赛车就像心脏对于人体。电机工作状态的好坏，很大程度决定了比赛的结果。但电机也不是一位"独行侠"，只有电机"单打独斗"是不行的，与电机相关的其他系统同样起着重要的作用，如传动系统、控制系统、冷却系统，只有所有系统都协调工作，才能使电机充分发挥能力，让赛车在赛场上风驰电掣、一马当先（图10-1）。

图10-1　AMZ-2015年赛车

10.1 电机简介

电机(又称为"马达")的基本工作原理都是基于法拉第电磁感应定律和安培定律,利用通电线圈(也就是定子绕组)产生旋转磁场并作用于转子(如笼型闭合铝框)形成磁电动力旋转扭矩,从而达到能量转化的目的。

10.1.1 电机的分类

电机的种类很多,分类也较为复杂,下面简要介绍几种常用的电机分类方式。

1. 按结构及工作原理分类

电机按结构及工作原理可分为直流电机、异步电机和同步电机,如图10-2所示。

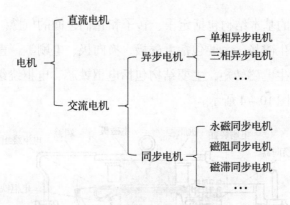

图10-2 电机按结构及工作原理的简单分类

异步电机可分为感应电机和交流换向器电机。感应电机又分为三相异步电机、单相异步电机和罩极异步电机等。交流换向器电机又分为单相串励电机、交直流两用电机和推斥电机。

同步电机还可分为永磁同步电机、磁阻同步电机和磁滞同步电机。

2. 按起动与运行方式分类

电机按起动与运行方式可分为电容起动式单相异步电机、电容运转式单相异步电机、电容起动运转式单相异步电机和分相式单相异步电机。

10.1.2 直流电机

直流电机是将直流电能转换为机械能的电器装置。因其良好的调速性能而在电力拖动中得到广泛应用。直流电机按励磁方式可分为永磁、他励和自励 3 类，其中自励又分为并励、串励和复励 3 种，如图 10 - 3 所示。

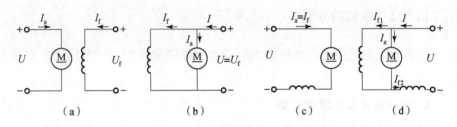

图 10 - 3 直流电机励磁方式
(a) 他励；(b) 并励；(c) 串励；(d) 复励

直流电机的基本结构包括定子、转子和它们之间的气隙。直流电机的定子主要用来产生磁场，主要包括主磁极、换向极、电刷等，直流电机转子的主要作用是产生电磁转矩，主要结构包括电枢铁芯、电枢绕组、换向器、轴和风扇等，如图 10 - 4 所示。

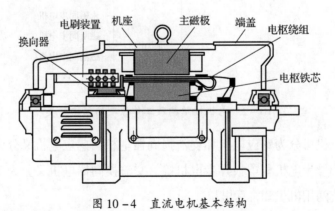

图 10 - 4 直流电机基本结构

10.1.3 异步电机

异步电机又称感应电机,是由气隙旋转磁场与转子绕组感应电流相互作用产生电磁转矩,从而实现将机电能量转换为机械能量的一种交流电机,如图 10-5 所示。

图 10-5 异步电机

三相异步电机主要用作电动机,用来拖动各种生产机械,它的结构简单、制造容易、价格低廉、运行可靠、坚固耐用、运行效率较高并具有普遍适用的工作特性。

三相异步电机的工作原理为:定子绕组加对称电压后,产生一个旋转气隙磁场,转子绕组导体切割该磁场产生感应电势。由于转子绕组处于短路状态会产生一个转子电流,转子电流与气隙磁场相互作用就产生电磁转矩,从而驱动转子旋转。电机的转速一定低于磁场同步转速,因为只有这样转子导体才可以感应电势,从而产生转子电流和电磁转矩,如图 10-6 所示。

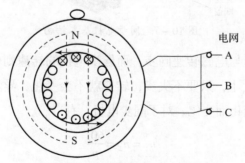

图 10-6 三相异步电机工作原理

异步电机是一种交流电机,其带负载时的转速与所接电网频率之比不是恒定值,还随着负载的大小发生变化。负载转矩越大,转子的转速越低。异步电机包括感应电机、双馈异步电机和交流换向器电机。感应电机(Induction Motor)是一种仅有一套绕组连接电源的异步电机,应用最为广泛,在不致引起误解和混淆的情况下,一般可称感应电机为异步电机。

10.1.4 同步电机

同步电机和异步电机的最大区别在于它们的转子速度与定子旋转磁场转速是否一致,电机的转子速度与定子旋转磁场转速相同的,叫同步电机;反之,则叫异步电机。同步电机与异步电机的定子绕组是相同的,区别在于电机的转子结构。异步电机的转子是短路的绕组,靠电磁感应产生电流;而同步电机的转子结构相对复杂(图10-7),有直流励磁绕组,因此需要外加励磁电源,通过滑环引入电流,因此同步电机的结构相对比较复杂,造价、维修费用也相对较高。

图10-7 同步电机基本结构

同步电机转速与电磁转速同步,而异步电机的转速则低于电磁转速,同步电机不论负载大小,只要不失步,转速就不会变化,异步电机的转速时刻跟随负载大小的变化而变化。对于同步电机,有

$$n_1 = n_2 = \frac{60f}{p} \qquad (10-1)$$

式中,n_1为旋转磁场转速;n_2为转子转速;p为电机极对数;f为交流电频率。

10.1.5 开关磁阻电机

开关磁阻电机是一种新型调速电机,结构极其简单且坚固,成本低,调速性能优异,是传统控制电机强有力的竞争者,具有强大的市场潜力。但目前也存在转矩脉动、运行噪声和振动大等问题,需要一定时间去优化改良以适应实际的市场应用,如图10-8所示。

图10-8 开关磁阻电机

10.1.6 步进电机

步进电机是一种将电脉冲信号转换成相应角位移或线位移的电动机。每输入一个脉冲信号,转子就转动一个角度或前进一步,其输出的角位移或线位移与输入的脉冲数成正比,转速与脉冲频率成正比。因此,步进电机又称为脉冲电机,如图10-9所示。

图10-9 步进电机

步进电机无法直接连接到直流或交流电源上工作，必须使用专用步进电机驱动器。步进电机的结构形式和分类方法较多，一般按励磁方式分为磁阻式、永磁式和混磁式3种；按相数可分为单相、两相、三相和多相等形式。目前，比较常用的步进电机包括反应式步进电机（VR）、永磁式步进电机（PM）、混合式步进电机（HB）和单相式步进电机等。

10.2 电机参数

10.2.1 电机典型参数

电机的外部尺寸参数主要有质量、直径、长度、安装方式、输出轴尺寸、防护等级、绝缘等级、冷却方式、冷却风（水）量等。

电机的内部尺寸参数主要有极数、电枢直径、电枢铁芯长、气隙尺寸等。

电机的特性参数主要有额定电压、额定电流、额定功率、额定转速、额定转矩、额定频率、额定温升、最高电压、最大电流、最大功率、最高转速、最大转矩等。

对于常用的异步电机，其主要技术指标有以下几个。

（1）效率（η）。电机输出的机械功率与输入电功率之比，通常用百分比表示。异步电机的效率一般为75%~92%。

（2）功率因数（$\cos\varphi$）。电机输入的有功功率对视在功率的比值。功率因数越高，说明有功电流分量占总电流比例越大，电机做的有用功越多，电机的利用率也越高，一般为0.75~0.9。

（3）堵转电流（I_A）。电机堵转是电机在转速为0转时仍然输出扭矩的一种情况，堵转电流就是此时的输入电流的有效值。电机堵转电流一般为电机额定电流的5~12倍。

（4）堵转转矩（T_K）。电机在堵转情况下所产生转矩的最小测得值。

（5）最大转矩（T_{max}）。电机在额定电压、额定频率和运行温度下，转速不发生突降时所产生的最大转矩。最大转矩与额定转矩之比称为过载系数λ，

表达式为

$$\lambda = \frac{T_{max}}{T_N}$$

（6）噪声、振动情况等。

10.2.2 电机特性曲线

图 10-10 中曲线是典型的电机特性曲线，是对交流电机进行变频控制得到的结果，转矩特性曲线的拐点通常是变频控制中的弱磁点。拐点之前，电机的输出转矩恒定，拐点之后电机的输出功率恒定。

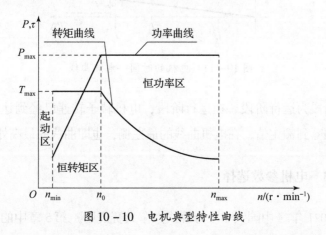

图 10-10　电机典型特性曲线

图 10-11 所示为电机的时间—电流曲线，横坐标是电机电流，纵坐标是电机时间。图中位置较低的浅色曲线是电动机电流曲线，位置较高的曲线是保护装置的电流曲线。

其中主要包括 3 个阶段。

第一阶段为起动静止阶段，即电机被瞬间加上电压，但由于负载和电机转子旋转惯性存在，电机的转子还停留在静止状态。这时出现在电机定子绕组中的电流叫作起动冲击电流（I_p），其大小等于电机额定电流的 10 ~ 14 倍。

第二阶段为起动和堵转阶段，即电机转子开始旋转，电机电流开始回落。电机的堵转电流也出现在这里。起动和堵转电流等于额定电流的 4 ~ 8 倍。一般按 6 倍来计算。

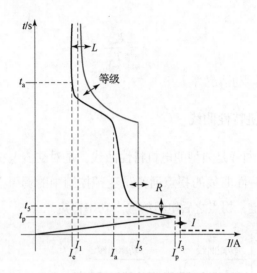

图 10-11 电机的时间—电流曲线

第三阶段为运行阶段。在运行阶段,电机转子转速已经到达额定值,电机电流也回落到额定值,在电机曲线的最左侧,也即曲线的最高处。

10.2.3 电机参数选择

根据 2021 年《中国大学生方程式汽车大赛规则》第 5 章中的规定:

规则 2.2.1 电池箱输出的最大驱动功率不得超过 80 kW。

规则 5.1.1 在任意两个电气连接处的最大允许电压为直流 600 V。

因此,方程式赛车上的电机总功率必须低于 80 kW,且额定电压小于 600 V。

对于常用的交流异步电机的参数选择主要是指电机的功率和转矩参数的设计计算。功率包括电机额定功率和最大功率,依照赛车的最高行驶车速和爬坡度来确定。

设计中常以先保证赛车预期的最高车速来初步计算电机功率,赛车以最高车速行驶消耗的功率为

$$\sum_{u_{\max}} P = \frac{Mgf}{3\ 600}u_{\max} + \frac{C_\mathrm{D}A}{76\ 140}u_{\max}^3 \qquad (10-2)$$

式中，M 为整车质量（kg）；f 为滚动阻力系数；C_D 为迎风阻力系数；A 为迎风面积（m²）；u_{max} 为最高行驶车速（km/h）。

赛车以某一车速爬上一定坡度消耗的功率为

$$\sum_i P = \frac{Mgf}{3\,600}u_a + \frac{C_D A}{76\,140}u_a^3 + \frac{Mgi}{3\,600}u_a \qquad (10-3)$$

式中，u_a 为电动试验赛车行驶速度（km/h）；i 为坡度。

同样在爬坡工况下，赛车的最大转矩表达式为

$$T_{max} \geqslant \frac{r}{\eta i_0}\left(Mgf\cos\alpha_{max} + Mg\sin\alpha_{max} + \frac{C_D A}{76\,140}V_\alpha^2\right) \qquad (10-4)$$

式中，i_0 为赛车主减速传动比；r 为轮胎半径；η 为机械传动效率；α_{max} 为坡道与水平地面最大夹角；V_α 为速度沿坡道方向的分量。

赛车的电机功率应能同时满足试验赛车对最高车速及爬坡度的要求。所以，电动试验赛车的电机额定功率 P_{er} 与最大功率 P_{ermax} 的关系为

$$P_{ermax} = \lambda P_{er} \qquad (10-5)$$

式中，λ 为电机的过载系数。

为了使赛车能有较好的动力性能，根据动力参数设计原则，在理论计算结果基础上应适当增加一些余量。

上述公式为对电机参数的详细考量，若在只考虑电机功率的一般情况时，有下述经验公式可以使用。

1. 确定电机所需最小功率

确定电机功率的经验公式为

$$P = \frac{1}{\eta}(P_f + P_w + P_j + P_i) \qquad (10-6)$$

式中，P_f 为赛车行驶时的空气阻力功率（kW）；P_w 为赛车行驶时滚动阻力功率（kW）；P_j 为赛车行驶时坡道阻力功率（kW）（比赛中没有坡道，即 $P_j = 0$）；P_i 为赛车行驶时加速阻力功率（kW）（可视作此时赛车无加速，即 $P_i = 0$）。

最终可得

$$P = \frac{1}{\eta}\left(\frac{M \cdot g \cdot f_k \cdot V_m + 0.5 C_d \cdot A \cdot \rho \cdot V_m^3}{K}\right)$$

假设赛车的各项参数如表 10-1 所示。

表10-1 示例赛车的部分参数

参数名称	符号	参考值
赛车行驶总重/kg	M	320
重力加速度/(m·s^{-2})	g	9.8
无应变表面上轮胎的滚动阻力系数	f_k	$f_0(1+A_f V_m^2)$
轮胎滚阻系数	f_0	0.015
速度效率对滚动阻力的影响/(s^2·m^{-2})	A_f	5.1
最高车速/(km·h^{-1})	V_m	120
风阻系数	C_d	0.6
空气密度/(kg·m^{-3})	ρ	1.226
赛车迎风面积/m^2	A	1.01
传动效率	η	0.9
容量补偿系数	K	0.95

将表10-1中数据代入式(10-6)计算得

$$P_{\min} = 18.965 \text{ kW} \tag{10-7}$$

则可知赛车所需最小功率为18.965 kW。

2. 赛车所需最大功率

在75 m直线加速比赛时电机的输出功率为最大。假设按设计目标75 m直线加速3.8 s完成,可知75 m距离内赛车平均速度为$v=71.05$ km/h,平均加速度$a=10.39$ m/s^2。

假设汽车在无风的水平直线良好道路上全力加速,根据汽车加速过程中的动力学方程,加速过程中其瞬时功率为

$$P_n = P_i + P_j + P_w = \frac{1}{3\,600\eta}\left(M \cdot v \cdot a + Mg \cdot f_0 + \frac{C_d \cdot A \cdot v^3}{21.25}\right) \tag{10-8}$$

将数据代入式(10-8)得

$$P_{\max} = 77.11 \text{ kW}$$

同时根据规则要求,整车最高功率需小于80 kW。两者取较小值。

依据上述计算结果可以完成电机功率最大值和最小值的初步选择。

10.3 赛车驱动形式

电动方程式大赛赛车普遍采用后驱和四驱两种形式,很少有采用前驱的布置形式。后驱车一般分为单电机后驱和双电机后驱。

单电机后驱布置形式一般采用大功率电机安装于赛车中后部,通过减速器与差速器驱动后轮,与传统油动方程式赛车驱动形式类似。单电机布置形式简单、可靠,油动赛车的技术积累可以得到保留,难度较低。缺点是电机质量较大,赛车转向特性不如其他的布置形式。

传统赛车底盘设计利用被动调优参数来保证操纵稳定性和防止偏航振荡,代价是降低了赛车的操纵灵敏性。如果能够独立调节每个车轮上扭矩,实现车辆操纵性能的主动控制,如在有转向输入时,通过在外侧轮增大扭矩,内侧轮减小扭矩,创造对应于转向输入的瞬时偏航响应,这样赛车的转向特性更可预测,同时会使车辆更稳定。

多电机技术能够实现扭矩矢量的分配,如图 10-12 所示。

图 10-12 扭矩矢量分配示意图

双电机后驱布置形式一般采用两个相同的电机对称布置在赛车的中后部,分别驱动赛车的后轮,相较于单电机后驱布置形式,省去了差速器等结构。维修方便,可靠性高。赛车转向时后轮可以提供主动的转矩控制。

四驱布置形式是一种新型的布置方案,一般将4个电机分别布置在轮毂内侧,并将减速器等结构集成到轮毂内部,集中化程度较高,同时设计难度也较大。四驱布置形式对比双电机布置形式,其扭矩矢量控制更加强大,同时四电机能够充分利用上前轮的抓地力,使赛车具有更强的动力输出。如何更好地应用和优化四电机布置形式,已成为很多车队追求的技术目标。

10.4 电气连接

10.4.1 线缆

2021 年《中国大学生方程式汽车大赛规则》第 5 章中 5.5.1~5.5.14 等规则规定了驱动系统绝缘、电缆和导线管的有关要求,如驱动系统线缆、连接器和绝缘物的最低可接受温度额定值为 85 ℃等。

如果使用轮毂电机,需满足《中国大学生方程式汽车大赛规则》第 5 章中关于电车的规定:

规则5.4.3 仅当添加互锁回路时才允许使用轮毂电机。当车轮总成受损或脱落时,互锁回路必须能激活断开安全回路并断开 AIR。在车架包裹之外的驱动系统线束必须减小到最短。最短的定义是电机到防滚环或防撞结构最近的距离,并计入折弯半径。驱动系统线束无论在哪里断开都不能触及驾驶舱或驾驶员处。

中国大学生方程式汽车比赛中的车用线缆主要可分为有屏蔽层线缆和无屏蔽层线缆,如图 10-13 和图 10-14 所示。

对于交流输电线,一般使用带有屏蔽层的线缆,并将屏蔽层良好接地,以防止出现电磁干扰。高压线缆之间的连接采用机械连接,同时需要考虑温度对连接处可靠性的影响。例如,使用金属防松螺母代替尼龙防松螺母,避免尼龙在高温下失效。

高压线走向应合理,不得与安装螺栓等部件产生干涉,应避开热源、尖锐物或旋转件;高压线应合理固定,防止自由移动,避免线束磨损造成短路、

第10章 电机系统

图 10-13 有屏蔽层线缆

图 10-14 无屏蔽层线缆

打火等不安全事故的发生。

高压线缆的常用连接方式为压接,对于不拆卸部位使用铜管压接,需要拆卸的部位使用铜鼻子压接,如图 10-15 和图 10-16 所示。

图 10-15 铜管压接

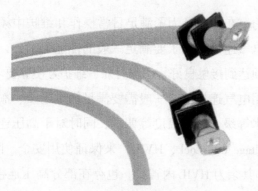

图 10-16 铜鼻子压接

连接线缆的常用工具为手动压线钳和液压压线钳,如图 10-17 所示。

电缆的选择一般需要考虑的因素有额定电压、额定电流、使用温度等。其中电缆的额定电流一般是使用温度、使用环境和电缆自身情况的函数,并不是一个常值,需要通过查表和计算所得。

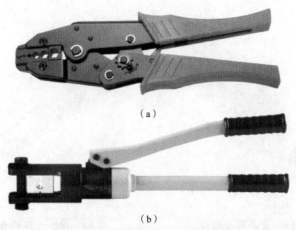

图 10－17　手动压线钳和液压压线钳

(a) 手动压线钳；(b) 液压压线钳

例如，某多芯电缆额定电流计算公式为

$$I = I_N \cdot f_1 \cdot f_2 \tag{10-9}$$

式中，I 为特定情况下的最大电流值；I_N 为标准情况下的最大允许电流值；f_1 为环境温度上升的衰减因子；f_2 为多芯线缆的衰减因子。

10.4.2　电气连接器

电气连接器的存在主要是为了满足日常操作和维护中频繁断开和连接电气回路的功能。电气连接器除了要满足一般的性能要求外，特别重要的要求是电气连接器必须达到接触良好、工作可靠、维护方便等要求。

对于赛车所用电气连接器，一般需要满足额定电压、额定电流、是否需要屏蔽保护、防水等级、使用温度等要求，同时对于高压连接还需要使用高压互锁（High Voltage InterLock，HVIL）来保证使用安全。图 10－18 中左下为 HVIL 外置式，其余为 HVIL 内置式。也存在部分高压连接器无 HVIL 的情况，但需要注意这并不满足《中国大学生方程式汽车大赛规则》。在保证以上要求后，需要尽可能减轻重量，如使用塑料外壳的连接器等。

高压连接器应时刻注意是否有接触不良或者退针现象，避免由于接触不良引起的打火，烧坏连接器（图 10－19）。高压连接器密封一般要求至少达到 IP67，防止进入水或灰尘引起安全事故。

第10章 电机系统

图10-18 不同型号的高压连接器

图10-19 高压连接器插针烧毁

10.4.3 电磁屏蔽

电机驱动系统中的大功率电力电子开关器件工作时会产生显著的电磁干扰,这些干扰噪声不仅会在电机驱动系统内部传播,影响各种低压控制系统的正常工作,还会向外传播影响其他电子系统,影响赛车的安全性和可靠性。

抑制整车电磁干扰技术的措施有以下几个。

（1）建立屏蔽层。屏蔽是指在两个区域之间建立电磁屏障，以保护系统中的电路不受电磁影响，如给动力线外部包裹一层良好接地的金属网。屏蔽层的设计原则主要有：高频电场屏蔽应用铜、铝和镁等良好的导电材料；低频磁场屏蔽应用磁性材料，如铁和镍铁高导磁合金；足够厚度的屏蔽层可以屏蔽任何频率的电场。

（2）滤波。屏蔽主要是为了解决辐射干扰，而滤波则主要是解决通过传导途径造成的干扰。滤波器是解决传导干扰最普遍的部件，主要是抑制电路通路直接进入的干扰。

（3）合理规划线束。在线束布置上，尽可能分开小功率电路和大功率电路，减小线束间的感应干扰和辐射干扰。不同用途、不同电平的导线，如输入与输出线、强电与弱电线要远离，尽量不要平行；接地线长度要尽量短，截面要尽量大。关键元件的电路和走线都要加屏蔽，屏蔽要合理接地。对较长的线束，为减小传导和辐射干扰，应在线束上增加滤波，比较方便的方法是套接合适的抗干扰磁环（图10-20）。

图 10-20　抗干扰磁环

10.5　冷却系统

电机的能量转换效率并不是百分之百的，在将电能转换为机械能的过程中会损失一部分能量，这些损失的能量绝大部分转换为热能引起电机发热。

电机内部的损耗主要由绕组线圈的电阻、磁性材料的磁阻和电机各部件间的机械摩擦造成,主要包含绕组铜耗、定转子铁耗和机械损耗三部分。

电机温升过高将严重威胁电机绝缘寿命、运行效率和可靠性。电机内部的绝缘漆和绝缘纸等绝缘材料的寿命与电机温度呈现指数变化规律,有

$$D = A_0 e^{\frac{-\ln 2}{\alpha}T} \tag{10-10}$$

式中,D 为绝缘材料的寿命;A_0 为环境温度为 0 ℃时绝缘材料的寿命;T 为电机的实际工作温度;α 为电机绝缘等级。可以看出,电机的绝缘寿命会随着电机实际工作温度的上升而急剧下降。

同时,电机温度升高将引起电机绕组阻值增加、电机内部磁性材料去磁等问题,增加了电机损耗,降低了电机工作效率,进一步引起电机发热量增加。电机绕组阻值随温度变化的规律为

$$R = R_0[1 + \alpha_0(T - T_0)] \tag{10-11}$$

式中,R 为温度为 T 时绕组的电阻;R_0 为温度为 T_0 时绕组的电阻;α_0 为电阻温度系数;T_0 为起始温度。可以看出,绕组的温度升高将引起绕组阻值变大,进一步增加电机铜耗,降低电机的工作效率。因此,对电机进行良好的冷却是十分必要的。

10.5.1 冷却方式

电机散热方式主要包括风冷、液冷、蒸发冷却和额外热路强化型散热系统四大类。应用最广泛的是低成本、适用于小功率电机的风冷散热系统和高效率、适用于大功率电机的液冷散热系统。

1. 风冷散热

风冷散热系统通常在机壳表面设计翅片以增加换热面积、提高散热效率,具有制造工艺简单、成本低廉和可靠性高等优势,在小功率密度电机散热领域得到了广泛应用(图 10-21)。风冷散热系统根据是否采用额外的增强空气流动的装置分为自然风冷系统和强迫风冷系统,自然风冷系统不需要额外的动力装置,仅仅通过机壳与周围空气的自然对流进行热交换。强迫风冷系统通常利用风扇系统加强电机与外部空气的热交换,额外的风扇系统提高了电机的散热效率,但是也在一定程度上增加了电机系统的电力消耗和噪声。

图 10-21　风冷电机

2. 液冷散热

液冷散热系统是在电机机壳内部或者电机内部设置密封的循环流道，并采用循环装置驱动冷却介质在流道内循环流动进行换热的电机冷却系统。根据冷却介质可以将液冷散热系统分为水冷散热系统和油冷散热系统两类，如图 10-22 所示。

图 10-22　液冷电机

水冷散热系统主要是在机壳内部设置循环流道，流道结构主要有圆周型、螺旋型和轴向型 3 种，还有少部分的复合型流道结构。水介质具有无污染、成本低、比热容和热导率较高等优势，因此得到了广泛的应用。

第10章 电机系统

但水介质凝固点较高、沸点较低,在冬天的实际使用中需要注意使用温度。此外,水冷散热系统在长期循环过程中容易产生水垢并腐蚀机壳,需要保证水的纯度。根据《中国大学生方程式汽车大赛规则》中"第2章——通用技术规范"第8.1条规则规定:水冷发动机必须使用水作为冷却液。电动机、电池或者高压电子设备可以使用水或油作冷却液。严禁使用乙二醇防冻剂、水箱保护剂、任何形式的水泵润滑剂以及其他任何添加剂。所以,不能添加防冻液来避免结冰或防腐蚀剂来避免出现水垢。因此,对于水冷部件,需要经常检查其密封情况、腐蚀情况、流通状况。同时赛车的冷却系统也需要满足《中国大学生方程式汽车大赛规则》中的其他要求。

10.5.2 赛车常见冷却部件

1. 水泵和风扇

赛车用水泵和风扇功率不需要太大,使用小型水泵和风扇就可以满足需求,如图10-23所示。

图10-23 小型水泵和风扇

2. 散热器和水箱

一般情况下,赛车的水箱和散热器合二为一,不再设单独的水箱,如图10-24所示。

3. 副水箱

副水箱有时也叫作膨胀水箱、消泡壶(图10-25)。副水箱可以消除水中气泡,平衡冷却水路压力,并且一般从副水箱对回路补水。

图 10-24 散热器　　　　图 10-25 副水箱

4. 溢流瓶

溢流瓶用来存储从冷却系统或发动机润滑系统溢出的除水以外的液体，并且必须能够存储沸水而不变形。可以使用成品铝罐等或其他自制产品。

10.6　电机台架试验

台架试验一般是指产品出厂前，进行某些模拟试运行的试验。在电机系统的设计过程中也可以进行台架试验。

如果使用产品级电机，台架试验可以帮助车队获得最接近实车上使用情况的电机性能数据，而这些数据往往很难从数据手册等地方查到。并且随着技术水平的提高，越来越多的车队走上了自主研发赛车电机的道路，这就更需要电机的台架试验来测试电机的性能。

10.6.1　台架组成部分

台架测试系统的主要组成部分有机械部分、电气系统部分、控制系统和人机界面等部分。

由图 10-26 可知，台架机械部分主要包括被试电机、负载电机、扭矩传感器、联轴器、中间支撑及机械制动单元、机械平板等部分。

第 10 章 电机系统

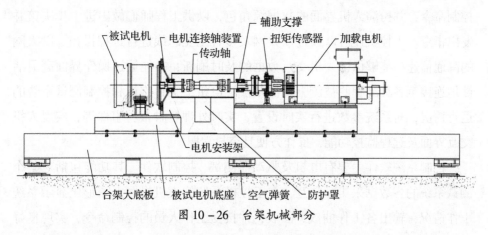

图 10-26 台架机械部分

电气系统部分主要由电池模拟器、变频电源、恒温控制装置、电力测功机控制仪、温度和压力数据采集模块、功率分析仪等部分组成，如图 10-27 所示。

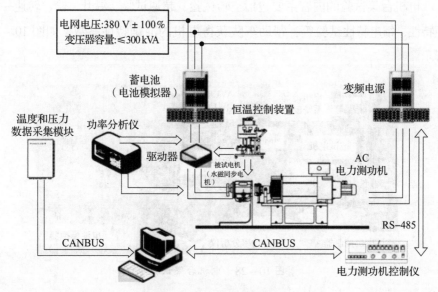

图 10-27 台架电气部分

台架测试系统的控制系统和人机界面主要包括两大部分，即硬件系统部分和软件系统部分。

硬件系统主要由工控机及多个传感器等组成。工控机作为台架整个控制系统的核心，控制程序运行，监测、采集数据，执行数据分析、运算，发出控制命令,并扮演人机界面的数据源角色,以供工程师们做出进一步决策并发出指令。工控机还可以通过以太网及多种工业总线进行远程操控。以太网的高通信速率能够保证人机交互数据的及时刷新,并能通过操作界面高灵活性地连接至各种品牌的被测驱动器及被测电机,实时监视和控制测试系统的运行情况,对系统参数进行实时设置,实时处理各种报警事件等,实现人机交互界面及远程监控功能,操作方便且容易掌握。

控制系统软件主要有电机及驱动器测试、控制软件。其功能包括对整个测试系统的各数据采集、交互,在工控机系统的人机界面上图形化显示系统工作情况,输出各工作曲线、图表,并接受工作人员的控制命令,实现良好的人机交互接口界面。

10.6.2 试验内容

电机台架试验的内容主要包括空转试验、超速试验、温升试验、转速—转矩特性、馈电特性试验等,帮助车队获得电机的准确特性参数,如图10-28所示。

图10-28 电机台架试验

10.7 制动能量回收

制动能量回收又称为再生制动、反馈制动,是指在制动工况将电动机切换成发电机运转,利用车的惯性带动电动机转子旋转而产生反转力矩,将一部分动能或势能转化为电能并加以存储或利用,因此这是一个能量回收的过程。

电动方程式赛车有一大部分质量是出自电池,如何减少电池的总容量,进而减轻整车质量,提升赛车的动力性能,是赛车研制的目标之一。而增加制动回收提高能量利用效率,是有效减少电池的总容量、提高赛车性能的重要技术手段。

赛车的制动控制分为两种,即能量回馈制动和能量消耗制动。电机的反电势能够提供所需的制动电流时,电流将流向电池,电机工作在能量回馈状态;当电机的反电势不足以提供所需的制动电流时,电池将会提供剩余的制动电流,两者电流之和共同消耗在电机的电阻上,此时电机工作在能耗制动状态。再生能量制动传递过程如图 10 – 29 所示。

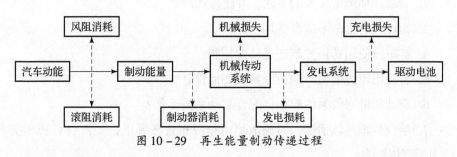

图 10 – 29　再生能量制动传递过程

以方程式赛车为例,踩下制动踏板后,永磁同步电机工作在发电机状态,车轮依靠惯性作为原动机带动转子旋转,电枢绕组的三相电流与永磁体的气隙磁场相互作用产生与转子转向相反的电磁转矩,迫使车轮减速。对于电驱动车辆,引入制动能量回馈后,须考虑将总的制动力需求在摩擦制动力和回馈制动力之间进行分配,以实现两者的协调控制。

对于回馈制动力与摩擦制动力之间的分配,通常有叠加式和协调式两种分配方法(图 10 – 30)。所谓协调式即当回馈制动力达到最大值时,由摩擦制动力来弥补回馈制动力的不足以满足制动需求;叠加式分配则是在各种制动需求下,回馈制动力和摩擦制动力均按一定的比例进行分配。考虑到 FSAE 赛车的实际情况和安全性,叠加式分配方法更能保证赛车工作安全稳定。

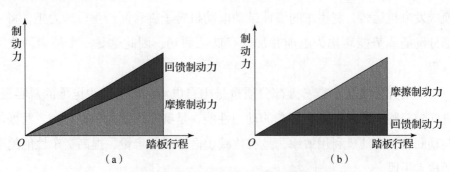

图 10-30 叠加式制动与协调式制动

(a) 叠加式；(b) 协调式

思考题

1. 如何通过 ECU 对电机进行控制？
2. 列举几种测量车速的方法，并比较优缺点。
3. 为什么前驱车不适合赛场？
4. 赛车应使用转矩控制还是转速控制？
5. 若使用轮边电机，轮边系统应如何设计？
6. 制动能量回收系统应如何配合制动系统工作？
7. 结合赛车具体情况，讨论散热水箱应布置在哪里，是否会对赛车空气动力学产生影响？
8. 液体冷却中如何消除冷却区域附面层的影响？

第 11 章
Chapter 11　电子电路

电子电路系统是电动方程式赛车低压系统的重要组成部分。在 2021 年《中国大学生方程式汽车大赛规则》第 5 章中，对低压系统有以下要求：

规则 4.1.1 低压系统所允许的任意两个电气连接处的最大允许电压为直流 60 V 或者交流 25 V_{RMS}。

规则 4.1.2 低压系统壳体必须接地。

规则 4.1.3 低压系统禁止使用橙色线和橙色导线管。

电子电路系统的基础功能包括给低压部件供能的配电系统、保障车手安全的安全系统、采集整车数据的信息系统 3 个方面。同时，低压系统线束设计与人机交互系统设计也是电子电路系统设计的两个重要部分，线束连接整车所有低压器件，人机交互系统是沟通车辆、车手与设计人员的渠道，缺一不可。

11.1 配电系统设计

配电系统设计分为两步，即低压电池的参数设计与低压电源设计。

11.1.1 低压电池参数设计

1. 电流形式与额定电压的选择

根据规则，低压系统中任意两点电气连接的最大允许电压为直流 60 V 或者交流 25 V_{RMS}。由于多数的车载用电器采用直流电控制，且化学电池绝大部分都为直流电池，所以赛车上一般采用直流电源。

电动方程式赛车的低压用电器多采用 5 V、12 V、24 V 等 3 种电压供电。赛车所用的传感器供电电压以 5 V、12 V 为主。大多数芯片如 74 系列芯片、

LM339、运算放大器、光耦等芯片大多采用 5 V 或 12 V 供电。一些大功率的用电器如 VCU、ECU、水泵、风扇等采用 24 V 供电。由于 5 V、12 V 的供电电压可由常见的 DC/DC 降压芯片降压得到,因此,采用 24 V 低压直流电池较为合适。

2. 电池容量的选择

赛车在比赛过程中,耐久赛的低压上电时间不超过 30 min,加上赛前调试及平时调试使用,应保证赛车至少 1.5 h 的使用时长(考虑电池老化等问题)。要确定电池容量,除了要确定使用时长外,还需要对车载用电器的峰值电流进行统计(表 11-1),车载低压用电器的峰值电流在 9 A 左右,因此选用 15 A·h 以上的 24 V 直流电池即可。

表 11-1 低压用电器电流统计

序号	低压用电器类型	峰值电流估计/A
1	车载传感器	0.05~0.5
2	安全回路	0.1~0.2
3	高压电池箱(包括电池箱风扇)	2~2.5
4	电机控制器(AMK 轮边四电机)	1.5~2.2
5	冷却(水泵+风扇)	2~3
6	VCU	0.5 以下
总计		9

11.1.2 低压电源设计

低压电源的选择包括直接使用低压电池和使用 DC/DC 模块连接动力电池两种方式。

1. 低压电池

低压电池一般选择磷酸铁锂电池或锂电池。

(1) 磷酸铁锂电池安全稳定,具有良好的安全性、使用寿命长、无记忆响应、环保的优点,如图 11-1 所示。

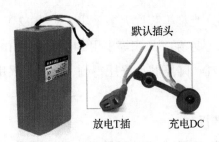

图 11-1　磷酸铁锂电池及接插件

对于磷酸铁锂电池,在技术检查中有以下要求。

①电压不大于直流 60 V。

②坚固的刚性壳体。

③如果电池安装在驾驶舱内,需要有 IPX7 级防水以及耐酸的壳体(仅用于含有电解液的电池)。

④防火墙隔离低压电池和驾驶员。

⑤有短路保护(如保险丝)。

⑥负极连接到车架/单体壳。

⑦壳体内部连接妥善且有充分的绝缘处理。

⑧电芯安装合理。

⑨电池整体(包括壳体)位于防滚包络以内。

(2) 锂电池比磷酸铁锂电池重量更轻、能量密度更大、内阻更小等,但高温作用下容易自燃,回收不当容易造成污染(图 11-2)。所以,锂电池管理系统(AMS)是必不可少的。AMS 需要监控每一个电池包的实时电压,并监控部分电池包的温度,这方面的详细设计参照电池箱设计章节。

图 11-2　软包锂电池

第11章 电子电路

对于锂电池,除了上述磷酸铁锂电池必须满足的要求外,还需额外满足以下要求。

①壳体最薄处也需要达到 UL94 – V0 防火标准,坚固的刚性壳体也要达到 FAR25 及其他等效标准。

②过流保护的电流值低于电池最大放电电流。

③至少对 30% 的电池单体有过温保护(60 ℃和参数表中所要求的温度取较低温度)。

④所有电池有电压保护。

⑤信号故障/超过阈值将会导致低压电池断开负载(系统关键信号)。

⑥车队成员连接低压电池 AMS 与电脑,可以显示电池单体电压和电池单体温度。

2. DC/DC 模块连接动力电池

除了直接使用低压电池作为低压电源外,还可以通过在动力电池箱中添加一个 DC/DC 模块,将 400 ~ 600 V 的高压直流电转换为 24 V 的低压直流电输出。使用这种方式一般采用 200 W 大功率 DC/DC 模块,并在电池箱外放置一低容量 24 V 低压电池,用于上电激活电池箱,电池箱上电后通过继电器切断低压电池工作,变为电池箱内 DC/DC 模块供电,如图 11 – 3 所示。

图 11 – 3 金升阳科技有限公司 PV200 – 29B24 DC/DC 模块

使用这种方式可以达到减轻低压系统重量,无须考虑低压电池电量的目的。使用 15 A·h 的磷酸铁锂电池自重在 2.0 kg 左右,且需要不小的空间;

而改装后将变为一个小容量低压电池与一个 DC/DC 模块。

3. 配电模块设计

若使用 24 V 低压电池作为电源,实际输出电压不会恒定在 24 V,而是在 24～29.4 V 范围,同时部分车载用电器额定电压为 5 V、12 V,所以在电源与用电器之间需要配电模块来稳定地输出 24 V、12 V、5 V 的电压,如图 11-4 所示。

图 11-4 金升阳 DC/DC 模块

11.2 安全系统设计

11.2.1 安全回路总体设计

安全回路是驱动系统隔离继电器的供电回路,其上串联有许多保障赛车安全的部件,一旦赛车处于危险状态,安全回路就会被切断进而断开驱动系统。《中国大学生方程式汽车大赛规则》第 5 章规定:

规则 7.1.2 安全回路包含至少两个主开关、3 个急停开关、制动超行程开关、绝缘监测装置控制的继电器、惯性开关、制动系统可靠性检查装置控制的继电器、所有需互锁回路和电池管理系统控制的继电器。

设计安全回路前需要先确定安全回路上所有器件的型号及位置,设计器件的连接顺序,使安全回路既能满足规则要求,又能走线简洁、易于维护,如图 11-5 所示。

第 11 章 电子电路

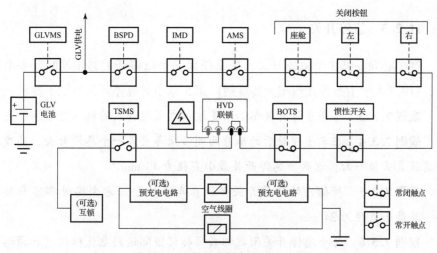

图 11-5 安全回路拓扑原理框图

11.2.2 主开关（GLVMS、TSMS）

安全回路上有两个主开关，分别是低压系统主开关（GLVMS）和驱动系统主开关（TSMS）。GLVMS 可以完全切断低压系统的电源，TSMS 可以激活驱动系统，所以驱动系统主开关必须具有"挂锁/挂牌功能"，以防止意外激活。主开关常采用带有至少 50 mm 宽红色可移除把手的机械式旋转开关，如图 11-6 所示。

图 11-6 机械式旋转开关

11.2.3 急停开关

赛车必须安装3个急停开关,按下任何一个急停开关必须能断开安全回路。《中国大学生方程式汽车大赛规则》第5章中对急停开关有以下要求:

规则7.3.3 每个急停开关都必须是按键式或旋转式的机械型紧急开关。

规则7.3.4 在车手座舱后的车身两侧必须各安装一个急停开关,高度接近驾驶员头顶平面,这两个急停开关最小直径为40 mm。

规则7.3.5 座舱内的急停开关必须在车手处于任意坐姿时都容易接触到,其最小直径为24 mm。

规则7.3.6 每个急停开关附近都必须标记国际通用电气标识(三角形白边蓝底的红色闪电标识)。

规则7.3.7 急停开关必须永久固定且难以移除,如急停开关不能安装在可拆除的车体表面。

常使用旋转推拉式按钮作为急停开关,如图11-7所示。

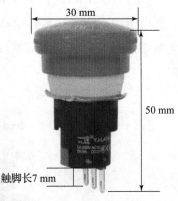

图11-7 常用急停开关

11.2.4 惯性开关

惯性开关是为使赛车在受到冲击时能够切断安全回路,进而切断动力源的一种器件(图11-8)。《中国大学生方程式汽车大赛规则》要求赛车所配备的惯性开关必须是Sensata可复位撞击传感器或等效产品。规则要求如下:

第 11 章 电子电路

规则 12.5.2 惯性开关必须是安全回路/熄火回路的一部分,以保证通过撞击可以断开上述回路。惯性开关必须保持故障状态直到手动复位。

规则 12.5.3 惯性开关必须能够被赛车的 6g~11g 的减速度所触发,阈值取决于减速时间。

规则 12.5.4 惯性开关必须能够被稳固地固定在车上。然而,其必须能够被拆下以通过摇晃的方式检查功能。

图 11-8 Sensata 惯性开关

11.2.5 互锁

规则规定,所有不在外壳内的驱动系统连接器都必须有一个连接到安全回路的互锁电路。所以,赛车与驱动系统有关的插头基本都需加装互锁,如电池箱高压互锁、电机控制器高压插头互锁、电机控制器三相插头互锁、放电盒子互锁、HVD 互锁。

此外,若使用轮毂电机,也必须添加互锁。《中国大学生方程式汽车大赛规则》第 5 章中规定:

规则 5.4.3 仅当添加互锁回路时才允许使用轮毂电机(其电机、辅助电缆及线束在第 2 章 3.3 小节中定义的包络面之外)。当车轮总成受损或脱落时,互锁回路必须能断开安全回路(见电气规则第 7 节)并断开空气线圈。

所以当采用轮毂电机时,可采用航空插头接插件作为互锁插头。用一个铁环穿过接头的一端,当电机脱落时,接头能够主动断开,从而断开安全回路(图 11-9)。

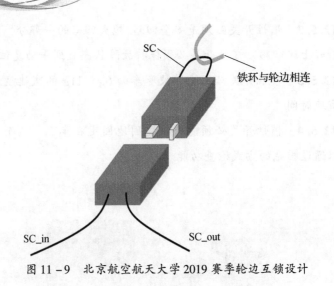

图 11-9 北京航空航天大学 2019 赛季轮边互锁设计

11.2.6 自锁

安全回路中串联有绝缘检测装置（IMD）自锁开关与电池管理系统（BMS）自锁开关。IMD 和 BMS 的故障信号分别由专门的绝缘检测仪和高压电池箱内的 BMS 产生。当 IMD/BMS 自锁开关电路检测到这两个信号时，就会断开安全回路并锁存该状态，直到车手以外的人手动复位才能使安全回路重新导通，如图 11-10 所示。

11.2.7 制动系统可行度检测装置（BSPD）

BSPD 是对制动踏板与油门踏板歧义的检查装置，当车手踩油门的同时刹车，即构成加速与制动的歧义，因此为了保障车手的安全，切断驱动系统供电，制动系统正常工作，使赛车迅速停止，保障车手在紧急情况下由于紧张误同时踩油门和刹车时的安全。

《中国大学生方程式汽车大赛规则》第 2 章中规定，BSPD 必须满足以下要求：

规则 12.6.1 一个独立的非编程电路 BSPD，必须断开熄火电路，当紧急制动发生，同时熄火电路必须保持断开状态直到对低压系统主开关重新上电，或者 BSPD 可以在上述断开条件消失且持续 10 s 以上时自行复位。

第 11 章 电子电路

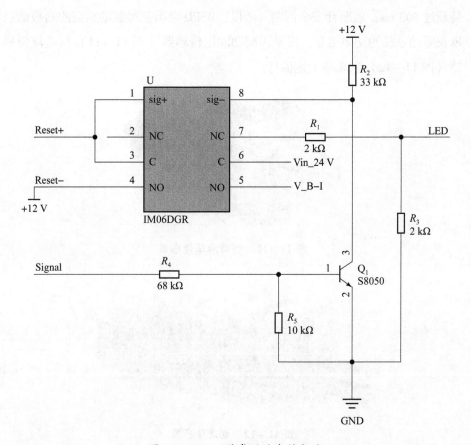

图 11-10 一种常用的自锁电路

规则 12.6.2 在不可信信号持续 500 ms 以上时,断开熄火电路这一操作必须马上被执行。

规则 12.6.3 BSPD 必须由低压系统主开关直接供电。

规则 12.6.4 独立定义为:在这一块印制电路板上,没有额外的功能被应用。BSPD 的接口必须被精简到只剩必要的信号。

规则 12.6.5 为了检测紧急制动,必须安装一个制动系统压力传感器。阈值的选择必须是没有车轮锁死或者制动压力不大于 30 bar(3 MPa)。

规则 12.6.6 必须能够分别断开相关传感器的信号线,以便于技术检查。

根据规则要求,可以设计当踩下加速踏板时,驱动系统的输出功率超过 5 kW,同时踩下制动踏板时,制动油压超过 30 bar(3 MPa),且这一状态保持超过500 ms，就断开安全回路。所以，BSPD必须获得制动系统的踏板信息以及驱动系统的功率信息，常采用制动油压传感器（图11-11）与电流传感器（图11-12）来采集上述信号。

图11-11 制动油压传感器

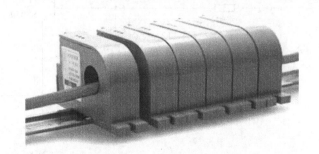

图11-12 电流传感器

BSPD电路的设计主要为了实现以下3种功能。

①当制动油压信号与电流信号超出阈值时，断开安全回路。

②当BSPD被触发，必须按下复位开关后才能接通安全回路；或在解除歧义状态10 s后安全回路自动复位。

③当制动油压信号或电流信号断线时，断开安全回路。

判断信号是否超出阈值常使用LM339电压比较器，制动油压信号或电流信号一般为模拟量电压值，将其与R_3电位计所设的阈值进行比较，则可实现在阈值上下Output端输出高、低不同的电平，如图11-13所示。

要现实安全回路的复位，可参照自锁电路，使用继电器控制。

制动油压信号或电流信号的断线检测可参照图11-14。图11-14（a）所示的电路用于检测断线，信号正常时电流传感器和制动油压传感器会输出

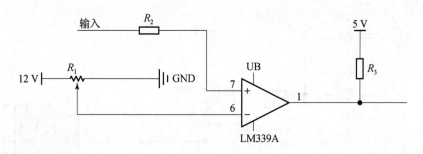

图 11 - 13 LM339 比较电路

0~5 V 的电压，当信号线断后，会由 R_5 和 R_8 分压产生接近 12 V 的信号电压，这时通过电位器 R_7 将参考电压设置在 6~10 V，就可以通过比较器 LM339 区分出信号是否断线。断线时比较器输出高电平，正常时比较器输出低电平（接近 0 V）。图 11 - 14（b）所示的电路将断线检测的结果直接反映到安全回路上，继电器 U1 的 7 号和 6 号引脚直接接于安全回路上。断线时 C_j 会拉高，VT_4 导通，继电器的 1 号引脚拉高，使继电器通电，就会断开安全回路，NO 引脚故障灯亮起。

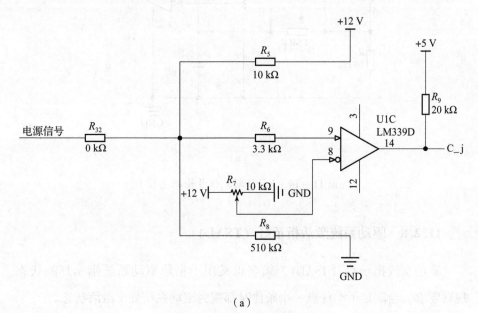

(a)

图 11 - 14 BSPD 断线信号检测

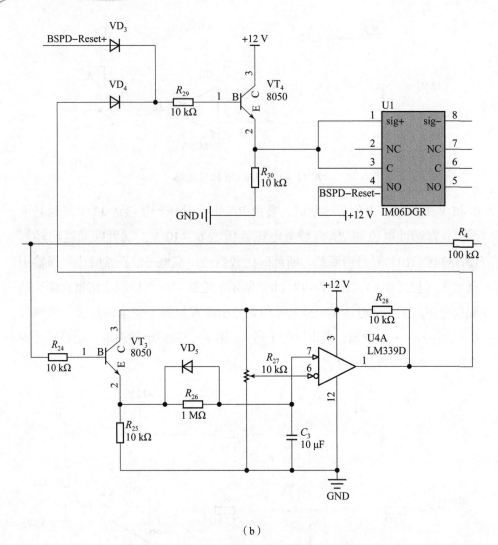

(b)

图 11-14　BSPD 断线信号检测（续）

11.2.8　驱动系统激活指示灯（TSAL）

驱动系统指示灯（TSAL），顾名思义用于指示驱动系统指示灯的状态。

规则要求，当满足下面任意一个条件时都视为驱动系统处于激活状态。

①有一个 AIR 闭合。

②预充继电器闭合。

③电池箱外的电压达到直流 60 V 或交流 25 V_{RMS}。

这意味着即使在 HVD 被移除的情况下，TSAL 也能够检测所有直流母线电容器的电压。

TSAL 自身必须包含以下特征。

①必须由硬件电子装置直接控制，不能使用软件控制。

②当驱动系统处于激活状态，且控制系统处于工作状态时，TSAL 是红色且以 2~5 Hz 的频率持续闪烁。

③当驱动系统处于关闭状态且控制系统处于工作状态时，TSAL 是绿色且保持点亮。

④安装位置要低于主环上赛车最高点的位置，并且在翻滚保护范围内不低于赛车主环最高点下方 150 mm 处，且任何情况下都不允许与车手头盔接触。

⑤发光表面需在阳光下清晰可见，且在以下条件下清晰可见：与地面垂直高度为 1.6 m，水平方向在以 TSAL 为圆心、半径为 3 m 的范围内。

根据上述要求，设计 TSAL 需检测 AIR 继电器、预充继电器以及电池箱外电压的真实状态。如图 11 - 15 所示，AIR 信号来自 AIR 继电器的输出端；PRE 信号来自 PRE 继电器的输出端；HV + 信号来自电池端检测 60 V 继电器的输出端；dianrong 信号来自电容端检测 60 V 继电器的输出端，所有信号正常闭合为 5 V，正常断开接近 0 V。所有信号源均为二元高、低电平信号。

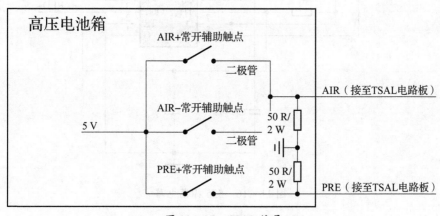

图 11 - 15　TSAL 信号

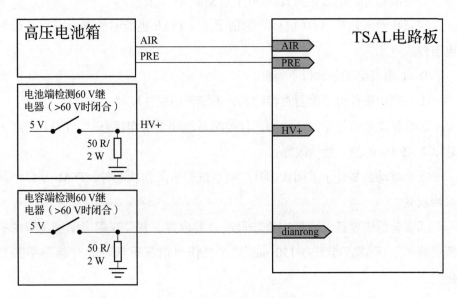

图 11–15　TSAL 信号（续）

要实现红灯以 2~5 Hz 的频率持续闪烁功能，可使用 555 振荡电路（图 11–16），调节电阻与电容的数值实现闪烁频率的变化。

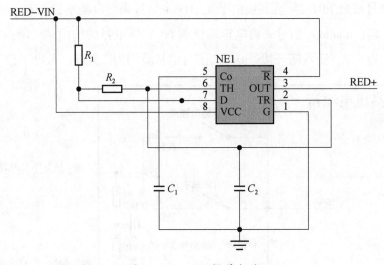

图 11–16　555 振荡电路

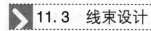
11.3 线束设计

线束设计是电子电路系统设计的重要组成部分,影响着低压系统的使用寿命与稳定性。

11.3.1 线束整体设计

在进行线束设计前,需统计所有低压用电器的接口数量形成线束表,并制定规则,用不同的颜色定义不同种类的接口。线束中包括 5 V、12 V、24 V 等 3 种电压信号、GND、模拟量信号、频率量信号等。对不同的信号采用不同的颜色定义,区分线束,使设计者更容易区分线束内部每根线的定义。

随后对线型进行选型,可根据电流线径表(表 11 - 2)选择尽可能细的线束,对于数字信号,需选择带有屏蔽层的线束以防止信号失真。

表 11 - 2 1UEW 聚氨酯漆包铜圆线线径表

导体尺寸			最小漆膜厚度/mm	最大外径/mm	最小击穿电压(有效值)/V	最大导体电阻/($\Omega \cdot m^{-1}$)	刮漆/N		最小伸长率/%	最大回弹角度/(°)
标称直径/mm	偏差(±)/mm	f值/mm					平均刮破力	最小刮破力		
0.1	0.003	0.003	0.018	0.14	2 000	2.333 1	—	—	15	73
0.11	0.003	0.003	0.018	0.15	2 000	1.917 4	—	—	15	73
0.12	0.003	0.003	0.02	0.162	2 200	1.603 7	—	—	15	70
0.13	0.003	0.003	0.02	0.172	2 200	1.361	—	—	15	67
0.14	0.003	0.003	0.02	0.182	2 200	1.169 6	—	—	15	67
0.15	0.003	0.003	0.02	0.192	2 200	1.015 9	—	—	15	67
0.16	0.003	0.003	0.022	0.204	2 200	0.890 6	—	—	15	67
0.17	0.003	0.003	0.022	0.214	2 200	0.787 1	—	—	15	65
0.18	0.003	0.003	0.024	0.226	2 400	0.700 7	—	—	15	65

续表

导体尺寸			最小漆膜厚度/mm	最大外径/mm	最小击穿电压(有效值)/V	最大导体电阻/(Ω·m⁻¹)	刮漆/N		最小伸长率/%	最大回弹角度/(°)
标称直径/mm	偏差(±)/mm	f值/mm					平均刮破力	最小刮破力		
0.19	0.003	0.003	0.024	0.236	2 400	0.627 7	—	—	15	62
0.2	0.003	0.003	0.024	0.246	2 400	0.565 7	—	—	15	62
0.21	0.003	0.003	0.024	0.256	2 400	0.512 3	—	—	15	59
0.22	0.003	0.003	0.024	0.266	2 400	0.466 2	—	—	15	59
0.23	0.004	0.004	0.026	0.278	2 400	0.429 8	—	—	15	56
0.24	0.004	0.004	0.026	0.288	2 400	0.394 2	—	—	15	56
0.25	0.004	0.004	0.026	0.298	2 400	0.362 8	—	—	15	56

11.3.2 线束设计方法

常用线束设计方法一般为线束建模、生成二维线束图、制作钉板图、线束搭建。

常用的线束设计软件有 Catia、Solidworks、Eplan harness Pro 等，可根据车队对软件的实际使用情况进行选择。

使用这些软件进行线束建模后，可根据线束长度将三维线束模型（图11-17）生成为二维平面图，根据该平面图制成钉板图后，就可以在上面完成线束的搭建工作（图11-18）。

11.3.3 线束缠绕方法

完成了线束搭建后，需要对线束进行包扎，通常有波纹管包裹、密缠胶布、花缠胶布等多种方法。

（1）波纹管包裹分为开口波纹管与闭口波纹管，波纹管具有耐腐蚀、耐磨、耐热等优点；但是具有抗弯曲、疲劳性差的缺点，一般常用于线束的主干部位及高温区。

第 11 章　电子电路

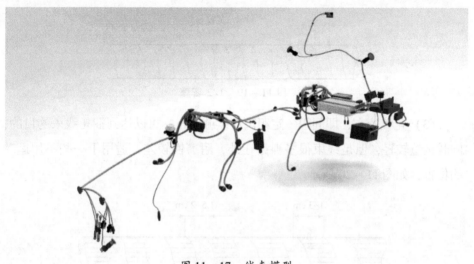

图 11-17　线束模型

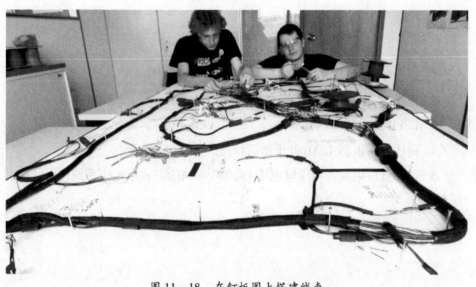

图 11-18　在钉板图上搭建线束

（2）密缠胶布采用宽胶带，有 1/2 密缠（图 11-19）和 1/4 密缠两种，两种缠法胶带密度不同，1/2 密缠耐磨性较好，但重量较大；而 1/4 密缠耐磨性略差，但重量较轻，在一些需要线束活动的部位可以采用这种缠绕方式。

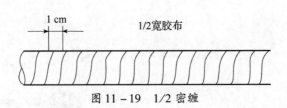

图 11-19　1/2 密缠

（3）花缠胶布，即间隔一定距离连续缠胶布，可以达到捆扎线束的目的，同时重量较轻，但是线束很多裸露在外，耐磨性较差，适用于一些不用运动的位置，如图 11-20 所示。

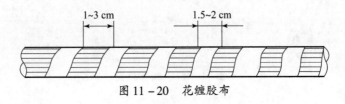

图 11-20　花缠胶布

思考题

1. 安全回路上有哪些部件？请画出安全回路简图。
2. 使用轮毂电机时的轮边互锁有何作用？
3. BSPD 要实现哪些功能？
4. 简述如何检测 TSAL 处于激活状态。
5. 选择低压电池或高压电池接 DC/DC 模块的方式给低压系统供电分别有什么优点？

第 12 章
Chapter 12　电控系统

12.1 赛车的电控系统

赛车应该有完备的电控通信系统,以整车控制器为核心节点,通过CAN信号和电压信号与车载传感器和执行器进行通信,其通信架构如图12-1所示。

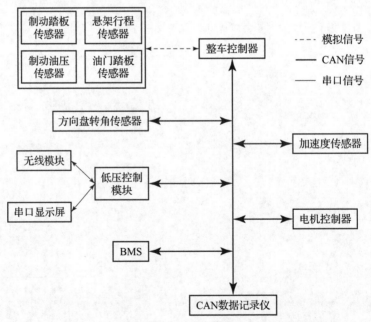

图12-1 北京航空航天大学2019赛季赛车通信系统

整车控制器通过CAN信号与电机控制器、方向盘转角传感器、加速度传感器以及动力电池的BMS进行通信,通过电压模拟信号与制动踏板传感器、油门踏板传感器、悬架行程传感器以及制动油压传感器进行通信。

12.1.1 赛车常用传感器

1. 方向盘转角传感器

方向盘转角传感器安装在赛车的转向柱上,能够有效测量方向盘的转角,如图12-2所示。赛车上的方向盘转角传感器为24 V供电,测量角度在-1 575°~1 575°范围内,分辨率为0.1°,通过CAN信号与整车控制器进行通信。

2. 加速度传感器

加速度传感器主要用来测量赛车的侧向加速度、纵向加速度以及赛车的横摆角速度,如图12-3所示。加速度传感器主要基于陀螺仪的原理来对加速度和角速度进行测量,加速度的测量范围在$-4.2g$~$4.2g$内,分辨率为$0.01g$,角速度的测量范围为$-160°/s$~$160°/s$,分辨率为$0.1°/s$,通过CAN信号与整车控制器进行通信。

图12-2 方向盘转角传感器

图12-3 三轴加速度传感器

3. 制动油压传感器

制动油压传感器主要用来测量制动管路回路内的制动压力,安装在油路的四通阀上,通过电压模拟信号与整车控制器通信,如图12-4所示。制动油压传感器将油压信号转换成电压信号,油压与电压信号之间的关系如图12-5所示,测量范围

图12-4 制动油压传感器

在 0~250 bar (25 MPa)。

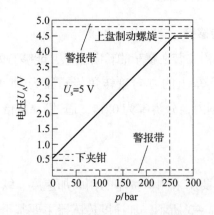

图 12-5　油压与电压信号关系曲线

4. 油门踏板传感器

油门踏板传感器用来测量油门踏板的开度，为角位移传感器，将角位移信号转换成电压信号，输出至整车控制器，如图 12-6 所示。油门踏板传感器的测量范围为 0°~360°，电压信号与角度的关系如图 12-7 所示。

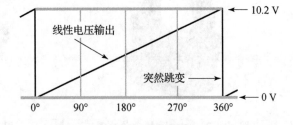

图 12-6　油门踏板传感器　　图 12-7　油门开度与传感器电压信号的关系

5. 悬架行程传感器

悬架行程传感器如图 12-8 所示，安装在悬架弹簧附近，用来测量悬架弹簧的位移，分析赛车行驶时悬架的运动，辅助底盘调校，其通过电压模拟信号与整车控制器通信。悬架行程传感器的测量范围为 75~110 mm，分辨率为 0.01 mm。

图12-8 悬架行程传感器

12.1.2 赛车的数据采集

为了分析赛车状态在行驶时的特性,需要记录行驶时赛车的行驶数据,整车控制器通过 CAN 信号将赛车状态数据发送至 CAN 总线数据存储器,如图 12-9 所示。CAN 总线数据存储器通过将模块搭接到 CAN 总线上,使用 SD 卡存储 CAN 总线上的数据,存储的数据有助于后期对算法和赛车状态的分析。

图12-9 CAN 数据存储器

12.2 常见的赛车控制方法

1. PID 控制

PID 控制器(比例—积分—微分控制器)由比例单元 P、积分单元 I 和微分单元 D 组成。通过对 K_p、K_i 和 K_d 这 3 个参数的设定进行控制。PID 控制器主要适用于基本上线性且动态特性不随时间变化的系统。PID 是以它的 3 种纠正算法命名的。这 3 种算法都是用加法调整被控制的数值,其输入为误差值

（设定值减去测量值后的结果）或是由误差值衍生的信号。

2. 模糊控制

模糊控制（Fuzzy Control）本质是一种计算机数字控制技术，集成了模糊理论、模糊集合论、模糊语言变量和模糊逻辑推理等。与经典控制理论相比，模糊逻辑控制策略最大的特点是不需要准确的数学公式来建立被控对象的精确数学模型，因此可极大简化系统设计和数学建模的复杂性，提高系统建模和仿真控制的效率。

模糊控制系统在建模过程中，利用人类积累的相关知识和生活经验进行推理，模拟人类大脑处理复杂事件的过程，进而产生相应的控制思想，控制思想经过编译成为控制策略。模糊逻辑控制策略由工程人员的控制思路和实践经验积累编译而成，具有较佳的鲁棒性、适应性及容错性。其主要由定义模糊变量、模糊变量模糊化、定义规则库、推理决策和逆模糊化5个环节组成。

3. 滑模控制

在系统控制过程中，控制器根据系统当时状态，以跃变方式有目的地不断变换，迫使系统按预定的"滑动模态"的状态轨迹运动。变结构是通过切换函数实现的，特别要指出的是，通常要求切换面上存在滑动模态区，故变结构控制又常被称为滑动模态控制。

4. 最优控制

最优控制理论是变分法的推广，着重于研究使控制系统的指标达到最优化的条件和方法。为了解决最优控制问题，必须建立描述受控运动过程的运动方程，给出控制变量的允许取值范围，指定运动过程的初始状态和目标状态，并且规定一个评价运动过程品质优劣的性能指标。

通常性能指标的好坏取决于所选择的控制函数和相应的运动状态。系统的运动状态受到运动方程的约束，而控制函数只能在允许的范围内选取。同时，最优控制的实现离不开最优化技术。最优化技术是研究和解决如何将最优化问题表示为数学模型以及如何根据数学模型尽快求出其最优解这两大问题。

12.3 整车动力学模型

分析车辆动力学模型时,需要根据研究的方向对车辆模型进行简化,选取适用于当前情况的自由度来进行分析,使模型能够表现出良好的动力学特性。本章使用 Matlab/Simulink 软件建立整车动力学模型以及非线性轮胎模型,为了验证模型的准确性,通过 Carsim 仿真软件建立汽车模型,并与 Simulink 所建模型进行比较,为后面的算法奠定良好的基础。

12.3.1 7 自由度车辆动力学模型

1. 车辆坐标系的选择

在进行车辆动力学研究前,首先需建立车辆的坐标系。本书的车辆坐标系如图 12-10 所示,O 点处于车辆质心处,建立 $Oxyz$ 空间坐标系,其中 x 轴与地面平行指向汽车前方,y 轴平行于平面指向左侧,z 轴垂直于地面指向上方,横摆角速度、侧倾角速度、俯仰角速度均处于所在转轴并指向逆时针方向。

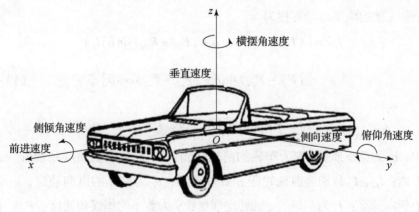

图 12-10 车辆坐标系

2. 车身动力学模型

四轮独立电驱动赛车的稳定性控制,其主要涉及的自由度是:沿 x 轴的纵向运动、沿 y 轴的侧向运动、绕 z 轴的横摆运动以及 4 个车轮的旋转运动，总计 7 个自由度。如图 12-11 所示，根据 7 自由度整车动力学模型推导出车辆各个方向的运动方程。

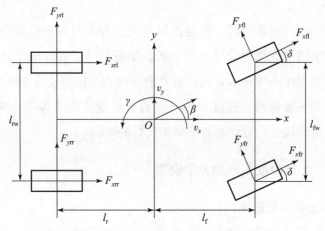

图 12-11 7 自由度整车动力学模型

车辆在纵向上的运动方程为

$$m(\dot{v}_x - v_y\gamma) = (F_{xfl} + F_{xfr})\cos\delta - (F_{yfl} + F_{yfr})\sin\delta + F_{xrl} + F_{xrr} \quad (12-1)$$

车辆在侧向上的运动方程为

$$m(\dot{v}_y + v_x\gamma) = (F_{xfl} + F_{xfr})\sin\delta + (F_{yfl} + F_{yfr})\cos\delta + F_{yrl} + F_{yrr} \quad (12-2)$$

车辆绕 z 轴的横摆运动方程为

$$I_z\dot{\gamma} = [(F_{yfl} + F_{yfr})\cos\delta + (F_{xfl} + F_{xfr})\sin\delta]l_f +$$

$$[(F_{yfl} - F_{yfr})\sin\delta + (F_{xfr} - F_{xfl})\cos\delta]\frac{l_{fw}}{2} - \quad (12-3)$$

$$(F_{yrl} - F_{yrr})l_r + (F_{xrr} - F_{xrl})\frac{l_{rw}}{2}$$

式中，m 为整车质量；δ 为车辆的前轮转角；l_f、l_r 分别为质心到前轴、后轴的距离；l_{fw}、l_{rw} 分别为前轴轮距和后轴轮距；v_x 为整车的纵向速度；v_y 为整车的侧向速度；I_z 为车辆的 z 轴转动惯量；γ 为整车的横摆角速度；F_{xfl}、F_{xfr}、F_{xrl} 和 F_{xrr} 分别为左侧前轮、右侧前轮、左侧后轮、右侧后轮的轮胎纵向力；F_{yfl}、F_{yfr}、F_{yrl} 和 F_{yrr} 分别为左侧前轮、右侧前轮、左侧后轮、右侧后轮的轮胎侧向力。

3. 车轮动力学模型

赛车在正常行驶时，车轮的转动方程为

$$I_w \dot{\omega}_i = T_i - rF_{xi} \qquad (12-4)$$

式中，T_i 为车轮的驱动力矩；r 为车轮的有效半径；I_w 为车轮的转动惯量；ω_i 为车轮的角速度。

12.3.2 轮胎模型

1. 轮胎坐标系

为了方便研究人员分析轮胎的力学特性，SAE 建立了标准的轮胎坐标系。如图 12-12 所示，车轮平面与车轮旋转轴线相垂直，且处于轮胎中分面上。坐标系的原点 O 为轮胎接地轨迹的中心。轮胎坐标系的 x 轴定义为地平面与车轮平面的交线，规定沿着车轮行驶方向为正。z 轴垂直于地面，规定指向上方为正。y 轴为车轮旋转轴线在地平面上的投影线，规定指向左方为正。

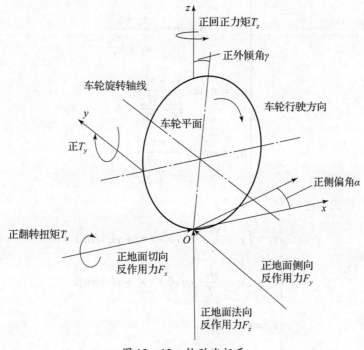

图 12-12 轮胎坐标系

2. 轮胎运动参数

在赛车加速和减速时,赛车前后轴的载荷会发生转移,考虑到纵向和侧向加速度的综合作用,车轮的垂直载荷可以表示为

$$\begin{cases} F_{zfl} = \dfrac{mgl_r}{2L} - \dfrac{ma_x h_g}{2L} - \dfrac{ma_y l_f h_g}{Ll_{fw}} \\[2mm] F_{zfr} = \dfrac{mgl_r}{2L} - \dfrac{ma_x h_g}{2L} + \dfrac{ma_y l_f h_g}{Ll_{fw}} \\[2mm] F_{zrl} = \dfrac{mgl_f}{2L} + \dfrac{ma_x h_g}{2L} - \dfrac{ma_y l_f h_g}{Ll_{rw}} \\[2mm] F_{zrr} = \dfrac{mgl_f}{2L} + \dfrac{ma_x h_g}{2L} + \dfrac{ma_y l_f h_g}{Ll_{rw}} \end{cases} \quad (12-5)$$

各车轮的轮胎侧偏角可以由下式计算,即

$$\begin{cases} \alpha_{fl} = -\delta + \arctan\dfrac{v_y + \gamma l_f}{v_x - \dfrac{\gamma l_{fw}}{2}} \\[4mm] \alpha_{fr} = -\delta + \arctan\dfrac{v_y + \gamma l_f}{v_x + \dfrac{\gamma l_{fw}}{2}} \\[4mm] \alpha_{rl} = \arctan\dfrac{v_y - \gamma l_r}{v_x - \dfrac{\gamma l_{rw}}{2}} \\[4mm] \alpha_{rr} = \arctan\dfrac{v_y + \gamma l_r}{v_x - \dfrac{\gamma l_{rw}}{2}} \end{cases} \quad (12-6)$$

对应的车轮轮心速度为

$$\begin{cases} v_{fl} = \left(v_x - \dfrac{\gamma l_{fw}}{2}\right)\cos\delta + (v_y + \gamma l_f)\sin\delta \\[2mm] v_{fr} = \left(v_x + \dfrac{\gamma l_{fw}}{2}\right)\cos\delta + (v_y + \gamma l_f)\sin\delta \\[2mm] v_{rl} = v_x - \dfrac{\gamma l_{rw}}{2} \\[2mm] v_{rr} = v_x + \dfrac{\gamma l_{rw}}{2} \end{cases} \quad (12-7)$$

式中，L 为轴距；l_f、l_r 分别为车辆的质心到前轴的距离、质心到后轴的距离；a_x 为车辆的纵向加速度；a_y 为车辆的侧向加速度；α_i 为各个车轮的轮胎侧偏角；h_g 为车辆的质心高度；v_i 为各个车轮的轮边速度，由轮速计算得到。

3. 魔术公式轮胎模型

图 12-13 所示为赛车所用轮胎试验数据拟合的侧偏特性图，当轮胎的侧偏角都比较小时，此时轮胎的侧偏角与轮胎的侧偏力呈线性关系；但是当轮胎的侧偏角比较大时，此时车辆处于非线性状态，线性区域内的表达式无法准确表示轮胎在非线性区域的特性，需要一个能同时适用于线性区域和非线性区域的轮胎模型来得到轮胎的纵向力 F_x 和轮胎的侧向力 F_y，且试验数据只有在特定轮胎法向载荷下的轮胎侧偏特性，为了扩展其使用范围，因此考虑采用轮胎模型。

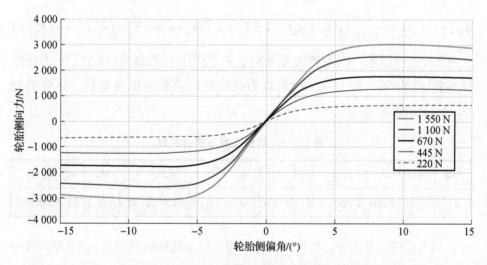

图 12-13 试验数据拟合的轮胎侧偏特性

魔术轮胎模型是一种经验模型，其可以根据试验数据拟合出公式系数，即便在试验数据范围外也能使用该轮胎模型。

若在纵向力或者侧向力中只产生了一个力，此时魔术轮胎模型的表示形式为

$$\begin{cases} Y(x) = y(x) = S_v \\ y = D\sin\{C\arctan[Bx - E(Bx - \arctan Bx)]\} \\ x = X + S_h \end{cases} \quad (12-8)$$

式中，Y 在纯制动工况下为轮胎纵向力 F_x，在纯转向工况下为轮胎侧向力 F_y；x 为轮胎的侧偏角或者车轮的纵向滑移率；B、C、D、E 为轮胎模型的参数因子；S_v 为地面法向变形；S_h 为水平变形；X 在纵向力计算时是纵向滑移率，在侧向力和回正力矩计算时是侧偏角。

只考虑车辆的纯转向工况，可以用式（12-9）表示轮胎的侧向力 F_{y0}、轮胎侧偏角 α 和车轮法向载荷 F_z 之间的关系，即

$$\begin{cases} F_{y0} = D_y \sin\{C_y \arctan[B_y x - E_y(B_y x - \arctan B_y x)]\} + S_v \\ x = \alpha + S_h \end{cases} \quad (12-9)$$

式中，$C_y = 1.75$；$D_y = a_1 F_z^2 + a_2 F_z$；$B_y C_y D_y = a_3 \sin[a_4 \arctan(a_5 F_z)](1 - a_{12}|\gamma|)$；$B_y = \dfrac{B_y C_y D_y}{C_y D_y}$；$E_y = a_6 F_z^2 + a_7 F_z + a_8$；$S_h = a_9 \gamma$；$S_v = (a_{10} F_z^2 + a_{11} F_z)\gamma$；$\gamma$ 为车轮的外倾角；F_{y0} 为侧向力（N）；F_z 为车轮法向载荷（kN）；α 为轮胎侧偏角（°）；a_1、a_2、…、a_{11} 系数为试验数据得到的拟合参数，其数值如表 12-1 所示。

表 12-1 转向工况下拟合参数

参数	a_1	a_2	a_3	a_4	a_5	a_6	a_7	a_8	a_9	a_{10}	a_{11}	a_{12}
F_{y0}	-10	2 200	1 500	1.82	0.208	0	-0.36	0.8	0.025	0	14.5	0.043

只考虑纯制动工况，可用式（12-10）表示轮胎纵向力 F_{x0}、车轮的纵向滑移率 λ 和轮胎法向载荷 F_z 之间的关系为

$$F_{x0} = D_x \sin\{C_x \arctan[B_x \lambda - E_x(B_x \lambda - \arctan B_x \lambda)]\} \quad (12-10)$$

式中，$C_x = 1.7$；$D_x = a_1 F_z^2 + a_2 F_z$；$B_x C_x D_x = \dfrac{(a_3 F_z^2 + a_4 F_z)}{e^{a_5 F_z}}$；$B_x = \dfrac{B_x C_x D_x}{C_x D_x}$；$E_x = a_6 F_z^2 + a_7 F_z + a_8$；$a_1$、$a_2$、…、$a_8$ 系数为试验数据得到的拟合参数，其数值如表 12-2 所示。

第12章 电控系统

表 12-2 纯制动工况下拟合参数

	a_1	a_2	a_3	a_4	a_5	a_6	a_7	a_8
F_{x0}	-27	2 759	35	450	0.15	-0.015	0.16	0.5

但是车辆会在转向和制动共同存在的工况下行驶,此时轮胎的纵向力 F_x、轮胎的侧向力 F_y 与轮胎的侧偏角 α、纵向滑移率 λ 之间的关系如下。

纵向力为

$$F_x = \frac{\delta_x}{\delta} F_{x0}$$

侧向力为

$$F_y = \frac{\delta_y}{\delta} F_{y0}$$

式中:$\delta = \sqrt{\delta_x^2 + \delta_y^2}$;$\delta_x = -\frac{\lambda}{1+\lambda}$;$\delta_y = -\frac{\tan\alpha}{1+\lambda}$。

在进行汽车操纵稳定性研究时,轮胎的侧偏特性是一个非常重要的影响因素,因此本书主要分析魔术轮胎模型的侧偏特性。赛车在行驶时,轮胎的垂向载荷在 400~800 N 范围,因此可以分别选取垂直载荷为 400 N、600 N、800 N,对所拟合的魔术轮胎模型进行分析,仿真结果如图 12-14 所示。

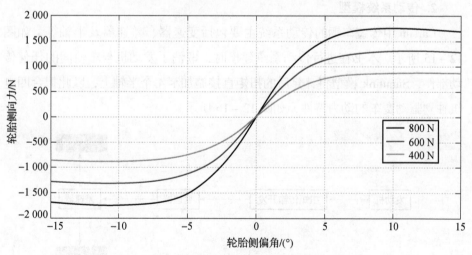

图 12-14 不同载荷下魔术轮胎模型侧偏特性

由不同载荷下魔术轮胎模型的侧偏特性曲线可知,当轮胎侧偏角在0°~5°范围内时,轮胎基本处于线性区域内;当轮胎侧偏角大于5°时,随着轮胎侧偏角的增大,轮胎的侧向力略有下降。同时,所建立的魔术轮胎模型将已有特定法向载荷下的轮胎试验数据加以延伸,能够用于分析不同载荷下的轮胎侧偏特性,计算出不同工况下的轮胎力,作为后面稳定性控制系统的输入。

12.3.3 Carsim车辆模型搭建

Carsim是车辆动力学仿真软件,广泛应用于车辆动力学研究领域中,其在计算机上运行的速度比实时快3~6倍,不仅可以仿真汽车对驾驶员、路面以及空气动力学输入的响应,而且可以用来仿真汽车整车的操纵稳定性、制动性、平顺性、动力性和经济性,也可应用于开发汽车控制系统。

Carsim中内置图形化的数据库建模系统,其包含整车模型、驾驶员模型和环境模型3部分。Carsim软件可以适当地简化车辆模型,将本书的赛车模型简化为由车体、悬架、转向、制动等部分组成的模型。

1. 车体模型

车体模型部分主要包含了一些尺寸参数,如前轮轮距、后轮轮距、前轴至质心的距离、后轴至质心的距离等,以及质量参数、车辆的转动惯量。

2. 传动系统模型

Carsim中传统车辆的传动系统主要包括变速器、差速器及半轴等,如图12-15所示。本书在进行传动系统建模时,取消了发动机与车轮间的任何传动部件,Simulink模型将计算后的扭矩直接施加至4个半轴上,以此拟合四电机独立驱动赛车的动力特性,如图12-16所示。

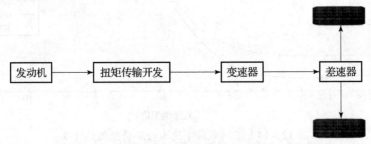

图12-15 传统汽车传动系统结构图以及动力传输

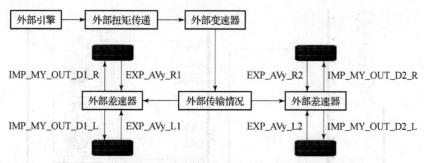

图 12 - 16 四轮独立电驱动赛车传动系统和动力传输途径

3. 悬架模型

Carsim 中的悬架模型都包含运动学特性（K 特性）和弹性运动学特性（C 特性）两部分。为了更好地发挥出四轮独立电驱动赛车运动学特性，赛车的前后轴均采用独立悬架。

（1）悬架的运动学特性包括车轮束角、车轮的转动惯量、主销内倾角、车轮外倾角、轮跳与悬架参数的变化关系、非簧载质量等参数。

（2）悬架弹性运动学特性包括减震器阻尼、弹簧特性等参数。

4. 制动系统模型

Carsim 的制动系统模型主要输入的关键参数为油压与制动力矩的关系、前后轴的制动比等参数。

5. 轮胎模型

轮胎参数在对车辆进行动力学控制的研究中是非常关键的参数。当轮胎的侧偏力处于非线性区域时，车辆的操纵特性与线性区域大不相同，这种不同的操纵特性会影响驾驶员的操纵，也会使车辆处于临界失稳状态。在 Carsim 中，软件可以设置 3 种形式的轮胎模型：一是内部轮胎模型；二是外部轮胎模型；三是魔术轮胎模型。为了保证 Simulink 整车模型和 Carsim 整车模型具有可比性，根据前面所选用的轮胎模型，在 Carsim 中也采用魔术轮胎模型。

12.3.4 7 自由度车辆模型仿真验证

将 Simulink 搭建的 7 自由度整车模型与魔术轮胎模型相连接，所构成的模型输入为车轮转角和 4 个车轮的扭矩，输出为车速、横摆角速度、质心侧偏角等能反映车辆状态的变量，如图 12 - 17 所示。

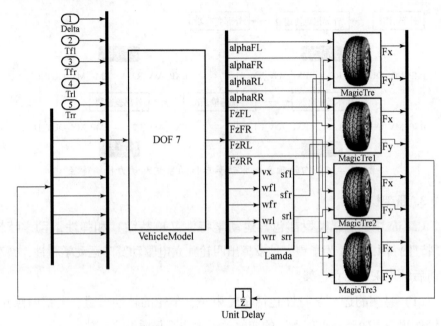

图 12-17 Simulink 整车动力学模型

本节将 Carsim 模型和 Simulink 模型进行仿真对比分析，设置相同的前轮距、后轮距、轴距等参数，用 Carsim 的车辆模型来验证 Simulink 所搭建的车辆模型的准确性，由于横摆角速度和质心侧偏角最能反映车辆的状态，因此可以将两个模型的横摆角速度和质心侧偏角的输出进行对比，仿真框架如图 12-18 所示。

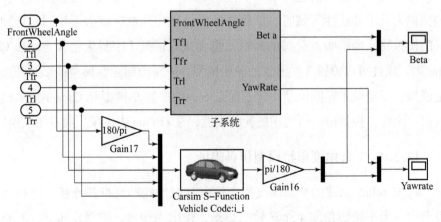

图 12-18 7 自由度车辆模型与 Carsim 车辆模型对比

在湿滑路面上附着系数为 0.4，赛车的平均行驶速度为 40 km/h，因此设置路面附着系数 $\mu = 0.4$，设置初始车速为 40 km/h 时，前轮转角是峰值为 0.12 rad 的正弦输入，如图 12-19 所示，根据赛车的一般工况，前轴各车轮的转矩为 40 N·m，后轴各车轮的转矩为 60 N·m。对比分析 Carsim 车辆模型和 Simulink 车辆模型输出质心侧偏角和横摆角速度，如图 12-20 和图 12-21 所示。

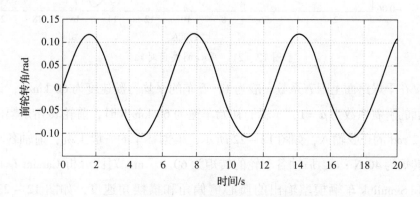

图 12-19 前轮转角输入

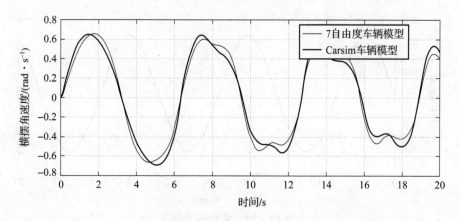

图 12-20 横摆角速度对比

对上述结果进行分析，Carsim 车辆模型和 Simulink 车辆模型输出的横摆角速度和质心侧偏角很接近，最大误差不超过 5%，时间上基本无滞后，因此两种车辆模型均可以应用后面的车辆状态估计和稳定性控制的设计和仿真。

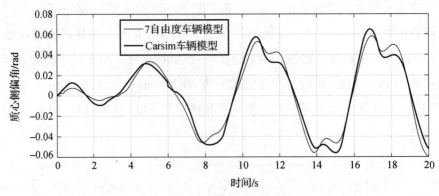

图 12-21 质心侧偏角对比

在干燥路面上附着系数一般为 1，赛车的平均行驶速度为 60 km/h，设置路面的附着系数为 $\mu=1$，车辆的初始车速为 60 km/h 时，前轮转角是幅值为 0.12 rad 的正弦输入，如图 12-22 所示，根据赛车的一般工况，前轴各车轮的转矩为 40 N·m，后轴各车轮的转矩为 60 N·m。对比分析 Carsim 车辆模型和 Simulink 车辆模型输出的质心侧偏角和横摆角速度，如图 12-23 和图 12-24 所示。

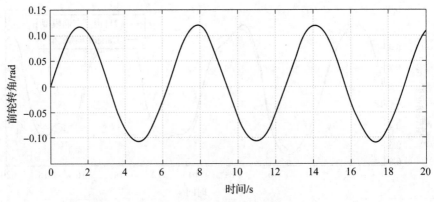

图 12-22 前轮转角输入

对上述结果进行分析，在高附着高速工况下，Carsim 车辆模型和 Simulink 车辆模型输出的横摆角速度和质心侧偏角很接近，误差不超过 5%，滞后不超过 0.2 s，因此两种车辆模型均可以应用后面的车辆状态估计和稳定性控制的设计和仿真。

第12章 电控系统

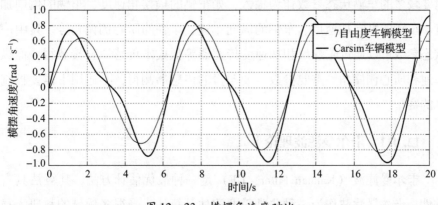

图 12-23 横摆角速度对比

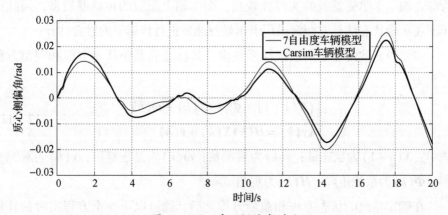

图 12-24 质心侧偏角对比

12.4 四轮独立电驱动赛车状态参数估计

随着车辆自动化程度的日益提高,汽车上配置了各种先进的控制系统和辅助系统,使其变得更为安全和智能。为了使汽车控制系统的控制更为可靠,控制系统需要实时、准确、可信的车辆状态参数作为输入,以此提高控制系统的控制效果。

受传感器成本和技术的限制,使用传感器来测得控制系统所需要的车辆状态参数较为困难,且精度也是差强人意。在进行车辆稳定性系统的设计时,需要较多的车辆状态参数作为输入，如车辆的横摆角速度、车辆的侧向加速度、车辆的纵向加速度、车辆的纵向车速、车辆的质心侧偏角等。其中一些状态参数可以通过陀螺仪和加速度传感器等低成本传感器直接测得，而纵向车速和质心侧偏角等重要参数需要昂贵的传感器测得，不适用于需要控制成本的赛车。

12.4.1 卡尔曼滤波理论

卡尔曼滤波（Kalman Filter，KF）是一种最优估计方法，其算法具有递推性。卡尔曼滤波作为一种非常重要的估计算法，受很多领域的科研人员所青睐。由于卡尔曼滤波的实时性较高，而车辆上配置的传感器较多，因此近年来在车辆状态估计方面常采用卡尔曼滤波来进行传感器的融合估计。

卡尔曼滤波常用于离散线性系统中，其标准的系统状态方程和观测方程分别为

$$\begin{cases} X(k+1) = \boldsymbol{\Phi}(k)X(k) + \boldsymbol{\omega}(k) \\ y(k) = H(k)X(k) + v(k) \end{cases} \quad (12-11)$$

式中：$X(k+1)$ 为状态量；$y(k)$ 为观测量；$\boldsymbol{\omega}(k)$ 为过程噪声；$v(k)$ 为观测噪声；$\boldsymbol{\Phi}(k)$ 为系统矩阵；$H(k)$ 为观测矩阵。

在确定系统的状态方程和观测方程之后，通过以下5个方程实时估计状态量 $X(k)$。

状态一步预测方程，即

$$\hat{X}(k,k-1) = \boldsymbol{\Phi}(k)\hat{X}(k-1,k-1) \quad (12-12)$$

状态估算方程，即

$$\hat{X}(k,k) = \hat{X}(k,k-1) + K(k)[y(k) - H(k)\hat{X}(k,k-1)] \quad (12-13)$$

滤波增益矩阵计算方程，即

$$K(k) = P(k,k-1)H^{\mathrm{T}}(k)[H(k)P(k,k-1)H^{\mathrm{T}}(k) + R]^{-1} \quad (12-14)$$

一步预测误差方差计算方程，即

$$P(k,k-1) = \boldsymbol{\Phi}(k)P(k)\boldsymbol{\Phi}^{\mathrm{T}}(k) + Q \quad (12-15)$$

估算误差方差计算方程，即

$$P(k,k) = [I - K(k)H(k)]P(k,k-1) \quad (12-16)$$

式（12-12）至式（12-16）这5个方程为卡尔曼滤波递推方程，在给定状态量和协方差矩阵的初始值之后，输入观测值，即可实时估算出状态量，其流程图如图12-25所示。

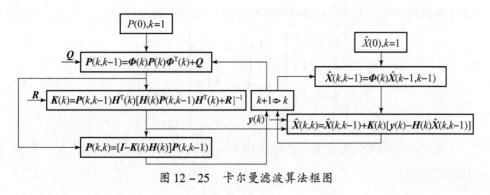

图12-25 卡尔曼滤波算法框图

12.4.2 自适应卡尔曼滤波车速估计

1. 轮速传感器信息修正

传感器在输出信号时，由于温度和电压等因素的影响，传感器信号会出现一定的误差。在设计控制时，传感器需要进行滤波处理，在硬件上采用 RC 电路一阶低通滤波。

在车辆转向时，由于车轮轮边的速度与赛车质心的 x 轴速度方向不一致，需要将车轮轮边的速度转换至质心沿 x 轴方向的速度。将车轮轮边的速度修正为在赛车质心上的速度的表达式为

$$\begin{cases} v_{\text{FL,C}} = \left[v_{\text{FL}} + \gamma\left(\dfrac{l_{\text{fw}}}{2} - l_f\beta\right)\right] \cdot \cos(\delta_w - \beta) \\ v_{\text{FR,C}} = \left[v_{\text{FR}} - \gamma\left(\dfrac{l_{\text{fw}}}{2} + l_f\beta\right)\right] \cdot \cos(\delta_w - \beta) \\ v_{\text{RL,C}} = \left[v_{\text{RL}} + \gamma\left(\dfrac{l_{\text{rw}}}{2} + l_r\beta\right)\right] \cdot \cos\beta \\ v_{\text{RR,C}} = \left[v_{\text{RR}} - \gamma\left(\dfrac{l_{\text{rw}}}{2} - l_r\beta\right)\right] \cdot \cos\beta \end{cases} \quad (12-17)$$

式中，v_i 为根据轮速计算的轮边车速，$v_i = r\omega_i$，i = FL、FR、RL、RR；l_{fw} 为前轮距；l_{rw} 为后轮距；l_f 为质心到前轴的距离；l_r 为质心到后轴的距离；β 为

赛车质心侧偏角；δ_w 为前轮转角。

2. 状态方程与观测方程确定

使用卡尔曼滤波器必须先建立系统的状态转移方程和观测方程，将轮速由于滑转所产生的突变作为观测噪声 $e_i(k)$，可得观测方程为

$$\begin{bmatrix} v_{\text{FL,C}}(k) \\ v_{\text{FR,C}}(k) \\ v_{\text{RL,C}}(k) \\ v_{\text{RR,C}}(k) \end{bmatrix} = \begin{bmatrix} 1 \\ 1 \\ 1 \\ 1 \end{bmatrix} v_{\text{COG}}(k) + \begin{bmatrix} e_{\text{FL}}(k) \\ e_{\text{FR}}(k) \\ e_{\text{RL}}(k) \\ e_{\text{RR}}(k) \end{bmatrix} \qquad (12-18)$$

将加速度的变化看作系统的输入噪声 $e_a(k)$，将加速度作为输入量，得到状态方程为

$$v_{\text{COG}}(k+1) = v_{\text{COG}}(k) + Ta_x(k) + e_a(k) \qquad (12-19)$$

式中，$v_{\text{COG}}(k)$ 为当前时刻车辆纵向速度；$v_{\text{COG}}(k+1)$ 为下一时刻车辆纵向速度；T 为控制器运行周期；$a_x(k)$ 为当前时刻车辆加速度。

由于观测变量为四维向量，因此在进行卡尔曼滤波计算时会涉及矩阵的逆计算，在整车控制器中使用时会增加计算量，因此可以将车轮轮边速度处理为一维向量。

首先判断每个车轮的稳定性，即车轮的滑转程度，保留稳定的车轮，去除不稳定的车轮，然后取平均值，以此作为车轮轮边速度。

采用式（12-7）中获得基于轮速信号的等效质心速度，来判断单个车辆的稳定性。等效纵向速度是假设车辆无滑移情况下的纵向速度，利用与实际车辆纵向速度的差值可以在一定程度上衡量车轮的稳定性。

设上一时刻的纵向车速为 v_x，传感器测得当前的纵向加速度为 a_x，滑移/滑转率的稳定阈值为 $\Delta\lambda$，单个车轮的失稳条件为：车轮滑转时，$\left|\dfrac{v_{xi}-v_x}{v_{xi}}\right| > \Delta\lambda$；车轮滑移时，$\left|\dfrac{v_{xi}-v_x}{v_x}\right| > \Delta\lambda$。

当某一车轮满足上面任一条件即判定该车轮处于不稳定状态，其对应的轮速信号不能用于纵向车速估计。

经过修正后的量测方程为

$$v_{R,C}(k) = v_{COG}(k) + e(k) \quad (12-20)$$

式中，$v_{R,C}(k) = \dfrac{\sum_{i=1}^{n} v_{Ri}}{n}$，$n$ 为未失稳车轮的数量。

在上述方程中，车轮轮边噪声会随时发生变化，而加速度传感器的噪声可以通过试验的方式测得，从而得到系统噪声协方差。

3. 卡尔曼滤波增益自适应调节

式（12-21）中，根据先验估计 $\hat{x}_k^-$ 和加权的测量变量 z_k 及其预测变量 $H\hat{x}_k^-$ 之差的线性组合得到后验估计 $\hat{x}_k$。其中，量测变量与预测量的差值（$z_k - H\hat{x}_k^-$）称为测量过程中的革新或残余，残余反映了量测量和预测值的不一致程度。K_k 为残余的增益，体现了残余在后验估计中所占的比例，从而使后验估计误差的协方差最小。

$$\hat{x}_k = \hat{x}_k^- + K_k(z_k - H\hat{x}_k^-) \quad (12-21)$$

当4个车轮全部滑转时，量测变量在修正后将变为0，此时经过修正后车轮轮速信号已严重偏离真实车速，可以完全信任加速度信号，通过调节卡尔曼滤波增益消除车轮轮速信号对估计车速的影响。

使用自适应卡尔曼滤波估计方式得到车速的逻辑框图如图12-26所示。

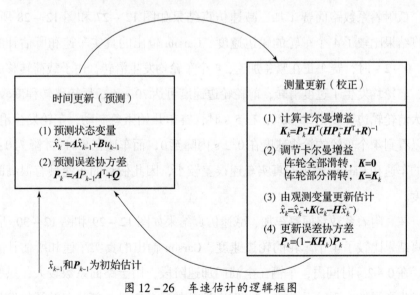

图12-26 车速估计的逻辑框图

4. 车速估计算法仿真验证

采用 Carsim 与 Simulink 联合仿真验证自适应车速估计方法的有效性，分别在高附着路面和低附着路面上验证车速估计的准确性，赛车在比赛中出弯道时会加速，出弯道时的车速为 40 km/h，因此起始车速可以设置为 0 和 40 km/h，设计了表 12-3 所示的 4 组工况来进行纵向车速的仿真验证。

表 12-3 车辆车速估计仿真工况

序号	路面附着系数	油门与转向控制	起始车速/(km·h^{-1})
1	0.4	直线行驶，0~2 s 时紧急加速，5 s 后紧急制动	0
2	1	直线行驶，0~2 s 时紧急加速，5 s 后紧急制动	0
3	0.4	直线行驶，0~2 s 时紧急加速，5 s 后紧急制动	40
4	1	直线行驶，0~2 s 时紧急加速，5 s 后紧急制动	40

低附着系数路面赛车加、减速仿真结果如图 12-27 和图 12-28 所示，仿真结果比较了 4 个车轮的轮边速度、Carsim 输出的真实车速和所估计的车速。0~2 s 时，赛车正在紧急加速，4 个车轮均发生滑转，由于载荷转移的作用，前轮均发生了过度滑转，前轮轮边速度可达 70 m/s，后轮滑转程度较小，最大前轮轮边速度为 20 m/s；在 5 s 时，赛车开始紧急制动，车轮发生滑移，可以看到 4 个车轮的轮边速度在 0.2 s 内降至 0，而车速在 8 s 时才降为 0；估计的车速和 Carsim 输出的真实车速误差较小，因此估计的车速具有很高的可信度。

在高附着系数路面赛车加、减速仿真结果如图 12-29 和图 12-30 所示，仿真结果比较了 4 个车轮的轮边速度、Carsim 输出的真实车速和所估计的车速。在 0~2 s 时间内，车辆在全油门加速阶段，由于路面系数较大，只有前轮发生了滑转，后轮无滑转；5 s 时车辆开始紧急制动，部分车轮开始发生制动抱死；估计的车速与 Carsim 输出的真实车速误差较小，仅在 0~0.5 s 时有轻微的跳变，考虑将轮速噪声 R 设置过小，导致初始时估算值略微偏向于轮速。

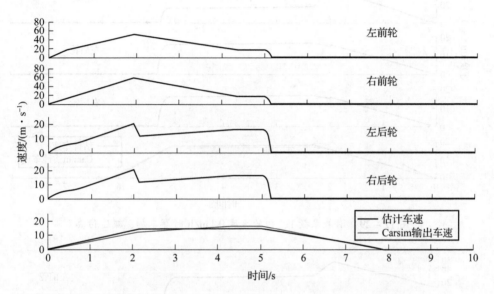

图 12-27　附着系数 0.4、初始速度 0 km/h 时赛车加、减速仿真

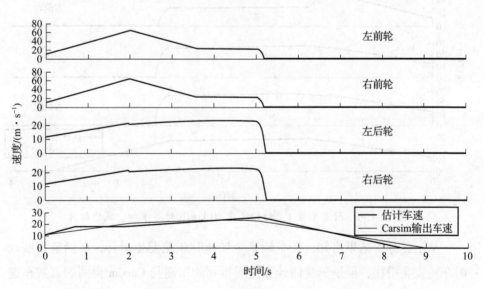

图 12-28　附着系数 0.4，初始速度 40 km/h 时赛车加、减速仿真

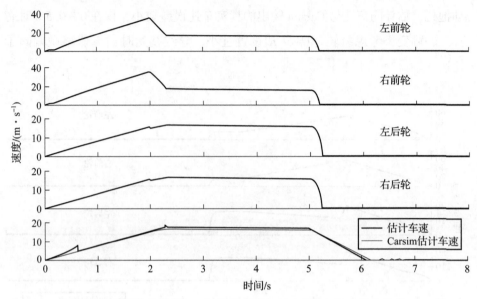

图 12-29 附着系数 1、初始速度 0 km/h 时赛车加、减速仿真

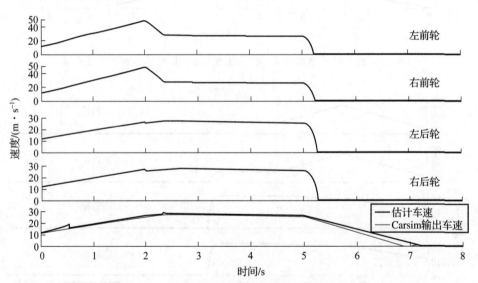

图 12-30 附着系数 1、初始速度 40 km/h 时赛车加、减速仿真

从上述分析结果可知，在车辆紧急加速时车轮发生滑转，车辆紧急制动时车轮发生滑移，但是车速估计算法所得到的车速与 Carsim 得到的真实车速基本一致，车速估计算法能够很好地滤除车轮的滑转和滑移噪声，从而准确地估计车速。

12.5 四轮独立电驱动赛车稳定性控制系统设计

四轮独立电驱动赛车有4个驱动轮,而且每个车轮之间是相互独立的,无机械连接,因此各轮的驱动力可以单独控制。根据四轮独立电驱动赛车的特点,本章开发设计了一套稳定性控制系统,其包括直接横摆力矩制定、驱动力分配和驱动防滑3个部分。直接横摆力矩制定通过前馈与反馈联合控制的方式,在已知转角输入以及所估计的车速和质心侧偏角的前提下,得出一个使赛车达到稳态的直接横摆力矩。驱动力分配通过优化分配的方式,以最小化轮胎负荷率为目标,实现目标横摆力矩的控制。驱动防滑可以最大化地利用轮胎的附着力,从而保证驱动力分配所得到的扭矩能够更为有效地作用于车轮上。

12.5.1 稳定性控制系统控制变量选取

车辆的稳定性因素受多重因素的影响,需要通过不同的参数从不同方面进行评价。其中,横摆角速度和质心侧偏角对赛车稳定性的影响最为直接,因此常将这两个参数作为控制变量来实现车辆稳定性控制。

1. 横摆角速度对赛车稳定性的影响

横摆角速度与赛车的稳定性非常相关,当驾驶员输入一个方向盘转角时,赛车会产生一个横摆角速度。当横摆角速度的响应较小时,赛车的转向特性偏向于转向不足;当横摆角速度的响应较大时,赛车的转向特性偏向于转向过度,随着车速的增加,即使方向盘转角很小,赛车也会产生较大的横摆角速度,此时赛车发生甩尾。

为了获得赛车的转向特性,让赛车驾驶员首先给定方向盘转角,然后保持恒定速度行驶,并采集横摆角速度数据,在不同转角、不同速度情况下重复多次,从而获得赛车的转向特性数据。随着车速的增加,赛车的横摆角速度也随之增加,但是增加到一定值后,当车速继续增加时,由于受到路面附着系数的影响,横摆角速度会逐渐下降。

2. 质心侧偏角对赛车稳定性的影响

当质心侧偏角较小时，轮胎的侧偏力未达到饱和状态，此时可用横摆角速度来表征赛车的转向特性；当质心侧偏角较大时，轮胎的侧偏力达到饱和，车辆处于临界失稳状态，仅仅依靠横摆角速度已经不足以反映车辆的真实行驶状态。因此，在进行稳定性控制时，要尽量保证质心侧偏角足够小。

12.5.2 稳定性控制系统框架设计

基于模块化思想，采用结构清晰的分层控制来对稳定性控制系统进行设计。上层为直接横摆力矩制定层，使赛车的行驶趋近于理想的2自由度车辆状态，同时采集驾驶员的油门踏板开度，计算总的纵向驱动力；下层为驱动力分配层，将上层制定的直接横摆力矩和纵向力通过优化分配的方式，以最小化轮胎负荷率为目标，将驱动力分配给4个驱动轮电机；为了最大化地利用轮胎的附着力，从而保证驱动力分配所得到的扭矩能够更为有效地作用于车轮上，在驱动力分配层后增加驱动防滑层。图12-31所示为本书设计的四轮独立电驱动赛车稳定性控制器整体结构。

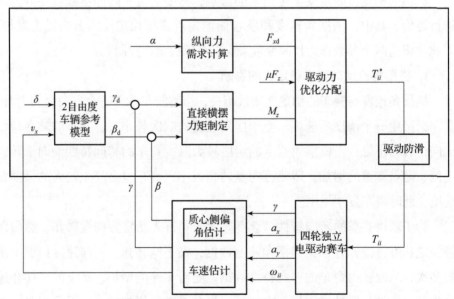

图12-31 北京航空航天大学2019赛季稳定性控制器整体架构

12.5.3 直接横摆力矩控制方法

车辆附加直接横摆力矩能够使车辆在极端工况下保持稳定，由于其控制直接简单、效果明显，成为目前车辆稳定性控制的常用方法之一，通常通过控制轮胎的纵向力得以实现。四轮独立电驱动赛车的结构优点是能够独立控制各个驱动轮的转矩，增加控制的自由度能够更好地实现直接横摆力矩，从而使赛车保持稳定。

前馈控制通过识别系统的当前状态来预测下一时刻系统的运行情况，并以快速响应为目的，提前对系统施加控制量，使得系统出现偏差前完成控制。但是控制系统往往会受到外界的干扰，仅仅依靠前馈控制难以完成复杂的控制，此时就需要反馈控制来进行修正。前馈与反馈的联合控制具有控制精度高、控制响应快等优点，因此本书的直接横摆力矩控制采用前馈与反馈控制相结合的方式，其控制架构如图12-32所示。

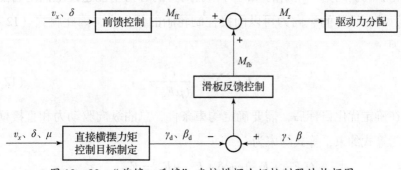

图12-32 "前馈+反馈"直接横摆力矩控制器结构框图

12.5.4 驱动力分配

1. 优化目标及约束

车辆的法向载荷和路面的附着系数决定了轮胎的附着力极限，当驱动力大于附着力极限时，在直线工况下，车轮将会发生过度滑转，在转向工况下，车辆将会发生甩尾或推头的现象，不利于车辆的操纵稳定性。因此，定义单个车轮的轮胎负荷率为

$$\eta_i = \frac{\sqrt{F_{xi}^2 + F_{yi}^2}}{\mu F_{zi}} \qquad (12-22)$$

轮胎负荷率表征车辆的稳定裕度。轮胎负荷率越低,表示车辆的稳定裕度越高;轮胎负荷率越高,表示轮胎的附着裕度越低,当车辆所有车轮的轮胎负荷率均达到 1 时,此时车辆处于临界失稳状态。

用式(12-23)表示轮胎的附着裕度,即

$$\psi = 1 - \eta_i = 1 - \frac{\sqrt{F_{xi}^2 + F_{yi}^2}}{\mu F_{zi}} \qquad (12-23)$$

为了使轮胎的附着力得到充分利用,考虑用轮胎负荷率的平方和来衡量车辆的稳定裕度,轮胎负荷平方和函数表示为

$$J = \sum C_i \frac{F_{xi}^2 + F_{yi}^2}{(\mu F_{zi})^2} \qquad (12-24)$$

四轮独立电驱动赛车的每个车轮的纵向驱动力都能单独控制,但是无法控制轮胎的侧向力,轮胎的纵向力和侧向力的合力不能超过地面附着能力的极限,控制轮胎的纵向力可以间接控制轮胎的侧向力,因此将式(12-24)改写为

$$J = \sum C_i \frac{F_{xi}^2}{(\mu F_{zi})^2} \qquad (12-25)$$

在确定优化目标后,需要确定约束条件,总的纵向驱动力和直接横摆力矩作为等式约束,等式约束为

$$\begin{cases} (F_{xfl} + F_{xfr})\cos\delta + F_{xrl} + F_{xrr} = F_{xd} \\ \dfrac{l_{fw}}{2}(F_{xfr} - F_{xfl})\cos\delta + \dfrac{l_{rw}}{2}(F_{xrr} - F_{xrl}) = M_d \end{cases} \qquad (12-26)$$

上述等式约束可以改写成矩阵形式,即

$$\boldsymbol{B} \cdot \boldsymbol{u} = \boldsymbol{v} \qquad (12-27)$$

式中,$\boldsymbol{u} = [F_{xfl} \quad F_{xfr} \quad F_{xrl} \quad F_{xrr}]^T$;$\boldsymbol{v} = [F_{xd} \quad M_d]^T$;

$$\boldsymbol{B} = \begin{bmatrix} \cos\delta & \cos\delta & 1 & 1 \\ -\dfrac{l_{fw}}{2}\cos\delta & \dfrac{l_{fw}}{2}\cos\delta & -\dfrac{l_{rw}}{2} & \dfrac{l_{rw}}{2} \end{bmatrix}。$$

驱动轮的驱动力会受到路面附着条件和电机执行能力的约束,将其表示

为不等式约束,即

$$0 \leqslant F_{xi} \leqslant \min\left(\mu F_{zi}, \frac{|T_{\max}|}{R}\right) \qquad (12-28)$$

式中,μ 为路面附着系数,在干燥路面上设置为 1,在湿滑路面上设置为 0.4;$T_{\max}$ 为电机所能输出的最大扭矩。

2. 优化分配算法

广义逆法和最优化理论中二次规划法在优化分配算法中应用较为广泛。广义逆法的运算简单,容易应用于实际中,但是其未考虑到物理意义上的约束条件。二次规划法可以自行定义约束条件,在求解优化目标的同时,也可以满足约束条件,从而解决较为复杂的优化问题。

(1) 二次规划优化分配。

二次规划优化分配算法需选取合适的优化目标,即

$$\begin{aligned} \min \boldsymbol{J} &= (\boldsymbol{u}-\boldsymbol{u}_{\mathrm{d}})^{\mathrm{T}} \boldsymbol{W}(\boldsymbol{u}-\boldsymbol{u}_{\mathrm{d}}) \\ \text{s.t.} \quad & \boldsymbol{Bu} = \boldsymbol{v} \\ & \boldsymbol{u}_{\min} \leqslant \boldsymbol{u} \leqslant \boldsymbol{u}_{\max} \end{aligned} \qquad (12-29)$$

式中:$\boldsymbol{u}_{\mathrm{d}}$ 为系统的控制目标变量,在本书中将其设置为零向量;$\boldsymbol{u}$ 为控制变量,4 个车轮的纵向驱动力表示为 $\boldsymbol{u} = [F_{\mathrm{fl}} \quad F_{\mathrm{fr}} \quad F_{\mathrm{rl}} \quad F_{\mathrm{rr}}]^{\mathrm{T}}$;$\boldsymbol{W}$ 为对角矩阵,表示为

$$\boldsymbol{W} = \mathrm{diag}\left(\left[\frac{1}{(\mu F_{z\mathrm{fl}})^2} \quad \frac{1}{(\mu F_{z\mathrm{fr}})^2} \quad \frac{1}{(\mu F_{z\mathrm{rl}})^2} \quad \frac{1}{(\mu F_{z\mathrm{rr}})^2}\right]\right) \qquad (12-30)$$

为了便于计算,优化目标函数可以改写为矩阵的二范数形式 $\min \boldsymbol{J} = \|\boldsymbol{W}_u(\boldsymbol{u}-\boldsymbol{u}_{\mathrm{d}})\|_2^2$。

二次规划算法的问题可以转化为序列最小二乘法的问题来解决,将 $\boldsymbol{Bu} = \boldsymbol{v}$ 转化为 $\min \|\boldsymbol{Bu} = \boldsymbol{v}\|_2$,最后将序列最小二乘法总结为

$$\begin{cases} \boldsymbol{u} = \underset{\boldsymbol{u} \in \Omega}{\arg\min} \|\boldsymbol{W}_u(\boldsymbol{u}-\boldsymbol{u}_{\mathrm{d}})\|_2 & \text{(a)} \\ \boldsymbol{\Omega} = \underset{\boldsymbol{u}_{\min} \leqslant \boldsymbol{u} \leqslant \boldsymbol{u}_{\max}}{\arg\min} \|\boldsymbol{W}_v(\boldsymbol{Bu}-\boldsymbol{v})\|_2 & \text{(b)} \end{cases} \qquad (12-31)$$

式中:arg min 表示函数取最小值时 $\boldsymbol{u}$ 的取值;$\boldsymbol{W}_u$ 为权重矩阵,其对角元素表示的是 $\boldsymbol{u}$ 中各变量所占权重,$\boldsymbol{W}_u = \mathrm{diag}\left(\left[\frac{1}{\mu F_{z\mathrm{fl}}} \quad \frac{1}{\mu F_{z\mathrm{fr}}} \quad \frac{1}{\mu F_{z\mathrm{rl}}} \quad \frac{1}{\mu F_{z\mathrm{rr}}}\right]\right)$;$\boldsymbol{W}_v$ 为

权重矩阵,其对角元素表示的是 v 中各变量所占权重,本书主要是研究车辆稳定性控制,可以将矩阵设置为 $W_v = \mathrm{diag}([1, 10])$,在无法满足车辆总的纵向力需求时优先满足横摆力矩的需求。

序列最小二乘法需要先满足式(b)的变量范围,然后在满足该范围的基础上求解满足式(a)的最优解,但是该方法求解较为困难,因此可以考虑将序列最小二乘法转化为加权最小二乘法,即

$$u = \mathop{\arg\min}_{u_{\min} \leq u \leq u_{\max}} \|W_u(u - u_d)\|_2^2 + \gamma \|W_v(Bu - v)\|_2^2 \quad (12-32)$$

式中,γ 为权重系数,将权重系数取得较大,可以使加权最小二乘法和序列最小二乘法的结果接近。

将式(12-32)转化为二次规划的形式,有

$$\begin{aligned}\min J &= u^T W_u u + \gamma (Bu - v)^T W_v (Bu - v) \\ &= \frac{1}{2} u^T (2W_u + 2\gamma B^T W_v B) u + (-2\gamma B^T W_v^T v)^T u + \gamma v^T W_v v \end{aligned} \quad (12-33)$$

$$\mathrm{s.t.} \begin{bmatrix} -1 & 0 & 0 & 0 \\ 0 & -1 & 0 & 0 \\ 0 & 0 & -1 & 0 \\ 0 & 0 & 0 & -1 \\ 1 & 0 & 0 & 0 \\ 0 & 1 & 0 & 0 \\ 0 & 0 & 1 & 0 \\ 0 & 0 & 0 & 1 \end{bmatrix} x \geq \begin{bmatrix} \min\left(\mu F_{zfl}, \dfrac{|T_{\max}|}{R}\right) \\ \min\left(\mu F_{zfr}, \dfrac{|T_{\max}|}{R}\right) \\ \min\left(\mu F_{zrl}, \dfrac{|T_{\max}|}{R}\right) \\ \min\left(\mu F_{zrr}, \dfrac{|T_{\max}|}{R}\right) \\ 0 \\ 0 \\ 0 \\ 0 \end{bmatrix} \quad (12-34)$$

带不等式约束的二次规划问题的标准形式为

$$\min \ f(x) = \frac{1}{2} x^T H x + c^T x$$

$$\mathrm{s.t.} \ Ax \geq b$$

式中,H 为正定矩阵;c 为二次规划一次项系数向量;A 为不等式约束系数矩

阵；b 为不等式约束右端向量。

（2）有效集解法。

一般解不等式约束二次规划问题，采用的是有效集解法。在每次迭代时，将已知的点作为起点，在该点起作用的约束作为等式约束，去掉不起作用的约束，在该等式约束下最小化目标函数，在得到新的可行点后，重复上述步骤，实现不等式约束二次规划的优化，其运算流程如图 12 - 33 所示。

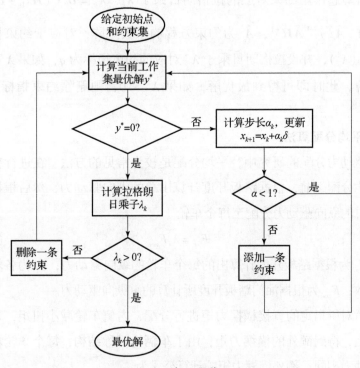

图 12 - 33 有效集算法流程

其具体求解流程如下：

①给定初始点 x_0 和约束指标集 C^0，令 $k = 0$；

②求解二次规划

$$\min \quad \frac{1}{2} y^T H y + \nabla f(x_k)^T y$$

$$\text{s. t.} \quad a_i^T \cdot x = 0, i \in C^k$$

设最优解为 y^*，当最优解时 $y^* = 0$，则转步骤⑤；

③令 $\delta = y^*$,系数 α_k 的值为 $\alpha_k = \min(1, \alpha)$,式中 $\alpha = \min\left\{\dfrac{b_i - \boldsymbol{a}_i x_k}{\boldsymbol{a}_i \delta} \ (i \notin C^k),\right.$ $\left.\boldsymbol{a}_i \delta < 0\right\}$,其所对应的 i 的指标为 p;然后更新 $\boldsymbol{x}$,使 $x_{k+1} = x_k + \alpha_k \delta$;

④如果 $\alpha_k < 1$,此时将指标 p 加入约束指标集 C^k,使 $k = k + 1$,转步骤②;若 $\alpha_k = 1$,令 $C^{k+1} = C^k$,令 $k = k + 1$,转步骤⑤;

⑤计算起作用约束对应的拉格朗日乘子 $\boldsymbol{\lambda}_k$,$\boldsymbol{\lambda}_k = \boldsymbol{D} \cdot (\boldsymbol{H} x_k + c)$,式中 $\boldsymbol{D} = (\tilde{\boldsymbol{A}} \boldsymbol{H}^{-1} \tilde{\boldsymbol{A}}^{\mathrm{T}})^{-1} \tilde{\boldsymbol{A}} \boldsymbol{H}^{-1}$,$\tilde{\boldsymbol{A}}$ 为约束方程的系数矩阵,对应于约束指标;令 $\lambda^* = \min(\boldsymbol{\lambda}_k)$,并设拉格朗日乘子 λ^* 对应的约束指标为 q,如果 $\lambda^* \geq 0$,则停止运算,此时即可得到最优解,如果 $\lambda^* < 0$,则删除约束指标 q,转步骤②。

3. 平均分配算法

在驱动力分配的研究中,平均分配是较为常见的方法。在进行直接横摆力矩平均分配之前,根据踏板开度计算出总的纵向驱动力,然后根据一定的比例将总的纵向驱动力分配至每个车轮。

$$F_{xi} = \lambda_i F_{\mathrm{acc}} \quad (12-35)$$

式中,F_{xi} 为根据踏板开度计算出的每个车轮的纵向驱动力;λ_i 为各轮的扭矩分配系数;F_{acc} 为根据油门踏板开度所计算的总纵向驱动力。

然后对所指定的直接横摆力矩进行分配,内侧车轮减小扭矩,外侧车轮增加扭矩,得到额外的横摆力矩,由于车辆为对称结构,每个车轮增加或减少的驱动力相同,额外横摆力矩的计算公式为

$$\Delta F_{\mathrm{fl}} \dfrac{l_{\mathrm{fw}}}{2} \cos \delta + \Delta F_{\mathrm{fr}} \dfrac{l_{\mathrm{fw}}}{2} \cos \delta + \Delta F_{\mathrm{rl}} \dfrac{l_{\mathrm{rw}}}{2} + \Delta F_{\mathrm{rr}} \dfrac{l_{\mathrm{rw}}}{2} = M_{\mathrm{yaw}} \quad (12-36)$$

式中,假设赛车左转向,ΔF_{fl}、ΔF_{rl} 为内侧轮胎地面力减小值;ΔF_{fr}、ΔF_{rr} 为外侧轮胎地面力增加值;M_{yaw} 为附加横摆力矩。

根据平均分配原则,将总的附加横摆力矩分配给各车轮,即有

$$\Delta F_{\mathrm{fl}} \dfrac{l_{\mathrm{fw}}}{2} \cos \delta = \Delta F_{\mathrm{fr}} \dfrac{l_{\mathrm{fw}}}{2} \cos \delta = \Delta F_{\mathrm{rl}} \dfrac{l_{\mathrm{rw}}}{2} = \Delta F_{\mathrm{rr}} \dfrac{l_{\mathrm{rw}}}{2} = \dfrac{1}{4} M_{\mathrm{yaw}}$$

在每个车轮上的纵向驱动力的基础上加上产生额外横摆力矩的车轮纵向

驱动力变化量，从而得到各车轮上的纵向驱动力为

$$\begin{cases} F_{\mathrm{fl}} = \lambda_{\mathrm{fl}} F_{\mathrm{rep}} - \frac{1}{2} \frac{M_{\mathrm{yaw}}}{l_{\mathrm{fw}} \cos \delta} \\ F_{\mathrm{fr}} = \lambda_{\mathrm{fr}} F_{\mathrm{rep}} + \frac{1}{2} \frac{M_{\mathrm{yaw}}}{l_{\mathrm{fw}} \cos \delta} \\ F_{\mathrm{rl}} = \lambda_{\mathrm{rl}} F_{\mathrm{rep}} - \frac{1}{2} \frac{M_{\mathrm{yaw}}}{l_{\mathrm{rw}}} \\ F_{\mathrm{rr}} = \lambda_{\mathrm{rr}} F_{\mathrm{rep}} + \frac{1}{2} \frac{M_{\mathrm{yaw}}}{l_{\mathrm{rw}}} \end{cases} \quad (12-37)$$

12.5.5 驱动防滑控制

为了保证赛车在直线工况的动力性，在转向工况能够实现驱动力优化所分配的纵向驱动力，需要对车轮进行驱动防滑控制，使车轮的滑移率保持在理想范围内。

采用魔术轮胎模型进行分析，由于赛车的单个车轮法向载荷在400~800 N 范围内，因此取车轮垂直载荷为 400 N、600 N 和 800 N 时，拟合滑移率与轮胎纵向力的关系曲线如图 12-34 所示，可以看出在滑移率为 0.16 时轮胎的纵向力最大，因此可得理想的滑移率为 $\lambda_d = 0.16$。

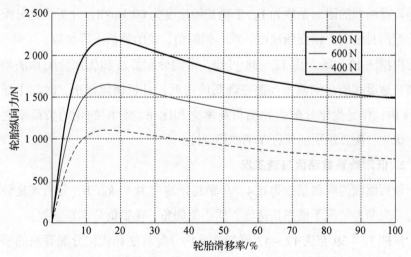

图 12-34 轮胎滑移率与轮胎纵向力的关系

由于 PID 控制稳定可靠，可以应用于车轮的驱动防滑算法，同时为了降低轮速噪声的影响，取消微分环节，考虑采用 PI 控制器。PI 控制的输入为误差信号 $e(k) = \lambda_d(k) - \lambda_{\omega i}(k)$，$\lambda_{\omega i}$ 为车轮的实际滑移率，k 为采样时刻。输出为过度滑转需要降低的转矩值 $\Delta T_i(k)$，为

$$\Delta T_i(k) = K_\mathrm{P} e(k) + K_\mathrm{I} \sum_{j=0}^{k} e(j) \qquad (12-38)$$

为了防止 PI 控制器在控制时频繁切换电机的动力，同时为了使电机的扭矩不超过驾驶员所需求的扭矩，在滑移率小于理想滑移率时，不进行 PI 控制，当滑移率大于理想滑移率时，介入 PI 控制。

12.5.6 稳定性控制算法仿真验证

使用 Carsim 与 Simulink 联合仿真，对比平均分配和优化分配两种驱动力分配方式的控制效果，其中平均分配方法指内侧车轮增加和外侧车轮减小的转矩大小相同，而优化分配是以轮胎负荷率最小为目标来分配电机转矩。

在 Carsim 与 Simulink 联合仿真平台上对优化分配和平均分配进行仿真分析，使仿真车辆分别在高附着系数路面和低附着系数路面上行驶，对比两种分配的转向响应、稳态误差等特性。

1. 高附着系数路面高速工况

设置路面的附着系数为 1，车辆初始速度为 60 km/h，分析优化分配和平均分配两种情况下横摆角速度、质心侧偏角、轮胎负荷率等参数。

根据图 12-35 至图 12-38 可知，平均分配算法和优化分配算法均能将横摆角速度和质心侧偏角控制在理想值附近，且超调量很小，时间上滞后在 0.3 s 内；但是优化分配的轮胎负荷率之和比平均分配的轮胎负荷率之和要小，优化分配算法更能保证车辆的稳定性。

2. 低附着系数路面高速工况

设置路面的附着系数为 0.4，车辆初始速度为 40 km/h，分析优化分配和平均分配两种情况下横摆角速度、质心侧偏角、轮胎负荷率等参数。

从图 12-39 至图 12-42 可知，平均分配算法和优化分配算法的横摆角速度和质心侧偏角都能很好地跟随理想值，由于附着系数的限制，理想的

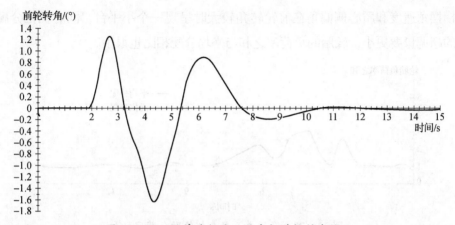

图 12-35　附着系数为 1 时车辆前轮转角输入

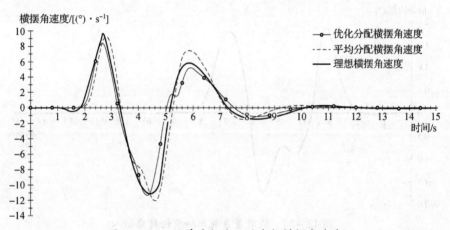

图 12-36　附着系数为 1 时车辆横摆角速度

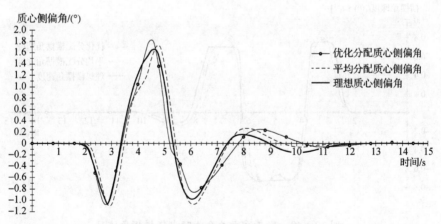

图 12-37　高附着系数车辆侧偏角

横摆角速度和质心侧偏角在前轮转角较大时呈现一个小平台,同时优化分配的超调量要更小,轮胎的负荷率之和与平均分配相比也很小。

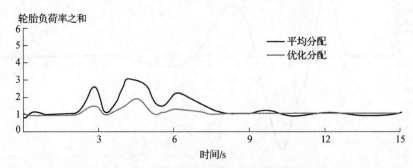

图 12-38　高附着系数车辆轮胎负荷率之和

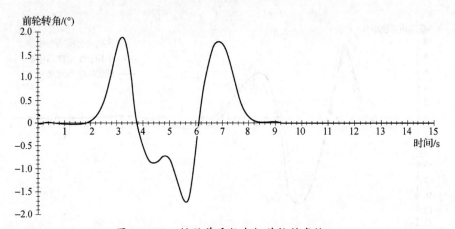

图 12-39　低附着系数车辆前轮转角输入

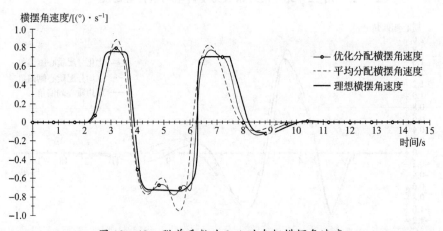

图 12-40　附着系数为 0.4 时车辆横摆角速度

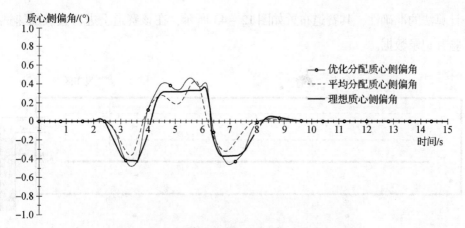

图 12-41　附着系数为 0.4 时车辆质心侧偏角

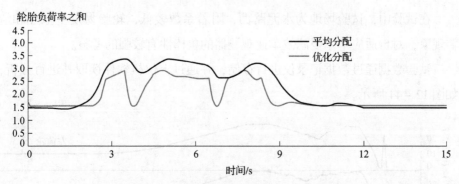

图 12-42　低附着系数车辆轮胎负荷率之和

综合上述分析，优化分配算法在高、低附着系数路面上都能很好地控制轮胎的负荷率之和，在低附着路面上，在横摆角速度和质心侧偏角的控制上，超调量要小于平均分配算法，优化分配算法在稳定性控制系统的表现更为突出。

12.6　试验验证

12.6.1　车速估计试验验证

在大学生方程式汽车大赛中有一项比赛为 75 m 的直线加速赛，其在起点的起步加速和终点的制动工况中存在滑转和滑移等工况，可用于验证车速估计算法的准确性，其赛道布置如图 12-43 所示，在该赛道上进行直线加速试验并记录数据。

图 12-43 直线加速赛道

在试验中，试验场地为水泥路面，附着系数较低，轮胎易发生抱死和滑转现象，对自适应卡尔曼滤波车速观测器的鲁棒性有较强的考验。

试验数据通过数据记录仪进行存储，并通过上位机软件读取并进行分析，如图 12-44 所示。

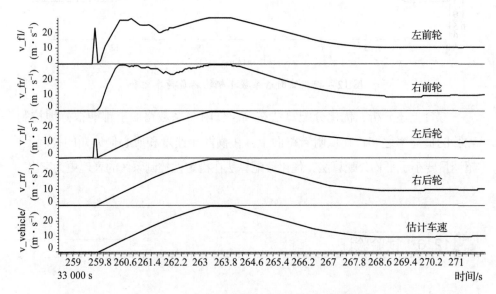

图 12-44 直线加速赛中观测到的车速和轮速

在图 12-44 中，第一、二、三、四栏的数据分别为左前、右前、左后、右后轮速所得车速，第五栏的数据是使用自适应卡尔曼滤波加速度与 4 个轮速融合得到的车速。左前轮和左后轮在起步时发生滑转,而车速估计算法所得车速未受其影响,车速估计算法可以很好地滤除车轮滑转噪声。

由于在赛车上没有真实车速传感器,为了进一步验证车速估计算法的准确性,后面两轮的电机不施加力矩,将其作为从动轮,根据从动轮的轮速计算出真实的车速,并与车速估计算法所得到的车速进行比较,试验结果如图12-45所示。可以看出,在起步时左前轮和右前轮均发生一定的滑转,作为从动轮的左后轮和右后轮未发生滑转,从动轮所得到的车速与车速估计算法所得车速基本一致。

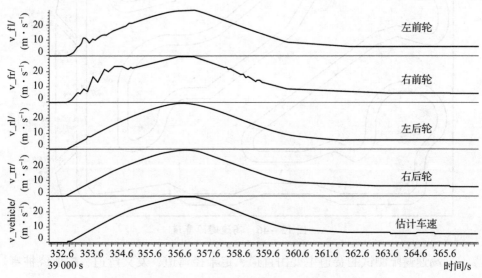

图12-45 车速估计算法车速与从动轮车速的对比

容易得出结论:观测器能够较为准确地估计出实车实时车速,并且不受加速度传感器静态偏移、车轮滑转或者传感器通信受到干扰时噪声的影响。具有较好的鲁棒性和适应性,能够用于四轮独立电驱动赛车的车速估计。

车速估计算法在实现过程中,4个轮速可以通过电机本身的旋转编码器获取,仅需再安装一个成本仅为几十元的加速度传感器即可得到赛车的车速,相较于 IMU + GPS 的融合测速方式,成本低廉且不易受天气因素干扰,所设计的车速估计算法不仅适用于四轮独立电驱动赛车,也适用于四轮独立驱动的其他类型车辆。

12.6.2 直接横摆力矩控制试验验证

在大学生电动方程式赛事的动态项目中有一项高速避障测试,其赛道如图 12-46 所示。高速避障测试的目的是评价赛车在没有其他竞争车辆影响的紧凑赛道上的加速性和操纵性,其赛道综合了加速、制动和转向等多种测试性能的特点。

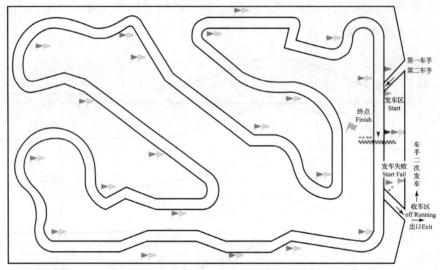

图 12-46　高速避障赛道

高速避障测试的赛道主要由直道、定半径弯道、发夹弯道、蛇形绕桩赛道和复合赛道组成。表 12-4 所示为高速避障测试赛道的特征参数。

表 12-4　赛道的特征参数

赛道	特征参数
直线赛道	两端为发夹弯的直道长度不超过 60 m,一端为大弯道的直道长度不超过 15 m
定半径弯道	直径为 23~45 m
发夹弯道	最小外径为 9 m
蛇形绕桩赛道	锥桶以 7.62~12.19 m 的间隔直线排列
复合赛道	赛道最小宽度为 3.5 m,包括不同的弯道

第12章 电控系统

在试验过程中,采用数据记录仪记录高速避障比赛中方向盘转角、横摆角速度、质心侧偏角、车轮滑移率等信息。

在高速避障比赛的蛇形绕桩区域,记录下方向盘转角、横摆角速度、质心侧偏角、车轮滑移率数据如图12-47至图12-50所示。

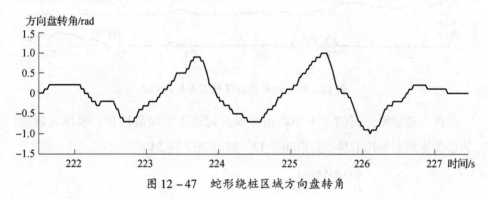

图12-47 蛇形绕桩区域方向盘转角

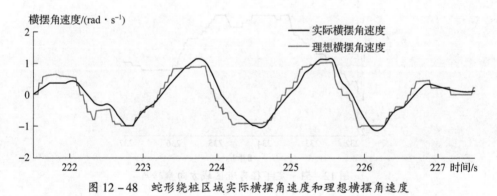

图12-48 蛇形绕桩区域实际横摆角速度和理想横摆角速度

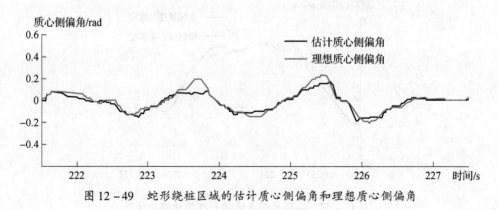

图12-49 蛇形绕桩区域的估计质心侧偏角和理想质心侧偏角

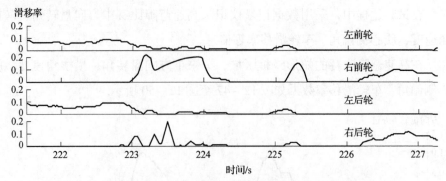

图 12-50　蛇形绕桩区域各车轮滑移率

在高速避障比赛的定半径弯道区域，记录下方向盘转角、横摆角速度、质心侧偏角、车轮滑移率数据如图 12-51 至图 12-54 所示。

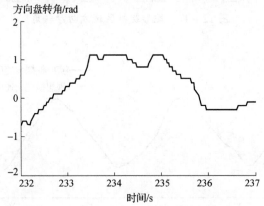

图 12-51　定半径弯道区域方向盘转角

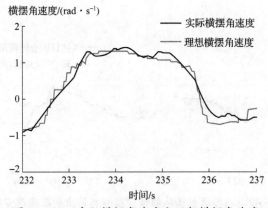

图 12-52　实际横摆角速度和理想横摆角速度

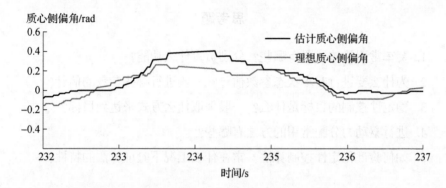

图 12-53 定半径弯道区域的估计质心侧偏角和理想质心侧偏角

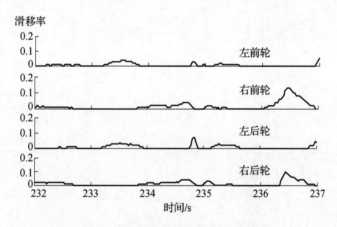

图 12-54 定半径弯道区域各车轮滑移率

经过试验数据证明,在蛇形绕桩赛道和定半径弯道中,实际横摆角速度和所估计的质心侧偏角能够很好地跟随理想的横摆角速度和质心侧偏角,能够很好地保证车辆的稳定性。试验中记录了各车轮的滑移率,各车轮的滑移率均处于理想的滑移率之内。同时可以看出,实际的横摆角速度相比于方向盘的转角输入未发生滞后,这说明前馈控制器发挥着良好的作用,能够提高赛车的转向响应。稳定性控制系统在瞬态工况和稳态工况都对四轮独立电驱动赛车有着积极的作用,并且系统稳定,超调量极小。

思考题

1. 赛车常用的传感器有哪些？分别负责什么功能？
2. 为什么要进行赛车状态参数估计？一般进行哪些参数的估计？
3. 稳定性控制的目标是什么？一般采取什么方式来达到目标？
4. 进行驱动力分配常用的方法有哪些？
5. 如何验证稳定性控制算法？常在什么工况下验证算法的特性？

第 13 章
Chapter 13　赛车驾驶理论

在 FSAE 的赛事中，设计制造出一台性能优异，可靠性极佳的赛车是取得好成绩的关键，与此同时，车手在比赛动态项目中的发挥也十分重要。一流的车手可以让中游的赛车拥有更加靓眼的表现，而且，一流的赛车没有一流的车手驾驶也很难取得一流成绩。车手作为坐在车内控制车辆的人，在比赛时承担着车队和所有赞助商的希望，需要顶着巨大的压力，尽可能发挥车辆的性能。因此，心理素质和驾驶技术对于车手来说都是十分重要的。

本章从车手的日常训练、赛场上的比赛发挥和赛车进阶驾驶技巧等几个角度去剖析 FSAE 赛车驾驶理论，其中还融合了赛车底盘调校的内容，希望能让各位车手和赛车工程师从 FSAE 比赛中得到更多的理解和启示。

13.1 车手训练

赛车手的驾驶技术与身体素质不是与生俱来的。无论天赋高低，车手们都需要进行大量的训练。车队应该在每赛季初就制订出高效的车手培训计划，包括身体素质训练和驾驶能力训练。

13.1.1 身体素质训练

1. 耐力训练

耐力是人体运动最重要的基础能力。有良好的耐力才能充分发挥自身的运动潜能。要提高赛车手的比赛成绩，耐力训练必不可少。

采用跑步或骑行的方式进行训练，前者的好处是无须器材，对场地的要求也比较少，而后者能给参训者带来更强的速度感，训练时不会过于枯燥。

每周应进行 2~3 次低强度耐力训练和一次较高强度的耐力训练，低强度训练每次的训练时间为 30~60 min，强度控制在 50% 最大心率以下；高强度训练几乎都是有氧无氧结合的训练。结合有氧恢复，提升高强度运动中的耐力。可采用被广泛应用的变速跑作为高强度耐力训练。变速跑的训练形式相对灵活，可参考"法特莱克跑"：训练组的强度为 85%~90% 的最大摄氧量，恢复组的强度为 50%~70% 的最大摄氧量（平时训练时不方便计算最大摄氧量，可直接按 65%~75% 的最大心率快跑、45%~55% 的最大心率慢跑）。例如，快跑 15 min，接着慢跑 10 min，总时长控制在 30~60 min。

2. 力量训练

力量训练分 3 个方面，即最大力量（相对力量和绝对力量）、快速力量（启动力量、爆发力和反应力量）、力量耐力。赛车手在驾驶一台 FSAE 赛车时需要与无助力的转向机构和刹车踏板不断角力，还需要用自身力量克服较大的加速度。主要体现的是最大力量、快速力量和力量耐力。

适合发展最大力量的动作有深蹲、硬拉等。对于普通训练者来说，进行 6~12 RM 的训练比传统观念中的 1~3 RM 的训练方式更有助于提升最大力量；力量的决定因素是肌肉组织的发达程度，采用 6~12 RM 的训练更有助于增肌，而 1~3 RM 的训练更注重的是神经系统支配肌肉的能力。

适合发展快速力量的动作有跳箱训练、高翻等。通常采用中低强度快速用力的训练方式。强度控制在 30%~50%，重复 5~10 次，3~6 组，且间歇时间不要过长。此类训练强调的是动作迅速且协调流畅。

力量耐力讲究的是持续时间，训练时应采用相对较低的强度，尽可能多地完成，增加组容量，降低组个数。

表 13-1 中列出了力量训练节奏。

表 13-1 力量训练节奏

最大重复次数/(RM·次$^{-1}$)	组间歇时间/s
1~3	180~240
3~5	120~180
6~8	90~120
8~10	60~90

续表

最大重复次数/(RM·次$^{-1}$)	组间歇时间/s
10~12	45~60
13~20	30~45

注释：

（1）最大心率计算方法：205.8－0.685×年龄；工作心率计算方法：（最大心率－静态心率）×百分比＋静态心率；

（2）RM（Repetition Maximum）是一相对单位；x－RM 指训练者能够重复 x 次的最大重量。例如某训练者用 30 kg 的质量进行某项训练，每组最多只能重复 6 次该训练动作就达到完全力竭，那么 30 kg 对于该训练者当前进行的训练而言就是 6 RM 的重量。

需要注意的是，在进行力量训练时要保持动作精准，包括身体姿态、呼吸方法、动作的速度等。也要遵循科学的顺序：先训练大肌群，再训练小肌群。更要注重力量的全面、均衡发展，避免因肌肉不平衡发展导致损伤。

3. 专注力、抗压能力和反应能力训练

自赛车手坐进赛车，他们的大脑就开始高速运转。他们不仅要时刻考虑如何尽可能完美地驾驶赛车，还要保持预先设定的比赛策略与节奏，并且要与队内的搭档保持良好的沟通交流。任何人在高压下都极易出现失误，但在赛车比赛中，任何微小的失误，哪怕零点几秒的错误判断都会被无限放大。保持冷静和清醒是驾驶赛车的基础，而赛车手必须拥有强大的专注力和抗压能力才能实现这一点；除前两者外，反应能力也十分关键。3 种能力都可以通过日常训练提升。训练方法例如：在桌上平铺开一些号码牌，一人叫号，车手快速挑出对应号牌的方式。此类训练变式很多，不进行更多介绍。

4. 专项训练

驾驶赛车时，车手需要抵抗一些特殊的力，而在日常的训练中，相应的肌群相对较难被调动，应进行一些独立的训练以便加强相应的肌肉组织。上述部位主要为颈部和侧腹部位。

颈部力量可以使用弹力带进行训练。将弹力带的一端固定，另一端套在训练者的头部。训练者通过颈部发力，驱动头部拉伸弹力带。训练时尽量将动作行程做长，以最大化训练效率。推荐进行 6~12 RM 的训练。

第13章 赛车驾驶理论

侧腹部力量训练方式颇多这里不做太多介绍。例如负重俄罗斯转体、侧卧抬腿、侧面平板支撑等的动作都可以训练侧腹部。

5. 训练计划

为使本节对读者有更好的实际意义,下面举一训练计划作为实例(表13-2)。

表 13-2 训练计划

周一	周二	周三	周四	周五	周六	周日
力量训练+专项训练	低强度耐力训练	高强度耐力训练	休息+柔韧性训练	低强度耐力训练+专注力训练	力量训练+专项训练	休息+柔韧性训练

低强度耐力训练:以50%最大心率慢跑,周中每次训练30 min。

高强度耐力训练:退阶法特莱克跑,以训练者自身感受决定训练强度,时长30 min。

力量训练:动作包括但不限于肱二头肌弯举、哑铃侧平举、双杠臂屈伸、卧推、高位下拉、俯身杠铃划船、硬拉、跳箱。周中两个训练日,训练动作不重叠,使肌肉组织充分恢复。

专项训练:颈部力量训练及侧腹部力量训练。

柔韧性训练:拉伸受训肌群即可。

专注力训练:叫号取牌。

注意睡眠,多饮水,训练前充分热身,训后拉伸放松。训练量力而为,避免受伤。

13.1.2 驾驶能力训练

1. 模拟器训练

模拟器训练是最安全且成本较低的训练方式,建议每个车手都从模拟器训练开始。模拟器主要培养的是车手的赛车意识。从踏板及方向盘的操控方式,到走线意识,再到对车辆极限的预判及救车,这些在真正驾驶一台赛车前所应具有的基本素质都可以在模拟器上得到提高。通过软件能够清晰地看到踏板和方向盘的操作情况（踏板踩下的深度即方向盘转角），日常训练中可以利用模拟器的这个特点进行踏板操作精确性的特殊训练。例如指定踏板深度，快速踩到准确位置。

2. 卡丁车训练

卡丁车练习则是在模拟器练习的基础上进一步提高。赛车手在卡丁车练习中可以体会到车辆加、减速及过弯时的各项加速度，也可以通过这一过程理解身体素质训练的重要性。卡丁车训练也可看作车手体能训练的一部分，赛车驾驶中需要用到的特定肌肉群在驾驶卡丁车的过程中可以得到强化。此外，较大的体感加速度会增加判断失误的概率，通过卡丁车练习可以使车手在过载环境中保持冷静专注的能力得到加强。进行卡丁车练习时也要遵照循序渐进的原则，可以先从四冲程卡丁车练起，切莫直接练习二冲程，后者较难上手，危险性较大。

3. FSAE 实车训练

实车练习是最接近于实战的训练方式，但是时间成本与经济成本都比较高。方程式赛车的驾驶体验是其他类型车辆所无法比拟的，无论从坐姿、操控方式、各方向的加速度体验还是过弯时油门和刹车的输入对转向性能的影响，对于第一次驾驶这种车型的人来说都是颠覆性的体验。任何微小的操作错误都可能造成赛车失控。正因如此，实车练习才尤为重要。车手在比赛时已经充分熟悉自己车队的赛车是每个车队所希望的，车手只有足够了解赛车的特点，才能在比赛时发挥出车辆的最佳性能，方能取得满意的成绩。进行实车训练时，首先让车手在空旷场地进行试车，主要是进行一些加、减速和小幅度的转向。车手初步熟悉赛车后即可在空旷场地上摆桩桶，模拟出赛道进行练习。

13.2 正式比赛

13.2.1 直线加速

直线加速测试旨在评价赛车的直线加速能力，由于在加速时不需要额外的转向动作，所以直线加速测试对车手驾驶技术的要求较小。这个项目取得好成绩的关键因素在于赛车动力系统的调校，需要工程师为赛车设计一套良好的起步控制系统，同时也需要赛车具有足够强劲的动力。本节重点讲述直线加速项目赛前准备和车手起步控制技巧。

首先，在比赛一开始时，跑道难免会有一些灰尘，从而降低轮胎的抓地力，导致赛车在起步的瞬间出现过多的打滑。同时，赛道温度对轮胎抓地力的影响也较大。因此，在条件允许的情况下，可以等待跑道温度合适，且有其他赛车做完测试从而带走赛道上的灰尘后再开始直线加速测试。这样的安排对八字绕桩项目和高速避障项目同样适用。同时，在进行直线加速测试之前，可以将赛车后轮束脚调至略微内倾，使急加速时赛车尾部更加稳定。

在赛车进入跑道之前，需要确保轮胎较为干净。车手在起步一瞬间可以根据赛车的性能稍微多地压下加速踏板，从而让赛车轮胎有一定的打滑，但是也不能打滑过多而损失大量动力，感觉赛车打滑之后可以松小于10%的加速踏板行程，让轮胎抓住地面，然后再次踩满加速踏板。整个加速过程的时间较短，需要车手通过一定的练习来熟悉赛车，并能很好地控制加速踏板。

13.2.2 八字绕桩

八字绕桩测试的目的是衡量赛车在平地上做定半径转向时的转向能力。FSAE八字绕桩赛道示意图如图13-1所示，由左、右两个中等半径圆圈组成，主要考验车手对赛车过弯极限的感受能力，以及对赛车在极限情况下的控制能力。

八字绕桩项目要求车手尽快驾驶赛车达到其极限状态进行稳态接近极限绕环，但是在达到赛车极限时，稳态控制赛车是很难做到的。因此，八字绕桩项目的驾驶关键是如何平稳地接近极限并保持住。

1. 绕桩的极限控制

八字绕桩项目一般有两种控制赛车的方法，一种是稳定住加速踏板，通过不断对方向的小幅度修正将赛车稳定在极限上，另一种是稳定住方向，通过不断对加速踏板的小幅度修正将赛车稳定在极限上。

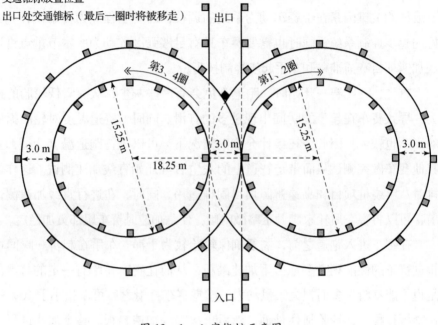

图13-1 八字绕桩示意图

对于一辆方向灵活的赛车，一般可以采用第一种方法控制赛车，稳定住加速踏板，依靠赛车方向控制较为灵敏的优点，通过不断修正方向来维持住赛车的极限。此时，达到赛车极限的过程会更加可控，车身的状态会更加稳定，更容易在比赛中取得不错的成绩。

如果赛车的方向比较沉，修正方向的难度比较大，可以采用第二种方法控制赛车。稳住方向，通过控制加速踏板来调整赛车转弯的半径。但是，由于在调整加速踏板的过程中，会造成车身重心更大幅度的变化，前后轮的抓地力会不断改变，因此，这种方法并不利于车手感受并维持赛车的极限，并且有可能由于车手操作的失误，松或踩加速踏板的幅度过大导致赛车后轮突然失去抓地力而打滑。理论上，赛车如果能轻松通过控制加速踏板维持赛车在八字绕桩项目中的极限，则表示赛车的调校比较优秀，偏向转向中性。

2. 比赛中左右圈的转换

八字绕桩规则要求比赛时赛车垂直驶入八字形中，首先绕右圆行驶一圈建立转向。接着的第二圈仍绕右圆，并计时。紧接着，赛车将驶入左圆进行第三圈。第四圈仍绕左圆并计时。完成第四圈后，赛车与进入时同向从交叉点处的出口离开赛道。

右圈和左圈交换的过程十分重要，可以在一定程度上提高第二圈右圈计时圈的成绩。由于比赛时，赛车计时检测的是赛车前鼻，就给了车手一定的冲刺空间，在即将完成计时圈进入左圆时可以进行一定程度的加速，减少右圈所花费的时间。同时在进入左圈时减速，并快速控制赛车达到极限。在这个过程中，伴随着冲刺、制动和转向，会导致车身重心的大幅度变化，更有可能使赛车失控，因此，需要车手在平时做大量的训练，在左、右圈的转换时控制好赛车。

3. 平时训练方法

在平时练习时，可以先用较低的速度驶入八字绕桩的赛道，慢慢加速达到赛车的极限，感到车身快要产生滑动时，轻微减小速度，控制加速踏板稳定，通过方向控制赛车转弯半径。在练习中，要不断感受并且接近极限，达到加速踏板和方向都接近稳定的极限状态。

13.2.3　高速避障

高速避障测试的目的是评价赛车在没有其他竞争车辆影响的紧凑赛道上的机动性和操控性。高速避障测试赛道中包含直道、定半径弯道、发卡弯道、蛇形绕桩等复杂布局，综合了加速、制动和转向等多种测试性能的特点，难度较大。同时项目分值较高，占总分值的15%。并且高速避障项目还会作为耐久测试发车的参考，对最终成绩的影响较大，也十分考验车手的驾驶能力和熟悉赛道的能力。

1. 熟悉赛道

熟悉赛道对于在比赛时取得好成绩尤为重要，尽快熟悉赛道，记住赛道的一些难点，对车手发挥赛车性能尤为重要。对赛道越熟悉，越能取得好成绩。

在高速避障项目和耐久测试项目比赛前一天，赛事主办方就会用桩桶布置好赛道，并安排车手在特定时间走赛道。车手可以提前准备好笔和纸或者一些录像工具，在走赛道的过程中大概画下赛道的排布，并标注出赛道的要点或者录制下走赛道的过程,方便车手在走赛道结束后可以继续强化记忆,以便于更准确地绘制出赛道图。

在绘制出赛道图后,就需要确定赛车线,赛车线的确定对提升圈速尤为重要。如图13-2所示,通过标记出制动点、入弯点、切弯点和出弯点来确定赛车制动和加速的过程。可以将高速避障赛道分为多个部分,并用一条流线连接起来,一般需要车手不断地想象赛车的走线,从而确定一条最优的路线。

在完成上述准备后,车手在比赛前还需要做大量的模拟练习,想象比赛时的走线,模拟方向,加速踏板和刹车踏板的控制,尽量熟悉赛道,熟悉赛道走线和驾驶方法。

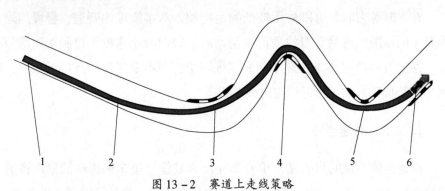

图13-2 赛道上走线策略

1—制动点;2—入弯点;3~5—切弯点;6—出弯点

2. 正式比赛

高速避障项目要求由两个车手完成,每个车手有两次机会。在第一次尝试时,不宜用尽赛车的性能,可以用85%左右的速度驾驶,在不碰桩的前提下,尽量感受赛道,与记忆中的赛道进行对比、强化记忆,在为下一圈做好准备的同时做出一个相对较好的保底成绩。

在完成第一圈回到等待区时,应该让队员快速检测车辆的各项数据,告诉队员底盘是否需要一定的微调,同时还要不断思考在刚才那一圈中有什么地方还有提升的空间,有什么地方要特别注意,或者走线是否需要改进一点。随后就可开始第二圈的尝试。

在第一圈获取信息的基础上,尽量不撞桩,并全力推进赛车,跑出一个速度更快的干净单圈。在第一车手完成比赛后,应该将获取的赛道信息和驾驶时感受到的车辆信息反馈给第二车手,让第二车手有机会跑出更加靓眼的单圈成绩。

比赛规定在高速避障项目中碰倒一个桩罚时 2 s,因此,车手在不断推进的过程中,切忌碰到桩桶;否则碰桩导致的罚时会大大影响高速避障项目的成绩。每一个好的成绩都是在不碰桩的情况下取得的。

13.2.4 耐久测试

耐久测试的目的是为了评价赛车的总体表现,并测试赛车的耐久性和可靠性。效率测试也将和耐久测试一起进行,同时考察赛车在竞速状态下的能量消耗。耐久赛的里程一般在 22 km 左右,由两位车手共同完成,在第一车手完成一半耐久里程后,需要在有限时间内于维修区更换车手,赛车还需要在比赛完成后进行复检。

由于耐久赛总分值达到 300 分,再加上效率测试的 100 分,耐久赛将成为比赛中分值最多的动态赛项目。也正是因为其耗时长、难度大、条件苛刻,尤为考验车手的驾驶技术、体能以及赛车的综合性能。也只有在完成了耐久测试之后,赛事才算真正的结束。图 13 - 3 所示为耐久赛赛道图。

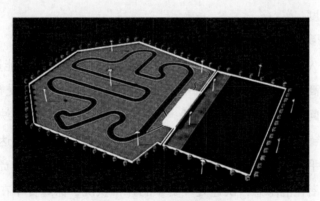

图 13 - 3　耐久赛赛道图

1. 比赛准备

在正式比赛之前,应该仔细检测赛车的各项数据,对赛车进行一次全方位的检测,保证赛车的每一部分都是可靠、稳定的,避免赛车在正赛中出现问题。对于车手来说,要全面了解赛车的优势和弱点,以便在比赛中制定相应的驾驶策略,有意识地保护赛车。此外,尽管耐久赛和高速避障测试的赛道基本相同,但耐久赛道相比高速避障赛道会更加简单,赛道会更宽一点,所以车手在比赛前也需要认真走赛道,做好熟悉赛道的工作,不可马虎大意。

2. 正式比赛

由于耐久赛车手需要驾驶更长的里程,就给了车手不断修正驾驶路线并逐渐逼近赛车极限的空间。在头两圈适应赛道之后,可以在每一圈中都适当调整路线和驾驶方法,在赛道的某些地方甚至可以尝试突破赛车极限,用一定的滑移来减少赛车过弯的时间。但是,在不断推进的过程中,还要注意不要碰倒桩桶。随着驾驶圈数的增加,车手应该感觉到驾驶过程越来越流畅,如果在推进的过程中感受到赛车越来越难控制,就应该适当放缓速度,找到良好的节奏后再继续推进。

3. 更换车手

在第一车手完成比赛并进入维修区更换车手时,第一车手应将在比赛中获得的赛道和车辆信息,特别是赛道上需要特别注意驾驶的地方以及赛车的轮胎状态告诉第二车手,其他队员则需要尽快检测赛车的各项数据指标,了解完赛车的状态后告诉第二车手还有什么地方要特别注意,是否需要适当降低驾驶的速度。

4. 控制赛车状态

随着耐久赛时间的推进,赛车可能会暴露出一些问题,如能量消耗过快、刹车温度过高、轮胎抓地力下降等。这时就需要车手及时感受赛车的状态,针对相应的问题适当调整驾驶方法。例如,在赛车能量消耗过快,可能导致无法完赛时,车手可以在直道末端稍微松开一点加速踏板,以达到节约能量的目的。车手在不断推进赛车的过程中,还要能敏锐地捕捉到赛车可能出现的问题以及潜在的隐患,快速处理赛车的异常状况,保障赛车在能完赛的前提下取得不错的成绩。而且,在赛车跑完耐久测试后还需要进行复检,再一次检查赛车的某些指标和参数是否符合比赛的规则。这种时候,车手对赛车状态的控制就十分重要了。在过于暴力地驾驶赛车后,可能会导致赛车出现某些严重的问题,无法通过复检。所以,车手也需要明确赛车可能会出现的问题，控制好驾驶的节奏，保障赛车能顺利完赛。

13.3 车手心理

前面提到过，车手作为比赛过程中控制赛车的人，无疑要承受巨大的压力，如何在比赛时的巨大压力下控制好自己的情绪，对比赛的成绩影响很大。当车手自身压力过大时，很容易在比赛时分心，难以发挥出赛车的性能，甚至出现一些本来可以避免的失误，大大影响比赛成绩。

在比赛时，车手应该尽量达到一种放松的状态，全力去感受赛车的状态，发掘赛车的极限，集中注意力去让自己更快，但同时也需要及时确认赛车的状态是否适合现在的驾驶策略。

因此，车手如何在比赛之前调整好自己的状态就显得十分重要了。首先，车手要尽量消除紧张情绪，紧张会使人过于兴奋，在赛车运动中这往往会降低车手的效率。在比赛前，应该多去考虑自己应该采用的驾驶策略，回忆赛道的排布，将注意力集中于赛车，避免去考虑赛车外发生了什么，车手只需要关注赛车、赛道和对手，做到心无旁骛，发挥自己应有的驾驶水平。虽然作为车手的确需要承担艰巨的责任，但是能成为车手，也表示队员们对你的驾驶技术有足够的信心，所以，不要畏惧风险，而要尽量发挥出自己的能力。

在大学生方程式汽车的比赛中存在很多的不确定因素，可能会导致赛车出现故障，甚至无法完赛，车手在面对这些突发问题时，应该尽量保持冷静，首先降低车速，及时发现赛车的问题，调整策略，此时确保赛车能够安全完赛可能比让赛车取得一个好成绩更加重要，做好决策，在赛车出现问题时还继续保持高强度的推进可能会导致更加严重的后果。而看到其他赛车不断逼近并超过你时，也不应该紧张，只要在能完赛的前提下充分发挥出赛车的性能就已经足够了。时刻保持冷静很重要，切忌因为自己的冲动导致车队的辛苦付之东流。

13.4 进阶驾驶技巧

13.4.1 线路选择

前面曾提到过要如何在比赛前熟悉赛道、确定赛车路线。赛车路线的选择是影响车手成绩的一个重要因素，合理的赛车路线可以在提高车手成绩的同时减小冲出赛道或者碰倒桩桶的风险。这里将细说赛车行驶路线具体要怎么选择。

赛车路线规划的 3 个重点分别是赛车的入弯点、切弯点和出弯点，这 3 个点位置的选定决定了车手应该何时刹车、何时转向、转向角度是多少以及何时加速。而这 3 个点中，最重要的是切弯点的选取，在赛车线路确定的过程中，首先需要明确应采用什么样的切弯方法。

一般来说，赛车走线都是按照慢进快出的原则，赛车以相对较慢的车速入弯，方便车手在弯中掌控赛车，更好地控制赛车加速出弯，提高出弯速度，这种方法同时也增加了赛车控制的容错率。

以图 13-4 为例，这是一个曲率较大的回头弯，一般来说，对于这种弯心速度较慢的弯，对出弯速度的要求就比较高，这时就应该采用晚切弯、快出弯的走线方式来提高出弯速度。将切弯点选取在弯心靠后的位置，这时，入弯点也会相应地延后，入弯速度会比较慢，但是，车手可以提前控制赛车加速，以获得更高的出弯速度，特别是弯后为大直道的情况下，这样的赛车线路可以方便车手在直道上取得优势。

决定如何选取切弯点的因素很多，如赛车的加速性能、赛道的布局、弯道的长短。这就需要车手根据经验进行判断，也就意味着需要大量的练习。对于动力较差的赛车或者对于低转下扭矩较差的赛车，需要让弯心速度不能过低，不宜过多地推迟切弯。对于动力较好的赛车，可以相对晚地切弯，以便更好控制加速踏板，取得更好的出弯速度，从而在直道上取得更大的优势。在连续弯道中，就需要特别注意赛车的姿态，因此赛车路线不宜跳动过大，

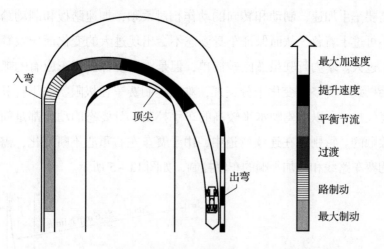

图 13-4 回头弯的赛车路线

需要保持流畅,让赛车在整个过程中不会因为车身的重心大幅度变化而失控。一个错误的赛车路线很容易导致赛车因为转向不足而冲出赛道,或者因为转向过度导致赛车失控。

由于赛道布置变化多样,能否规划出一个较好的赛车路线还需要依靠车手大量的训练,在积累一定经验的前提下,才能更好、更高效地在不同的赛道布局下规划出赛车路线,这也是车手应该具备的基本能力。

13.4.2 车身控制

由前面可知,在连续弯道中,对赛车车身的控制十分重要,因为赛车车身姿态的改变也就意味着车身重心的前后、左右移动,同时也意味着赛车抓地力的变化。学会控制车身姿态也就是学会控制赛车的抓地力,而抓地力作为决定赛车快慢的重要因素对比赛成绩的影响很大。当一名车手能轻松掌控车身姿态时,才可能发挥出赛车的大部分性能,并保障赛车不会撞桩或者冲出赛道。

在赛车加速的过程中,车身姿态后倾,整车重心向后移动,后轮抓地力增强,前轮抓地力下降,这时就可能出现转向不足的情况;反之,在赛车制动的过程中,车身姿态前倾,整车重心向前移动,前轮抓地力增强,后轮抓地力下降,这时就可能出现转向过度的情况。所以,想要控制好车身姿态,首先需要车手加速，制动和转向的动作相对柔顺，加速踏板和制动踏板的转换也不可过于着急，从而保证车身姿态不会出现过大的变化而导致赛车抓地力变化过大。暴力驾驶虽然比较简单，但是难以发挥出赛车应有的抓地力水平，会导致车身姿态变化十分突兀，难以控制赛车在极限状态下行驶，赛车更容易失控。所以，驾驶水平较高的车手控制车身姿态的动作都是简单轻快而且柔顺的。特别是在连续弯道中，由于赛车左右重心不断变化，需要更加折中的赛车路线和更加平顺的车辆控制，如图 13-5 所示。

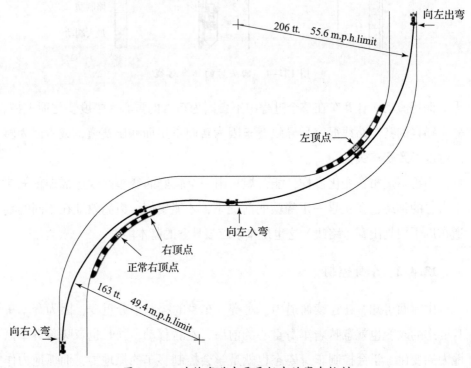

图 13-5　连续弯道中需要折中的赛车控制

虽然说车身姿态的大幅度变化会导致赛车较难控制，但是，车手也可以充分运用车身姿态的变化，从而利用赛车抓地力的变化来解决赛车可能出现的转向不足或者转向过度的问题。例如，如果赛车在入弯时容易出现转向不足的情况，就可以带着一点刹车入弯，用赛车重心的前移来增加前轮的抓地力，从而削弱转向不足的情况。而在某些情况下，赛车发生了侧滑，不宜全部松开加速踏板，可以保持加速踏板开度在 30% 左右，防止由于快速松油导致赛车重心前移使车身侧滑情况更加严重。但是这种控制方法需要车手的操作快速且精确，需要平时进行大量的训练。

另外，对于不同驱动方式的赛车，其车身姿态的控制方法也会有所不同。对于后驱车来说，在出弯时，赛车更偏向转向过度。为了更好地控制赛车出弯，应该更晚切弯，留出更多的加速空间，也需要特别注意控制加速踏板，防止赛车出现过于严重的转向过度。对于四驱车来说，赛车出弯会更加稳定，转向过度的趋势会被明显削弱，可以更加大胆地加速，因此，赛车切弯点也不用过于靠后，可以提升弯中速度，依靠四电机的强大动力弥补出弯速度的损失。

想要控制好车身姿态，需要车手进行大量的训练，通过不断循迹刹车和加速的练习，才能够将加速踏板、制动踏板和方向盘控制得随心所欲、快速准确且柔顺，这也是车手应该掌握的基本功。另外，还需要多进行 FSAE 实车训练，熟悉赛车的车身姿态变化，熟悉赛车转向的偏好，这样才能更好地控制车身姿态。

13.4.3　在极限上驾驶

当车手能很好地控制车身姿态后，才能更稳定地接近赛车的极限，进一步提升圈速。

首先，要先找到赛车的极限，在每一圈中，晚一点点制动，早一点点给油，直到发现再推进一点时，赛车速度就会下降，或者产生过多的转向不足和转向过度的情况。由于过高的速度会让赛车冲出赛道或者失控，所以在寻找赛车极限的过程中务必要循序渐进。经过一段时间的练习和对赛车的熟悉后，车手就可以更快地找到赛车的极限。

在找到赛车极限后，最关键的一点是维持这一极限，在制动、转向和加速的过程中都能充分发挥赛车的抓地力。这样的赛车控制对车手的操作精度要求很高，需要车手精确地在制动点制动，充分运用循迹刹车，在准确的位置切弯并加速出弯，在这个过程中，车手可以通过寻找参照物来修正自己的动作，让赛车在过弯的过程中尽可能接近赛车极限，如某个特殊的桩桶、某段赛道上的印记都可以作为比赛时车手确认并修正自己操控动作的参照物。

简单来说，在耐久赛或者高速避障测试中，车手寻找并维持赛车极限的操作方法与在八字绕环测试中的方法大同小异，只是更加复杂、更加困难，需要大量的练习，也需要车手具有一定的天赋。同时，随着比赛进度不断推进，赛车的性能也会发生一定的变化，需要根据赛车的变化调整驾驶方式。例如，感觉到赛车轮胎抓地力下降后，就应该提前制动，推后加速，并在制动和加速的过程中动作更加轻柔。

13.5 底盘调校

悬架系统的可调变量很多，每个变量应用不同数值时，赛车的操控特性都将有所不同，且各变量之间相互影响，使得一台赛车的悬架参数设定组合繁多、千变万化。表13-3列举了悬架调校对赛车转向特性的影响，效果仅供参考，调校时要讲究平衡，切莫过度调校。

表13-3 底盘调校一般情况

设定项目	趋于转向过度	趋于转向不足
前轮胎压	低	高
后轮胎压	高	低
前轮束角	正	负
后轮束角	负	正
前防倾杆	软	硬
后防倾杆	硬	软
前弹簧刚度	软	硬
后弹簧刚度	硬	软
前压缩阻尼	小	大
后压缩阻尼	大	小
前回弹阻尼	大	小
后回弹阻尼	小	大

第13章 赛车驾驶理论

（1）胎压调节是比较简单同时效果也比较显著的一种调校。

（2）束角的正与负都会使轮胎加速磨损，但也未尝不是件好事，可以通过增加摩擦而加快胎温上升。

（3）对防倾杆的调节尤其讲究平衡性，调校时可以以较为平衡的调校为起点，谨慎地进行调节。

（4）阻尼可调的避震器有时会区分高/低速压缩/回弹阻尼，调节时主要关注低速压缩/回弹。

案例分析：

高速避障和耐久赛中，赛车即将进入一个弯道，车手踩下刹车，此时车辆重心会发生前移，且较软（硬）的前压缩阻尼（后回弹阻尼）和前（后）弹簧刚度会使重心转移更加明显，也就是说，较软（硬）的前（后）悬架也可以在一定程度上将刹车点推后。车手缓慢松开刹车，车辆重心逐渐归中，这时的情况与入弯时相反，但相较接下来的出弯过程而言较为缓和。出弯时加速度也许没有入弯减速的加速度大，但悬架调校依然重要。防倾杆通过限制车身侧倾而控制载荷的转移，改变车辆的操控特性。

防倾杆过软：载荷不受限制地转移到外侧车轮，使得内侧车轮损失一定抓地力。如果是驱动桥的防倾杆过软，则可能会损失一定动力。

较软的防倾杆：可以减慢载荷转移速度以获得不错的稳定性。两轮充分接地会获得不错的抓地力。

防倾杆过硬：内外轮运动受限过度，由于弯中载荷转移，内侧车轮被抬升，损失一定抓地力。驱动桥的防倾杆过硬则可能会损失动力。

较硬的防倾杆：可以加快载荷转移的传递速度，使车子更加灵活。

前软后硬偏向转向过度：这种调校有很不错的入弯表现和弯中可控性。出弯可能不太稳定。鉴于很强的灵活性，在弯中可以通过油门和方向盘来修正姿态，可以很轻易地达到更快的速度。但如果在弯中后轮超过了极限，这种调校相对不易稳定住车辆。这种调校方法需要一定的精确操作。

前硬后软偏向转向不足：这种调校出弯可以很直接，入弯需谨慎，弯中由入弯车身姿态和差速器调校控制并且姿态不易改变。这种调校不像前软后硬，没有那么强的灵活性，但是有很强的后轮抓地力。所以，若在入弯时预估得准确，在弯中得到理想姿态的情况下整个弯道跑下来非常稳定。还有一种处理方案是利用发动机制动滑入弯，抓地出弯。这种调校相对来说对操控精度要求不如前软后硬高，毕竟车身的运动状态不会随意被改变，但是轮胎的磨损可能会更快。

防倾杆前后的软硬差是要考虑配重的，越重的那一端防倾杆越硬才能达到比较理想的状态（支撑性的缘故），前后桥之间也一样。并不是后防倾杆越软就有越强的抓地效果。对 FSAE 赛车来说，不平衡的调校可能会使一个或两个轮子完全不抓地。

思考题

1. 车手身体素质专项训练主要针对哪些位置？每天大概需要多少训练量？
2. 你认为驾驶能力训练中哪个部分的训练最为重要？给出你这样认为的原因。
3. 如何驾驶你们的赛车在八字绕桩项目中快速达到赛车的极限？
4. 你认为车手在比赛中应该如何控制自己的情绪？
5. 判断你们赛车的车身动态偏好，拟定合适的驾驶方案。

参 考 文 献

[1] 陈安祥，卢禹潇，贺宏伟. 基于使用碳纤维单体壳车身的 FSAE 赛车预埋件设计 [C]. 2020 中国汽车工程学会年会论文集. 北京：中国汽车工程学会，2020.

[2] 赵聪. FSAE 赛车转向系统设计及性能分析 [D]. 合肥：合肥工业大学，2015.

[3] 向铁明，周水庭，沈理真. 赛车转向梯形建模及优化设计 [J]. 机械设计，2014，31（03）：63 – 66.

[4] 颉方正，张雯娣. 减速型驱动电动轮中齿轮接触强度的校核计算 [J]. 机械研究与应用，2015，28（03）：150 – 151.

[5] 董清泉. FSAE 赛车传动系的设计与分析 [J]. 科技视界，2014（06）：287 – 288.

[6] 孙毅. 未来电驱动主力——轮毂电机驱动技术简介 [J]. 汽车运用，2011（10）：24 – 25.

[7] 李迪. NGW 型行星齿轮传动的优化设计研究 [D]. 南京：南京航空航天大学，2009.

[8] 关亮亮，赖文铁，徐宏波，徐子豪. 托森差速器建模及运动仿真 [J]. 汽车实用技术，2019（12）：85 – 87.

[9] 陆鹏. 半轴感应淬火工艺分析及仿真与实验研究 [D]. 成都：西南交通大学，2018.

[10] 王甜甜，师忠秀，杨功正. 基于 Matlab 的 FSAE 赛车制动比的优化 [J]. 青岛大学学报（工程技术版），2014（29）：54 – 58.

[11] 李浩燃. FSEC 纯电动赛车动力系统参数匹配与性能优化研究 [D]. 西安：长安大学，2019.

［12］焦琨峰．基于 CRUISE 的纯电动汽车动力系统参数匹配及优化研究［D］．西安：长安大学，2019．

［13］Rahn C D，Wang C. Batteries systems engineering［M］. New Jersey：Wiley，2013.

［14］Reddy. handbook of batteries［M］. New York：McGraw–Hill，2002.

［15］Taniguchi A. Development of nickel/metal–hydride batteries for EVs and HEVs［J］. Journal of Power Sources，2001，100：117–124.

［16］罗儒，邓海文，黄祖，等．电动汽车高压熔断器选型及失效模式分析［J］．时代汽车，2021，4：87–88．

［17］陈方圆．电动汽车开放式电池包机械接口设计［D］．汕头：汕头大学，2018．

［18］Lin J. A review on recent progress, challenges and perspective of battery［J］. International Journal of Heat and Mass Transfer，2021：167.

［19］Na X. Reverse layered air flow for Li–ion battery thermal management［J］. Applied Thermal Engineering，2018，143：257–262.

［20］辛乃龙．纯电动汽车锂离子动力电池组热特性分析及仿真研究［D］．长春：吉林大学，2012．

［21］Xu Z. Improving the state of charge estimation of reused lithium–ion batteries by abating hysteresis using machine learning technique［J］. Journal of Energy Storage，2020（32）：392–396.

［22］Shua X. A uniform estimation framework for state of health of lithium–ion batteries considering feature extraction and parameters optimization［J］. Energy，2020：204.

［23］顾启蒙，华旸，潘宇巍，等．锂离子电池功率状态估计方法综述［J］．电源技术，2019，43（09）：1563–1567．

［24］蔡勇．锂离子电池电化学性能测试系统及其应用研究［D］．长沙：湖南大学，2015．

［25］王其钰．锂离子扣式电池的组装，充放电测量和数据分析［J］．储能科学与技术，2018，7（2）：327–344．

[26] 马军旗,吴宇平,戴晓兵. 锂离子电池:应用与实践 [M]. 北京:化学工业出版社,2004.

[27] 吴发亮. FSAE 赛车驱动电机系统研究 [D]. 广州:广东工业大学,2014.

[28] 张成,尚俊云,曹宽,等. 耐高温永磁电机发展综述 [J]. 微特电机,2020,48 (11):56 – 58.

[29] 贺焕利,蒲雨. FSAE 电动方程式赛车动力系统匹配设计 [J]. 汽车实用技术,2018,(24):13 – 16.

[30] 王洪武,张戟,杨腾飞,等. 电动汽车驱动系统 EMC 问题研究现状 [J]. 电子测量技术,2011,34 (06):18 – 22.

[31] 龙云. 电动汽车电机驱动系统电磁干扰建模与优化技术研究 [D]. 重庆:重庆理工大学,2020.

[32] 汤勇,孙亚隆,郭志军,等. 电机散热系统的研究现状与发展趋势 [J]. 中国机械工程,2021,32 (10):1135 – 1150.

[33] 安然,闫业翠,马其华,等. 电动汽车轮毂电机温度场计算研究综述 [J]. 软件导刊,2020,19 (08):275 – 280.

[34] 王家校. 新能源汽车电驱和电机测试台架系统设计与应用 [J]. 电气传动,2021,51 (04):52 – 55.

[35] 曾广源,江汇,陈练思,等. FSAE 赛车的制动能量回收系统研究 [J]. 农业装备与车辆工程,2017,55 (07):10 – 13.

[36] 梁国全. 汽车能量回收系统介绍 [J]. 大众科技,2019,21 (06):57 – 58.

[37] 孟腾飞. 四驱轮毂电机电动汽车驱动转矩控制策略研究 [D]. 镇江:江苏大学,2018.

[38] 喻凡,林逸. 汽车系统动力学 [M]. 北京:机械工业出版社,2016.

[39] [美] 拉杰什·拉贾马尼. 车辆动力学及控制 [M]. 王国业,江发潮,张露,译. 北京:机械工业出版社,2018.

[40] 祝子屿. 基于 Carsim 的轮毂电机电动汽车操纵稳定性研究 [D]. 西安:长安大学,2017.

[41] Shuai Z, Zhang H, Wang J, et al. Combined AFS and DYC control of four

wheel independent drive electric vehicles over CAN network with time varying delays [J]. Vehicular Technology, IEEE Transactions on, 2014, 63 (2): 591-602.

[42] 姚时音, 孙仁云. 基于7自由度车辆模型的稳定性仿真研究 [J]. 南充: 西华大学学报 (自然科学版), 2008 (02): 4, 58-60.

[43] 陈慧, 高博麟, 徐帆. 车辆质心侧偏角估计综述 [J]. 机械工程学报, 2013, 49 (24): 76-94.

[44] 陈宝林. 最优化理论与算法 [M]. 北京: 清华大学出版社, 2005.

[45] 尤敏. 分布式电驱动汽车状态参数观测与稳定性控制研究 [D]. 重庆: 重庆大学, 2017.

[46] 王建, 林海英, 梁颖华, 等. 大学生方程式赛车设计 [M]. 北京: 北京理工大学出版社, 2016.